GÜTERSLOHER
VERLAGSHAUS

CLAUS KOCH

Pubertät
war erst der
Vorwaschgang

**WIE JUNGE MENSCHEN ERWACHSEN
WERDEN UND IHREN PLATZ
IM LEBEN FINDEN**

GÜTERSLOHER VERLAGSHAUS

Dieses Buch zu schreiben haben mich meine vier Söhne gelehrt. Drei von ihnen konnte ich bereits in der Zeit ihres Erwachsenwerdens begleiten. Der Jüngste ist gerade dabei, diese Lebensphase in Angriff zu nehmen. Manchmal wild und gefährlich, manchmal in ruhigeren Gewässern, wird auch ihn diese Reise durch seltsame Landschaften und an bislang unbekannte Orte führen, vorbei an Begegnungen, die ein Leben lang in Erinnerung bleiben. Auf die Frage nach dem Wohin dieser Reise gibt es heutzutage keine endgültige Antwort mehr. Es ist nur gewiss, dass jedem sich irgendwann diese Frage stellt. Dann geht es darum, ob man endgültig erwachsen werden will oder ewig ein Kind bleiben. Dieses Buch ist meinen Kindern Philippe, Lucien, David und Leon gewidmet.

Inhalt

7

Vorwort von
Prof. Dr. Klaus Hurrelmann

Claus Koch hat recht, wenn er in diesem Buch zu Beginn schreibt: Über den Lebensabschnitt zwischen Jugend- und Erwachsenenalter gibt es erstaunlich wenig Literatur. Es scheint so, als ob sich die meisten Autorinnen und Autoren in Wissenschaft und Praxis um diesen Lebensabschnitt herumdrücken würden. Um die »härtesten« Lebensjahre überhaupt, wie er sie nennt. Dabei wissen wir aus der Jugendforschung seit langem, dass auf der einen Seite der Eintritt in die Jugendphase heute so früh wie noch nie in der menschlichen Lebensgeschichte erfolgt, weil sich die Geschlechtsreife im Lebenslauf immer weiter nach vorne verlagert hat; junge Leute treten heute schon mit ungefähr zwölf Jahren in die Jugendphase ein. Auf der anderen Seite wissen wir aber auch, dass sich diese Lebensphase streckt und streckt und kein richtiges Ende mehr finden will, dass sie heute gut und gerne 15 Jahre, manchmal sogar 20 Jahre dauert und ihren Abschluss erst um die 30 findet.

Es wird höchste Zeit, alles Wissen zu diesem Lebensabschnitt aufzubereiten und zusammenzustellen. Das ist Claus Koch hervorragend gelungen. Er legt ein erfrischendes und auch nachdenklich stimmendes Buch zu diesem Thema vor. Er orientiert sich an der aktuellen Jugendforschung und an Wissenschaftlern wie dem amerikanischen Psychologen Jeffrey Jensen Arnett, der sich in den letzten Jahren theoretisch ausführlich mit diesem Lebensabschnitt beschäftigt hat. In einem im Jahr 2000 für den »American Psychologist« geschriebenen Aufsatz und in einem späteren Buch nennt er die Zeit zwischen 18 und 30 Jahren »Emerging Adulthood«, was so viel bedeutet wie »heraufziehendes, sich langsam herausbildendes Erwachsensein«.

Diese Idee nimmt auch Claus Koch als Ausgangspunkt für seine eigenen Betrachtungen, bei denen er das Besondere dieser Lebensphase und ihre Entwicklungsaufgaben unterstreicht und sie von dem Lebensabschnitt davor, der Phase der Pubertät, klug abgrenzt. Er konzentriert sich dabei auf die 18 bis 30 Jahre alten jungen Leute, von denen auch Arnett spricht. Die soziologische Generationenforschung, aus der ich komme, bezeichnet sie als die Angehörigen der »Generation Y«. Das sind die ungefähr zwischen 1985 und 2000 geborenen jungen Leute. Dieser Generation wurde und wird ein unverwechselbarer gesellschaftlicher Stempel aufgesetzt. Drei epochale Ereignisse prägen sie:

Erstens: Sie ist mit den interaktiven digitalen Medien groß geworden, was ihr die Bezeichnung »digitale Eingeborene« eingebracht hat. Sie ist so virtuos wie keine Generation vor ihr im Umgang mit Smartphone und Computer und entwickelt eine neue Wahrnehmung der Welt.

Zweitens: Sie hat politische Spannungen, Terroranschläge und globale Kriege miterlebt und weiß, wie wenig die Politik wirksam handeln kann und wie unsicher das öffentliche Leben geworden ist. Sie ist auch durch 9/11 und Fukushima und die Eurokrise in gewisser Hinsicht »sozial traumatisiert« und hat erfahren, wie ungewiss der Übergang in den Beruf sein kann. Die Jugendarbeitslosigkeit machte es 20 bis 30 Prozent von ihnen unmöglich, einen Ausbildungs- oder einen Arbeitsplatz zu erhalten. Sie hat sich als »überflüssige« Generation empfinden müssen, die eigentlich gar nicht gebraucht wird. Sie hat darauf mit einer immensen Investition in eine immer länger werdende Bildungslaufbahn geantwortet.

Drittens: Sie geht nach dem Vorbild ihrer Vorgängergeneration, der Generation X, eine strategische Allianz mit ihren

Eltern ein. Sie ahnt: Sie könnte die erste Generation seit dem Zweiten Weltkrieg sein, für die das Versprechen auf immer mehr Wohlstand und immer mehr Demokratie nicht mehr gilt.

Die aktuellen Jugendstudien zeigen: Die heute 15 bis 30 Jahre alten jungen Leute haben sich mit diesen Bedingungen arrangiert. Sie wissen, dass der Übergang in das Erwachsenenleben lange dauern kann, und sie gewinnen diesem Moratorium zwischen zwei Lebensphasen auch gute Seiten ab. Sie haben einen eigenen Weg gefunden, mit der Ungewissheit und Unsicherheit in ihrer Biografie umzugehen: Eine offene und suchende Haltung. Sie richten sich unauffällig bis opportunistisch mit den Gegebenheiten ein, die sie vorfinden, manövrieren und taktieren flexibel, um sich Vorteile zu verschaffen und rollen alle Lebensfragen von ihren ureigenen Bedürfnissen her auf.

Das hat ihnen in den USA das Etikett »Generation Warum«, also »Generation Why« eingebracht, womit die fragende und suchende Grundhaltung symbolisiert werden soll. Daraus ist im Deutschen das Etikett »Generation Y« geworden, die Erik Albrecht und ich als »heimliche Revolutionäre« charakterisiert haben.[1]

Ihre Lebensläufe sind ganz offen geworden. Ausbildung, Beruf, Hochzeit, Kinder – ihre Eltern folgten noch diesen klar strukturierten Erwartungen. Die gibt es heute kaum noch. Heute muss jeder junge Mann und jede junge Frau biografische Entscheidungen selbst fällen. Die Frage nach dem Warum, nach dem Sinn, ist für sie gewissermaßen zum Kompass ihres Lebens geworden.

Die Konsequenz: Die Generation Y lässt sich viel, viel Zeit mit dem Erwachsenwerden. Hatten in den 1960er-Jahren 70 Prozent der 30-Jährigen die Hürden zum formellen Eintritt in die Gesellschaft genommen, verfügten über eine abgeschlossene Ausbildung, eine eigene Wohnung und finanzielle Unabhängigkeit, waren verheiratet und hatten Kinder, so sind das heute in diesem Alter nur halb so viele. Von den 30-jährigen jungen Männern leben immer noch über zwölf Prozent im Elternhaus, im Hotel Mama – was allerdings auch die Eltern meist richtig gut finden, weil sie so den Anschluss an die Computerwelt nicht verlieren, den Apple-Service im Hause haben und immer über neue Trends bei Mode und Lebensstil informiert werden.

Abwarten, Improvisieren, Umdisponieren – das wurde zur zweiten Haut der »Ypsiloner«, denn so sind sie groß geworden. Diese Generation wartet einfach auf die richtige Gelegenheit und die geeigneten Umstände, um sich einzubringen und aktiv zu werden. Sie sind, so kann man etwas spöttisch sagen, »Egotaktiker«. Sie haben gelernt: Nichts ist mehr sicher. Und: Es geht immer irgendwie weiter.

Claus Koch nimmt diese Spur auf. Er bezeichnet die »Transitzone zwischen noch nicht und schon erwachsen« treffend als die »Odysseusjahre« des Lebens. Dieser Begriff stempelt die jungen Leute nicht von vornherein als unreif oder kindisch ab, sondern sieht sie mehr als Suchende, auf ein Ziel hin orientiert, das sie vielleicht schon glauben zu kennen, von dem sie aber noch nicht wissen, wie und ob sie es jemals erreichen werden. Er nennt sie Suchende auch deswegen, »weil sie es heute – im Gegensatz zu früheren Zeiten, als der Lebenslauf quasi wie genormt und bereits ausgestanzt vor einem lag – viel schwieriger haben, in einer Gesellschaft erwachsen zu werden, die einerseits einen ausgeprägten Jugendkult betreibt und ihnen unzählige Möglichkeiten, sich zu verwirklichen, bietet, und zum anderen verlangt, sich ihren ökonomischen Erfordernissen möglichst schnell anzupassen«.

Das ist ein schönes Bild. Denn tatsächlich hat dieser Lebensabschnitt zwischen 18 und 30 Jahren mit all seinem Hin und Her etwas von einer Irrfahrt, einer gelebten Odyssee. Man bewegt sich zwischen verschiedenen Optionen hin und her und doch nach und nach auf ein bestimmtes Ziel hin –

ganz so, wie es Odysseus mit seinem Schiff und seinen Gefährten im antiken Epos tut.

Koch nennt sie die »härtesten Jahre des Lebens«. Und er dürfte Recht haben mit seiner Einschätzung, dass der Übergang
in das Erwachsenenleben für die Angehörigen der Generation
Y ungleich schwieriger ist als für die Generationen davor. Für
die 1968er-Generation, der ich angehöre, für die etwa zwischen 1940 bis 1955 Geborenen, gab es noch klare Muster für
den Lebenslauf. Meine Generation fand zum ersten Mal seit
dem politischen und wirtschaftlichen Zusammenbruch eine
entspannte wirtschaftliche Lage vor; wir hatten beruflich her-
vorragende Zukunftsperspektiven. Gewiss, wir mussten uns
gegen autoritäre Eltern und total verkrustete gesellschaftliche
Strukturen durchsetzen. Aber wir wussten: Es geht voran.

Die Generation der Eltern der heutigen jungen Leute, die
Babyboomer, zwischen 1955 und 1970 geboren, hatte eine
noch bessere Ausgangslage. Sie stellen, wie ihr Name anzeigt,
die bisher stärksten Jahrgänge in Deutschland überhaupt. Sie
sind die Kinder optimistischer Eltern. Die hohen Geburten-
zahlen drücken Zukunftsvertrauen aus. Die wirtschaftliche
und politische Lage hatte sich in Ost und West zunehmend
verbessert. Als junge Generation kann sie sich von der Fixie-
rung auf das Materielle lösen. »Postmaterialistische« Werte-
orientierungen entstehen, der Einsatz für eine gute Lebensqualität und eine saubere Umwelt keimt auf.

Die Generation X, zwischen 1970 und 1985 geboren, konnte
ebenfalls noch in Sicherheit groß werden, obwohl sich erheb-
liche Krisenwolken am wirtschaftlichen Horizont zusammen-
zogen. Florian Illies hat diese Generation für Deutschland in
seinem Essay »Generation Golf« genannt und beschreibt sie als
junge Leute, die vor lauter Saturiertheit und Sattheit nicht mehr
wissen, was sie vom Leben wollen. Sie reagieren auf die Wohl-

standsgesellschaft mit »Null Bock« und hedonistischen Orientierungen, behalten allerdings das Engagement für Lebensqualität und Umwelt bei. Die Eltern aber sichern sie fürsorglich ab, der Vater schenkt dem Sohn einen Mittelklassewagen, wie er ihn auch selbst fährt. Die frühere Spannung zwischen Eltern und Kindern, das wird hier symbolisiert, ist jetzt völlig verflogen.

Im Vergleich dazu ist der Übergang in das Erwachsenenleben für die 1985 bis 2000 Geborenen erheblich unberechenbarer und komplexer geworden. Claus Koch gelingt es, diese Komplexität in allen ihren Facetten auszuleuchten und zu kommentieren. Er illustriert seine Thesen mit anschaulichen Zitaten von Angehörigen der jungen Generation und vielen anderen Zeitzeugen. Und er scheut sich auch nicht, am Ende Tipps und Empfehlungen zu geben, und zwar sowohl für die Eltern der heutigen jungen Leute als auch für diese selbst. Wie kann man das schaffen, in einer derartig lang gestreckten Phase des Lebens die Übersicht zu behalten, obwohl sich doch täglich neue Herausforderungen und Perspektiven ergeben und ein fester Lebensplan praktisch unmöglich ist? Welche Maßstäbe gelten für ein gutes Leben in einer derartig offenen und unsicheren Welt, wie sie die jungen Leute heute antreffen? Und was sind die Kriterien für eine erfolgreiche Elternschaft in diesen unruhigen Zeiten? Seine Antwort: »Als Eltern können wir stolz sein, wenn unsere Kinder uns auf die Frage danach, woher sie kommen, dann antworten: ›Da, wo ich herkomme, war es gut.‹ Und auf die Frage, wer sie sind, uns sagen: ›Der, der ich immer sein wollte.‹ Und auf die Frage nach dem Wohin: ›Dorthin, wo sich das Leben für mich und meine eigenen Kinder mit einem guten Sinn erfüllt.‹ Dann ist Erwachsenwerden gelungen.« Dem habe ich nichts hinzuzufügen.

Prof. Dr. Klaus Hurrelmann,
Hertie School of Governance Berlin

Einleitung

»Alle Kinder, außer dem einen, werden erwachsen.
Sie wissen schon früh, dass sie erwachsen werden. (...)
Jeder weiß das, nachdem er zwei Jahre alt ist.
Zwei ist der Anfang vom Ende.«[1]

James M. Barrie, aus: Peter Pan

Die Geschichte von Peter Pan, dem Kind, das nicht erwachsen werden will, beginnt mit einem Paukenschlag: *Zwei ist der Anfang vom Ende!* Danach ist man nicht mehr süß und niedlich, rennt nicht mehr mit einer Blume in der Hand voller Dankbarkeit zu seiner Mutter. Und auch die Eltern ahnen offensichtlich, was auf sie zukommt: »Ach, warum kannst du nicht ewig so bleiben«, sagt die Mutter zu ihrer Tochter Wendy, womit das Thema Erwachsenwerden für sie erledigt ist, ein für alle Mal.[2]

Alle Eltern wissen, dass ihre Kinder einmal älter werden. Dass sie irgendwann nicht mehr im Sandkasten sitzen, Kuchen backen, Löcher graben oder im Garten Blumen für sie pflücken. Dass sie anfangen, NEIN zu sagen und es auch so meinen. Dass sie manchmal unausstehlich sein können. Und auch, dass ihre Kinder einen weiten Weg zurücklegen müssen, um erwachsen zu werden.

Auch alle Kinder (zumindest die meisten!) ahnen schon ziemlich früh, dass das frühkindliche Paradies nicht ewig währt. Spätestens mit sechs oder sieben Jahren wird ihnen deutlich gemacht, dass jetzt auch für sie der Ernst des Lebens beginnt. Dass das Leben kein Pappenstiel ist, wenn man älter wird. Dass irgendwann nur noch Leistung zählt. Dass ihr Gehirn, wenn sie in die Pubertät kommen, einer Großbaustelle gleicht und noch einmal alles umgebaut werden muss. Dass sie dann manchmal unendlich glücklich und manchmal unendlich traurig sein werden. Weil sie in dieser Zeit die Liebe entdecken und vor allem: sich selbst.

Und dann?

Von diesem »Und dann?«, der Zeit *nach* der Pubertät, handelt dieses Buch. Von der Zeit des Erwachsenwerdens. Von einer Zeit, in der es für die meisten Jugendlichen tatsächlich ernst wird, wenn es heißt: »Raus aus dem Nest!« Von einer Zeit, an die wir Älteren uns ziemlich gut erinnern können, weil wir vieles von dem, was uns zwischen dem 18. und 30. Lebensjahr passiert ist, äußerst intensiv empfunden haben. Weil diese Zeit unser Leben maßgeblich beeinflusst hat. Es wurden Brücken abgebrochen und Weichen neu gestellt. Fehler, die uns in dieser Zeitspanne unterlaufen sind, hinterlassen Spuren und Narben, die lange, und manchmal sogar für immer sichtbar bleiben. Erwachsenwerden heißt zu lernen, sich im Leben auch einmal *entscheiden* zu müssen. Heißt: Verantwortung übernehmen, für sich und andere.

Obwohl es in den Suchmaschinen über zwölf Millionen Ergebnisse auf die Frage »Wie werde ich erwachsen?« gibt, finden sich so gut wie keine Bücher zum Lebensabschnitt zwischen 18 und 30 Jahren, in dem es auf so vieles, was unser späteres Leben ausmacht, ankommt. Stattdessen hören wir, wenn es um das Erwachsenwerden unserer Kinder geht, überall nur Klagen: Nesthocker, die ihren Eltern auf der Tasche liegen; Bumerang-Kinder, die – kaum, wird das Leben etwas härter –, zurück ins Nest flüchten; verwöhnte Bälger, die nicht erwachsen werden wollen, zu unselbstständig, zu unentschlossen, zu zögerlich, zu bequem.

Aber auch die Eltern bekommen ihr Fett weg: Man spricht von Helikopter-Eltern, die drohnengleich ihren Kindern rund um die Uhr nachstellen, unfähig loszulassen. Mal zu weich, mal zu hart. Abgesehen davon, dass es für diesen medial aufgebauschten Befund außer gern zitierten Anekdoten und Einzelbeispielen keinerlei wissenschaftlich haltbaren Nachweis gibt, geht er an dem eigentlichen Problem unserer Zeit vorbei: Wie können Eltern ihren Kindern auch in diesem Lebensabschnitt noch eine verlässliche Stütze sein, ihre Selbstständigkeit fördern und dies, ohne sie zu bevormunden oder zu kontrollieren? Denn zunächst einmal brauchen *alle Kinder,* gerade auch dann, wenn sie erwachsen werden, unsere Unterstützung, unsere Hilfe, unser »Entgegenkommen«. Sie brauchen unsere Aufmerksamkeit. Was sie nicht brauchen, ist unsere Dominanz.

Jede junge Frau und jeder junge Mann erlebt die Zeit des Erwachsenwerdens anders, so, wie dies für sämtliche psychologische Entwicklungsetappen gilt, die jede und jeder mit seiner eigenen Biografie ausfüllt. Natürlich schläft der eine länger als der andere, verlässt die eine ihr Elternhaus früher als die andere. Natürlich sucht sich jemand früher einen Beruf als der andere. Was aber die Zeit des Erwachsenwerdens zu einer *eigenständigen* und *authentischen* Entwicklungsetappe mit besonderen Herausforderung macht, sind nicht die Umstände, wie man sein Leben gerade gestaltet – und dies tut jede und jeder anders –, sondern die Tatsache, dass sich in dieser Zeit – und dies gilt für alle – ganz andere und neue *Entwicklungsaufgaben* stellen als im bisherigen Leben.

Denn das Erwachsenwerden ist die Zeit, in der sich die zurückliegenden Entwicklungsschritte zu einem einzigen und existenziell bedeutsamen Fragenkomplex bündeln: »Woher komme ich?« – »Wer bin ich?« – »Wohin will ich?« – »Wozu bin ich hier?« – »Was will ich?« – »Wie geht es jetzt mit mir weiter?«

Jetzt, wenn wir erwachsen werden, beschäftigen wir uns so intensiv wie zu keiner anderen Zeit mit dem Sinn des Lebens, und unsere bisherige Vergangenheit holt uns wieder ein: die frühe Kindheit, die Erfahrungen in der Schulzeit, unsere erste Liebe und bei dem einen oder anderen vielleicht auch die schmerzlich erfahrene Trennung der Eltern. Alles, was wir in dieser Zeit gefühlt, erlebt und gedacht haben, kommt wieder zum Vorschein. Jetzt, in dieser Zeit zwischen 18 und 30 Jahren, entscheidet sich wirklich, was aus uns werden wird: Selbstsichere, lebenshungrige, neugierige, empathische Erwachsene oder Menschen, die an sich zweifeln, die kein gutes Leben haben und dies ihre Mitmenschen oft spüren lassen. Hier, im Erwachsenwerden, müssen wir die Nagelprobe auf unsere Existenz bestehen. Erwachsenwerden bedeutet nicht nur, die dazugehörigen typischen Rollenmodelle zu übernehmen, also berufstätig zu werden, vielleicht eine Familie zu gründen und dann Mutter oder Vater zu sein, sondern es stellt uns auch vor die Aufgabe, auf die oben genannten existenziellen Fragen nach dem Sinn des Lebens eine Antwort zu finden.

Und die Eltern? Ist ihr Job erledigt? Nein. Weiterhin spielen sie eine bedeutende Rolle für ihre Kinder. Natürlich ist es eine *andere* als in der Kindheit und Pubertät. Nicht länger sind sie Beschützer, Erzieher, Kontrolleure schon gar nicht, aber sie bleiben weiterhin *die Experten* ihrer Kinder, die, die sie am besten kennen mit ihren Stärken und Schwächen. Sie sind diejenigen, zu denen ihre Kinder nach wie vor die tiefste Bindung haben. Deswegen bedeuten sie ihnen so viel. Deswegen bleiben sie auch immer Vorbilder. Der Sinn, den sie ihrem eigenen Leben geben, wiegt schwer.

Eltern können ihren Kindern beim Erwachsenwerden nah sein und beistehen, wenn sie den Mut haben, von sich abzusehen und das Leben ihrer Kinder aus *deren* Perspektive zu betrachten. Wenn sie nicht auf das schnelle Ergebnis ihrer Worte schielen. *Wenn sie sich Zeit nehmen.*

Zwei ist also doch nicht der Anfang vom Ende, wie es in der Geschichte von Peter Pan heißt. Es passiert noch einiges mehr. Peter Pan, auf den ich in diesem Buch noch häufiger zurückkomme, dieses von seiner Mutter so trostlos verlassene Kind, das auf verschlossene Türen und Fenster stieß, als es vom Spielen im Park nach Hause zurückkehrte, wollte ja auch gar nicht erwachsen werden. Stattdessen sammelte dieser ewig junge Held lieber »verlorene Jungen« auf, die ebenso wie er selbst von den eigenen Eltern im Stich gelassen wurden, und machte sich zu deren Anführer. Und sehnte sich dabei dennoch, wie jedes Kind, nach einem wärmenden Zuhause, das er in seiner Wut auf die Erwachsenenwelt und in seinem enttäuschten Begehren nach Elternliebe fortan nicht mehr finden konnte. Es geht in dieser Geschichte, was häufig vergessen wird, um nicht mehr oder weniger als darum, dass Eltern ihre Kinder in ihr Leben fürsorglich begleiten.

Zum Aufbau des Buches: Dass die Jahre zwischen 18 und 30 zu den härtesten Jahren im Leben zählen – mit dieser Feststellung beginnt der erste Teil dieses Buches, der in fünf Kapiteln einen neuen Blick auf die unterschätzte Lebensphase zwischen dem 18. und 30. Lebensjahr wirft. Aus dieser Perspektive ist die Pubertät nur der Vorwaschgang zu dem, was jetzt kommt: Der endgültige Abschied von der Kindheit und die ersten folgenreichen Entscheidungen stehen an. Und es stellt sich die Frage, wie viele Träume im neuen Lebensplan noch Platz haben. Darum und um die Herausforderung, seinem jungen Leben eine Richtung zu geben, geht es im ersten Kapitel.

Die Themen *Liebe* und *Arbeit* stellen die Entscheidungs-fähigkeit eines Heranwachsenden besonders auf die Probe, denn der Kontinent der unbegrenzten Möglichkeiten gerät nach und nach immer weiter außer Sicht. Wie hoch der Druck ist, auf diesen Baustellen alles richtig zu machen, davon handelt das zweite Kapitel.

Um die Erwartungen derer, die schon erwachsen sind, geht es im dritten Kapitel. Die Gesellschaft liefert den jungen Leuten mit Nine-to-five-Jobs, Pünktlichkeit, Renditeerwartungen, Schuldenmachen, Zinsen, Geldanlagen, Versicherungen und Themen wie Rentenvorsorge meist nicht die Perspektive, die sie im Moment wirklich interessieren würde. Hier stellt sich die Frage: Wie weit soll man sich ins System einfügen? Oder soll man etwa Widerstand leisten? Oder keine Entscheidung fällen und Kind bleiben?

Tatsächlich erheben Werbeleute das »Nicht-erwachsen-Werden« zum Kult und ermuntern dazu, ewig jung zu bleiben bzw. sich im Zweifel für den Spaß zu entscheiden. Wie genau Erwachsene und Kinder in dieser Atmosphäre zu einer »Kidult-Gesellschaft« verschmelzen, wird im vierten Kapitel beschrieben.

Die Angst vor dem Erwachsenwerden ist gefährlich, und das zeigt sich schon in der hundert Jahre alten Geschichte von Peter Pan, dem Jungen, der nicht erwachsen werden will und viele »verlorene Jungen« um sich schart, um mit ihnen ein Leben voller Abenteuer und Spaß zu führen. Denen, die die Details der Originalgeschichte nicht kennen, ist nicht bewusst, dass das eine alles andere als harmlose Geschichte ist. Daher werfen wir einen Blick in die vergessenen Abgründe dieser Erzählung.

Mit der ganz praktischen Frage, wie Erwachsenwerden gelingt und junge Menschen einen Platz in ihrem Leben finden, beschäftigt sich der zweite Teil des Buches.

Das sechste Kapitel stellt die Bedeutung der frühen Kindheit heraus, in der die Schlüsselqualifikationen für ein gelingendes Erwachsenwerden entstehen: Es geht dabei um die *Resonanzerfahrungen* des Kindes, die später Selbstwirksamkeit, Empathie und die Fähigkeit zur Teilhabe ermöglichen; und die ebenso die Übernahme von Verantwortung und das Vermögen, im eigenen Handeln einen Sinn zu sehen, vorbereiten und stärken.

Das siebte Kapitel widmet sich der Identitätssuche in der Pubertät, weil die hier gestellten Fragen wie »Woher komme ich?« und »Wer bin ich?« sich in der späteren Phase des Erwachsenwerdens zur Frage eines »Wohin will ich?« bündeln. Es geht hier auch um die Unterschiede zwischen Pubertät und Erwachsenwerden: Zwar ist die Pubertät deutlicher als andere Phasen von Schwankungen und Brüchen gekennzeichnet. Doch es ist zu prüfen, ob sie wirklich das Schreckgespenst ist, von dem in sämtlichen Medien und Elternratgebern immerzu die Rede ist.

Um die fünf Schlüsselqualifikationen für ein erfolgreiches Erwachsenwerden nach der Pubertät, worauf sie beruhen und wie sie sich beim Heranwachsen herausbilden – darum geht es in dem sich anschließenden Kapitel. Maßgeblich beeinflusst von den frühkindlichen, aber auch späteren Entwicklungsschritten sorgen sie für ein ausreichendes Selbstvertrauen und das Vertrauen in andere, für Lebensoptimismus in der Zeit, in der es zum ersten Mal im Leben richtig »ernst« wird.

Das neunte Kapitel knüpft an die fünf Schlüsselqualifikationen an, geht aber über diese hinaus, indem es die Frage aufwirft, ob das Vorhandensein aller Schlüsselqualifikationen ein Grund ist, die Suche nach der Sinnhaftigkeit des Lebens einzustellen oder zu vergessen. Es lohnt sich nämlich, tiefer zu schürfen und weiter nach der Sinnhaftigkeit und Authentizität des Lebens zu fragen, bis man sagen kann, was ein *gu-*

tes Leben ist. Ein solches Leben ist erstrebenswert, auch wenn man im Prinzip weniger braucht, um erwachsen zu werden.

Ganz im Zeichen der Eltern steht das zehnte und damit letzte Kapitel des Buches. Auch wenn mit dem Auszug der Kinder eine ungewohnte Stille ins Elternhaus einzieht, reißt das Band zu den Kindern nicht ab. Trotz des *Loslassenmüssens* bleiben die Eltern Wegbegleiter und (alleinige) Experten ihrer Kinder. Eine der großen Fragen, um die es geht, ist, wie die Eltern von nun an ihre Kinder begleiten: als Helikopter-Eltern, die ständig ungefragt pädagogische Sondereinsätze ausführen oder als Eltern, die ihren Kindern ein Grundvertrauen in das Leben vermittelt haben, und ihnen jetzt Aufmerksamkeit schenken, wenn die Kinder sie brauchen.

Teil I

**Auszug aus
der Kindheit**

1. Erwachsenwerden – die härtesten Jahre des Lebens

»We're happy, free, confused, and lonely at the same time,
It's miserable and magical.«

Taylor Swift, 26 Jahre alt, in: »22«

Schon bei den ersten Recherchen zur Lebensphase *nach der Pubertät,* der sogenannten Adoleszenz, stellt man erstaunt fest, dass es im Netz trotz der mehr als zwölf Millionen Suchergebnisse dazu kaum etwas zu finden gibt, was diese Zeit als eine in sich geschlossene Lebensphase mit besonderen Entwicklungsaufgaben beschreiben, erklären und uns damit näherbringen würde. Liegt es vielleicht daran, dass es für den Lebensabschnitt des Erwachsenwerdens, im Gegensatz zu anderen psychologischen Entwicklungsetappen vorher, immer noch keine weit verbreitete Bezeichnung gibt? Das ist natürlich insofern problematisch, als das Internet wie kein anderes Medium auf Stichworte angewiesen ist. Oder kann es sein, dass die Wissenschaft, die doch sonst auf alle Fragen eine Antwort hat, mit Ausnahme der Jugendforschung[1] über den Entwicklungsabschnitt des Erwachsenwerdens zu wenig weiß und somit darüber nicht viel Auskunft geben kann? Übrigens ganz im Gegensatz zu den Betroffenen selbst. Eine unserer vielen Interviewpartnerinnen für dieses Buch, Sophie, 27 Jahre alt, drückt es so aus: »Die Zeit nach der Pubertät? Manchmal fühlt man sich noch wie eine Jugendliche, und dann wieder schon fast erwachsen. Ich meine, man ist so etwas wie ein ›Dazwischen‹. Mal ist es gut, mal anstrengend. Anfangs kann man ja noch machen, was einem gerade einfällt, das ist cool.

Aber dann wieder wird es langsam eng und nimmt einem so die Luft zum Atmen. Ich meine, wenn man sich so für etwas entscheiden muss und so. Das ist ziemlich hart dann. Weil, das hat dann ja auch manchmal so etwas Unwiderrufliches.«

Die 26-jährige Lisa Ludwig wiederum schreibt einleitend zu ihrem Artikel »Dinge, für die man Mitte 20 beim Sex und in der Liebe einfach zu alt ist« in der von ihrer Altersgruppe weltweit und vor allem im Netz frequentierten Zeitschrift »Vice«: »Mitte 20 ist ein ziemlich schwieriges Alter für junge Menschen. [...] Irgendwie steigt ab 25 der Druck, sich jetzt aber wirklich mal wie ein Erwachsener zu verhalten und seine bisherigen Lebensentscheidungen einer eingehenden Überprüfung zu unterziehen. Wer sind wir? Wo wollen wir hin? Und wofür sind wir mittlerweile wirklich zu alt geworden?«[2]

Thomas, 28 Jahre alt, wiederum sagt: »Irgendwann steht man vor der Frage, ob man jetzt erwachsen werden will. Ich meine sowas wie Verantwortung übernehmen, sich mal einen richtigen Job suchen, so Versicherungen und sowas anfangen. Aber ich weiß eigentlich immer noch nicht, ob das so gut zu mir passen würde. Mal sehen.«

Milena, 21 Jahre, grenzt diese Zeit bewusst von der Kindheit ab: »Kindheit bedeutet für mich zu Hause sein, möglichst wenig Verantwortung übernehmen zu müssen außerhalb der engsten Familie vielleicht. Unterstützt zu werden in dem, was einem schwerfällt. Man muss auch noch keine Steuererklärung machen.«

Und schließlich Leon, 17 Jahre und der Jüngste unter denen, mit denen ich gesprochen habe: »Du verlässt Geborgenheit und Sicherheit, wirst immer mehr für dich selbst verantwortlich. Zu Hause ist ja ein sicherer Hafen, in der Schule kann man eine Klasse wiederholen und wenn man dringend ein bisschen Geld braucht, bekommt man es meistens von seinen Eltern. Aber dann? Der erste Schritt war ja nur, am Wochenende allein und mit Freunden loszuziehen. Aber dann zieht man von zu Hause aus und wird allein leben. Das ist ja ganz etwas anderes.«

Gibt es ein Leben nach der Pubertät und wenn ja, welches?

Was also genau macht diesen Lebensabschnitt nach der Pubertät zwischen 18 und 30 Jahren als eine in sich geschlossene Lebensphase aus? Worin unterscheidet sich Erwachsenwerden von dem, was vorher war, und was passiert jetzt? Lässt sich nicht doch ein Name, eine Art Codewort finden, das diese Zeit genau auf den Punkt bringt? Wie fühlt sich das an, erwachsen zu werden? Das sind einige Fragen, mit denen wir uns im ersten Kapitel dieses Buches beschäftigen wollen. Aber kommen wir zunächst noch einmal darauf zurück, was man über das Leben *nach* der Pubertät überhaupt schon weiß. Wie sieht es genau aus, womit beschäftigt man sich? Was sind die zentralen Probleme, die wichtigsten Fragen?

Eigentlich ist es ja ziemlich erstaunlich, dass darüber bislang nur wenig geforscht und nachgedacht wurde. In der Literatur jedenfalls ist diese Lebensphase keine unbekannte Größe und viele ihrer Erzählungen und Romane handeln davon, wie die jungen Leute in ihr zurechtkommen oder auch nicht – von einer Zeit, in der das Leben besonders aufregend sein kann, aber gleichzeitig auch ziemlich ungemütlich. Schon Goethes »Die Leiden des jungen Werthers«, ein Roman, der mit seiner Story vom Selbstmord aus Liebeskummer nicht von ungefähr zu einem Bestseller des späten 18. Jahrhunderts wurde und es bis heute geblieben ist, spielt in dieser Lebensphase. Der Autor, selbst erst 25 Jahre alt, als er die erste Fassung schrieb, wusste offensichtlich ziemlich genau, was in dieser Zeit auf einen zukommen kann. Viele andere haben es ihm nachgetan, und immer wieder übt die Beschreibung dieser Zeit und ihrer jungen Protagonisten bis heute einen ungeheuren Reiz auf Leserinnen und Leser sämtlichen Alters aus. Auch deshalb, weil vielen Erwachsenen die Erlebnisse ihres Erwachsenwerdens bis ins hohe Alter präsent bleiben – im Gegensatz zu manchen Dingen, die später kommen.

Aber nicht nur Schriftsteller beschäftigen sich ausgiebig mit den Gefühlen und Wirren dieses Lebensabschnitts, auch Werbeleute und Medien haben den Reiz, den junge Leute zwischen Jugend und Erwachsensein auf ihr Publikum ausüben, erkannt und diese selbst als kaufkräftige Kunden und Zielgruppe. Wobei ihnen zugutekommt, dass sich die Phase des Erwachsenwerdens in den letzten Jahrzehnten immer weiter nach hinten verschoben hat und in der Biografie des Einzelnen somit einen immer längeren und damit auch bedeutenderen Zeitraum einnimmt, den es zu nutzen gilt. Schließlich braucht es heutzutage immer länger, bis ein Mensch jene Kriterien erfüllt, die gemeinhin für »Erwachsensein« stehen: seine Ausbildung beendet und einen festen Beruf zu haben, eine Familie zu gründen und eventuell Kinder in die Welt zu setzen.

Die Tatsache, dass diese Phase heute so lange andauert, gefällt aber auch nicht jedem. So stehen etwas abschätzige Bezeichnungen wie »Peter Pan Generation«, »Kidults« für eine Mischung aus Kind und Erwachsenem, oder auch die berühmte Rede von »Nesthockern« oder »Bumerangkindern« noch für etwas anderes, nämlich dafür, dass sich die junge Generation heutzutage offenkundig *zu schwer* damit tut und zu viel Zeit damit verplempert, *überhaupt* erwachsen zu werden.

Dass sie sich ein bisschen mehr beeilen könnte, den Platz in der Gesellschaft einzunehmen, für den man sie braucht.

Wann ist man erwachsen?

Das Dilemma beim Erwachsenwerden ist ja, dass man erst dann für sich weiß, was es heißt, ein Erwachsener zu sein, wenn man bereits einer geworden ist. Natürlich gibt es darüber in der Gesellschaft bestimmte herrschende Vorstellungen, aber wie es sich anfühlt, erwachsen geworden zu sein, kann man nur für sich selbst entscheiden. Ich habe in der Zeit, in der ich dieses Buch schrieb, immer wieder Menschen jenseits der Dreißig befragt, was es für sie denn bedeutet hat oder immer noch bedeutet, erwachsen zu sein. Ich bat sie, mir dies spontan und ohne längeres Überlegen mitzuteilen, am besten kurz, in drei, vier Sätzen. Im Nachhinein war ich erstaunt, wie viele unterschiedliche Antworten ich bekommen habe. Und auch nicht alle hielten sich an die Bitte, mir kurz zu antworten, manche schrieben lange E-Mails, in denen sie sich damit auseinandersetzten, wie sie sich heute als Erwachsene sehen. Einige unter ihnen beschäftigte immer noch die Frage, ob sie überhaupt schon erwachsen seien und ob dies nicht ein lebenslanger Prozess sein könnte. Hier nun eine kleine Auswahl der Antworten, die ich bekam – sie alle aufzuführen würde ein neues, im Übrigen recht spannendes Buch ergeben:

Lisa, 48 Jahre: »Erwachsen zu sein bedeutet für mich erstens, selber Geld zu verdienen und zweitens, dass man nicht mehr denkt, dass man an Liebeskummer stirbt.«

Andreas, 45 Jahre: »Erwachsensein bedeutet Verantwortung für sich und andere übernehmen.«

Margarete, 63 Jahre: »Zu sehen, dass die Organisation meines Alltags sehr der meiner Mutter ähnelt. Überhaupt, Züge an mir zu entdecken, die mich fatal an die meiner Eltern erinnern. Das bedeutet, erwachsen geworden zu sein. Auch gelegentliche Gefühle von Einsamkeit – aber grundiert von Zuversicht und Heiterkeit.«

Meike, 45 Jahre: »Oft bilde ich mir jetzt noch ein, ganz jung zu sein – bis dann plötzlich ein Spiegel den Traum vertreibt.«

Gisela, 68 Jahre: »Bei mir hat es lange gedauert mit dem Erwachsenwerden und in manchen Lebensbereichen bin ich es immer noch nicht, in anderen schon.«

Udo, 66 Jahre: »Erwachsensein ist für mich: Verantwortung und Freiheit, Selbstbestimmung und Verbundensein.«

Christiane, 66 Jahre: »Erwachsenwerden ist für mich, wenn man die Verantwortung der Fehler seiner Eltern übernimmt, bzw. in der Lage ist, ihnen zu verzeihen.«

Gabriele, 64 Jahre: »Erwachsenwerden hat für mich etwas mit einem Befreiungsprozess zu tun, Erwachsen zu sein heißt für mich damit auch, frei zu sein. Ich fühle mich frei, Verantwortung und Fürsorge gegenüber mir anvertrauten und mir vertrauenden Menschen zu übernehmen.«

Lucien, 33 Jahre: »Mit 20 war alles, worüber ich nachdachte und was ich tat, irgendwie aufs eigene Ego bezogen. Wenn man erwachsen wird, ändert sich dieser Blick, er fängt an, sich auch auf andere zu richten. Ich glaube, dass das ein ganz entscheidender Punkt ist. Dass man Verantwortung für andere nur übernehmen kann, weil es einem gelingt, den Blick weg von sich selbst zu bekommen. Zum Beispiel, dass man so eine nihilistische Einstellung, alles, was ich mache, ist sowieso scheißegal, überwindet. Dass es letztlich doch darum geht, in seinem Leben eine Art Erfüllung zu finden.«

Ulrich, 50 Jahre: »Wenn ich sage, dass es für mich (auch) darin besteht, Illusionen zu verlieren, klingt das wahrscheinlich megabanal. Aber es ist für mich trotzdem des Pudels Kern. Ich meine damit, dass man die Gabe verliert, sich selbst zu täuschen, indem man alles und jeden in ein idealisierendes Licht rückt, dem auf der anderen Seite klar gezeichnete Feindbilder gegenüberstehen. Man verliert das Selbsttäuschungspotenzial, aber man verliert damit auch ein Stück Selbstvertrauen. Der unendliche Vertrauensvorschuss, dem man allem und allen und auch sich selber gibt, braucht sich mit dem Erwachsenwerden auf. Echt schade eigentlich. Dafür geht man aber nicht mehr als Volltrottel durch die Welt.«

In einem ganz ähnlichen Sinn äußert sich auch Milena, die mit 21 Jahren die einzig Jüngere war, die ich explizit um ihre Meinung zu diesem Thema gebeten habe:
»Erwachsen sein bedeutet für mich, für sich selbst Verantwortung tragen und Verantwortung für andere übernehmen. Traurigerweise hört man auf, sich und etwas auszuprobieren, man weiß, wo man wohnen möchte, hat vielleicht auch nicht mehr die Kraft für alles und jedes. Manches hat man solange gemacht, dass man darin richtig gut ist. Was ja auch mit objektiven Ereignissen zu tun hat: Schulabschluss, von zu Hause ausziehen, Studieren ... damit geht es los. Aber es gibt sowieso keine Checkliste des Erwachsenwerdens, also dafür: ›Jetzt bin ich erwachsen!‹. Für manchen Außenstehenden ist jemand vielleicht richtig erwachsen, aber er selbst fühlt sich überhaupt nicht erwachsen.«

Wie wir sehen, fällt die Antwort auf die Frage, was Erwachsensein überhaupt bedeutet, von einem zum anderen ganz unterschiedlich aus. Auffallend war bei meiner Umfrage aber nicht nur, dass sich die Wenigsten dafür entschieden, für das Erwachsensein nur »äußere« Kriterien anzugeben, etwa einen festen Beruf oder eine Familie gegründet zu haben. Sondern dass Erwachsenwerden eher damit zu tun hat, für andere Verantwortung zu übernehmen und unabhängig von spontanen Empfindungen und Einfällen so etwas wie eine sinnvolle und autonome Struktur in sein Leben zu bringen. Erwachsensein wurde von den meisten Erwachsenen also weniger als defizitär, als ein Verlust gedeutet, sondern eher als ein *lebenslanger Prozess*, als Zugewinn von Lebenserfahrung und eine Bereicherung, und auch als eine Hilfe, um mit dem Leben besser klarzukommen. Was im Übrigen auch einiges darüber verrät, wie sie selbst die Zeit ihres Erwachsenwerdens im Rückblick sehen.

Was weiß die Psychologie?

Kurz: Sie, die Psychologie, ansonsten kaum um eine Antwort verlegen, tut sich besonders schwer mit dieser Lebensspanne! Eine Übersicht zum Stand der aktuellen Forschung zeigt, dass sie sich mit dieser über vieles entscheidenden Lebensphase bislang so gut wie noch gar nicht beschäftigt hat. Vielleicht hat es mit ihrem Forschungsansatz zu tun, immer nur »verlässliche« Daten sammeln zu wollen: Persönlichkeitseigenschaften, Verhaltensweisen und Absichten, die sich »objektivieren«, also messen, zusammenzählen und dann vergleichen lassen. Genau hier aber bekommt man ein Problem mit dieser ebenso spannenden wie auch schillernden Lebensphase, wenn aus Jugendlichen Erwachsene werden. Denn junge Menschen, die dabei sind, sich neue Lebenshorizonte zu erschließen, sind nun mal kein sesshaftes Volk und ihr unstetes Leben unterliegt vielen Gefühlsschwankungen und vor allem ständigen Veränderungen. Für messwütige Professoren sind das keine guten Voraussetzungen. Und triviale Lösungen, wie sie diese Wissenschaft so gerne hervorbringt, bieten sich für diese Zeit, in der alles im Fluss ist, auch nicht an! Also herrscht über sie größtenteils das große Schweigen.

Was nicht immer der Fall war, denn es gab in der jüngeren Geschichte der Psychologie durchaus einige Forscher, die sich zum Fürsprecher dafür gemacht haben, dass es eine solche in sich geschlossene Lebens- und Entwicklungsphase *nach* der Pubertät gibt. So machte sich bereits Anfang des letzten Jahrhunderts der Psychologe G. Stanley Hall in seinem 1904 erschienenen zweibändigen Jahrhundertwerk »Adolescence« für eine Zeit des Übergangs vom Kind zum Erwachsenwerden zwischen 14 und 24 Jahren stark.[3] Einen ähnlichen Zeitraum hatte 60 Jahre später auch der Psychologe Erik Erikson im Blick, als er für die Zeit des Erwachsenwerdens von einem »sozialen Moratorium«, also davon sprach, dass die jungen Leute in den westlichen Industrienationen ihre sozialen Rollen wie Elternschaft oder Berufstätigkeit, die sie als Erwachsene qualifizieren, immer später einnehmen würden. Wobei er die positiven Folgen dieser »Verlängerung« des Erwachsenwerdens hervorhob, da die jungen Menschen jetzt deutlich mehr Zeit hätten, darüber nachzudenken, wie sie später einmal diese Rolle erfüllen könnten.[4]

Nur kurze Zeit später, 1971 und unter dem Eindruck der Jugendrevolte in den USA gegen den Vietnamkrieg und für sexuelle Befreiung, beschrieb der einflussreiche Jugendforscher Kenneth Keniston, die »Jugend« als eine Zeit im »Spannungsverhältnis von Gesellschaft und Selbst« und meinte damit genau die Zeit zwischen Adoleszenz und jungem Erwachsensein.[5] Dieser Jugendphase von etwa 16 Jahren bis Mitte 20 ordnete er Eigenschaften zu wie eine »ambivalente Haltung sich selbst und der Gesellschaft gegenüber«, eine »vorsichtig abwartende Lebenseinstellung«, »Entfremdung«, ein »omnipotentes Freiheitsgefühl«, den »Horror vor Stillstand« oder auch die »Angst vor dem Tod«[6] – alles Attribute, mit denen wir auch heute noch bei der Beschreibung dieser Lebensphase gut auskommen können.

1978 nannte ein anderer US-amerikanischer Psychologe, Daniel Levinson, den Lebensabschnitt zwischen 17 und 33 Jahren auf der Grundlage zahlreicher Interviews, die er mit Menschen über 30 geführt hatte und nach ihrem Rückblick auf diese Zeit befragte, »novice phase«, und sah damit die jungen Leute in der Rolle von Novizen, die langsam erwachsen würden. Der Entwicklungsabschnitt bestünde darin, sich langsam in die Welt der Erwachsenen hineinzubegeben, wobei man, wie die Interviewten berichteten, beim Eintritt in dieses Neuland ein beträchtliches Ausmaß an Instabilität aushalten müsse, um unterschiedliche Erfahrungen auf der Beziehungsebene und bei der Suche nach einem geeigneten Beruf produktiv zu verarbeiten. Auch Levinson nahm den Gedanken Eriksons auf, dass es sich um eine Zeit handelt, in der bestimmte Entscheidungen zunächst aufgeschoben würden.[7]

Es dauerte dann noch ganze 30 Jahre, bis man sich vonseiten US-amerikanischer Psychologen wie Jeffrey Arnett, William Damon oder Laurence Steinberg wieder genauer für diese Lebensphase als eine besondere Entwicklungsetappe zu interessieren begann, was auch damit zu tun hat, dass die Zeitspanne zu Beginn dieses Jahrhunderts besonders aus markt-ökonomischen Überlegungen wieder zunehmend in den Fokus allgemeiner Aufmerksamkeit geriet.[8]

Ansonsten aber finden sich zur Lebensphase des Erwachsenwerdens so gut wie keine wissenschaftlichen Publikationen und auf dem populären Ratgebermarkt fehlen sie bislang völlig – erstaunlich, weil ja auch die Eltern ihre Kinder heutzutage weit über deren Pubertät hinaus ins Leben begleiten.

Odysseusjahre: Irrfahrt zwischen dem 18. und 30. Lebensjahr

Kommen wir noch einmal auf die Eingangsstatements der jungen Leute am Anfang dieses Kapitels zurück, so fällt auf, dass sie ihre Zeit des Erwachsenwerdens gerne als ein »Dazwischensein« erleben, als eine Art *Transitzone*, bevor das eigentliche Ziel, erwachsen zu sein, erreicht wird. Vielleicht ist es deswegen so schwierig, für diesen Zeitabschnitt ein geeignetes Wort zu finden, lässt sich eine Zeit des Übergangs, in der man noch mit einem Bein in seiner Jugend steht und mit dem anderen schon im Erwachsensein, doch kaum mit einem Begriff festschreiben. Eine Zeit, in der alles, was in der Pubertät noch vage und andeutungsweise blieb, jetzt zwar deutlichere Konturen annimmt, wie die genauere Vorstellung vom eigenen Selbst, einer langfristigen Partnerschaft und dem, was man später einmal erreichen will. Bei der es sich aber *gleichzeitig* auch um einen Lebensabschnitt handelt, in dem man sich noch nicht endgültig festlegen will, in dem man sich immer wieder neu erfindet, ausprobiert, und dies in einem steten Auf und Ab von Gefühlen und Empfindungen. Erst mit Ende 20, Anfang 30 bezeichnen sich die allermeisten jungen Menschen in den westlichen Industriegesellschaften endgültig als Erwachsene – nachdem sie immerhin schon ein Drittel ihres Lebens hinter sich gebracht haben!

Wie aber ließe sich eine solche Zeit, wenn man die Pubertät verlässt und die Phase des Erwachsenwerdens beginnt, am treffendsten auf den Begriff bringen, möglichst mit einem Wort?

Ich selbst habe sie vor einigen Jahren, als ich anfing, mich mit diesem Thema genauer zu beschäftigen, als »Odysseusjahre« bezeichnet.[9] Der Begriff gefiel mir deshalb besonders gut, weil im Gegensatz zu Begriffen wie »Kidult«, keine Beurteilung oder Wertung erfolgte. »Kidult« steht etwas abschätzig für eine Mischung aus Kind und Erwachsenem. Der Vergleich mit dem reisenden Odysseus hingegen stempelt die jungen Leute nicht von vornherein als unreif, kindisch oder »noch nicht erwachsen« ab. Er stellt sie vielmehr als *Suchende* und auf ein Ziel hin orientierte Menschen vor: als Menschen, die ihr Ziel vielleicht schon zu kennen glauben, von dem sie aber noch nicht wissen, wie und ob sie es jemals erreichen werden.

Suchende sind diese Menschen auch deswegen, weil es heute im Gegensatz zu früheren Zeiten erheblich mehr Möglichkeiten der Selbstverwirklichung gibt: Früher lag der Lebenslauf wie genormt und bereits ausgestanzt vor einem. Es ist aber viel schwieriger, in einer Gesellschaft erwachsen zu werden, die einerseits einen ausgeprägten Jugendkult betreibt und unzählige Möglichkeiten zur Selbstverwirklichung bietet, und zum anderen verlangt, sich ihren ökonomischen Erfordernissen möglichst schnell anzupassen.

Und tatsächlich hat dieser Lebensabschnitt zwischen 18 und 30 Jahren mit all seinem Hin und Her, der ihm innewohnenden Ambivalenz, etwas von einer Irrfahrt, einer gelebten Odyssee: Dem Leben muss nun nach und nach eine Richtung gegeben und der Anker irgendwann irgendwo ausgeworfen werden. Man bewegt sich durchaus auf ein *bestimmtes Ziel* hin, nimmt dabei aber verschiedene Optionen bzw. Umwege wahr – ganz so, wie es Odysseus mit seinem Schiff und seinen Gefährten tat.

Hinzu kommt, dass die Jahre des Erwachsenwerdens ähnlich wie die Reise des Odysseus auf Dauer ziemlich anstrengend werden können. Langsam muss man sich entscheiden, welchen Kurs das Schiff aufnehmen soll, welche Gestade man hinter sich lässt, und so, wie Odysseus, für sich und »seine Gefährten« Verantwortung übernehmen. Sich einen moralischen Kompass zulegen, der einem sagt, wohin man will. Auf seiner Reise ins Erwachsensein also lernen, *wie* man das wird. Viele der von uns Befragten, die irgendwann erwachsen wurden, sahen es ja ähnlich.

Auch die Kindheit und Jugend können anstrengend und hart sein, wenn man zum Beispiel zu wenig Liebe erfährt, die Schulzeit ein Grauen ist, und die Pubertät, statt uns die Sonnenseite des Lebens mit ihren Hoffnungen und verführerischen Körpern zu zeigen, Enttäuschungen und Niederlagen beschert. Lange Schatten kann jeder Lebensabschnitt auf unsere weitere Entwicklung werfen. Was aber ist es, was gerade den Lebensabschnitt des Erwachsenwerdens, unabhängig davon, von wo aus wir aus unserer Kindheit starten, so schwierig gestaltet? Noch sind die jungen Leute ja nicht so weit, es sich inmitten von Designermöbeln gemütlich zu machen. Das kommt, wenn überhaupt, erst Jahre später, wenn, wie manche von ihnen meinen, das wahre Leben schon wieder hinter ihnen liegt.

Jan, 29 Jahre und einer meiner Gesprächspartner, sieht diesen Übergang zum Erwachsenwerden im Rückblick so: »Als ich mit der Schule fertig war, fiel ich erst einmal in ein richtiges Loch. Immer hatte ich von der großen Freiheit geträumt, aber jetzt lag sie plötzlich vor mir und ich wusste nicht, was ich mit ihr anfangen sollte. Alle, vor allem meine Eltern, fragten danach, was ich machen würde, aber ich hatte damals null Ahnung. Die Kumpel aus der Schule verloren sich in alle Richtungen, ich war, glaube ich, damals einer der wenigen, die noch zu Hause wohnen blieben. Ich empfand das Erwachsenwerden, zumindest anfangs, als harte Zeit. Ich war nicht nur oft allein in dieser Zeit, ich fühlte mich auch so. Und als ich mein Studium anfing, habe ich ziemlich lange gebraucht, bis ich damit zurechtkam, auf mich gestellt zu sein. Nicht dass ich es noch gut fand, wenn jemand auf mich aufpasst oder mir sagt, was ich tun soll. Aber es fehlte mir am Anfang.«

Und Ulrike, 27, sagt: »Irgendwann fing ich an, mir Gedanken zu machen, meinem Leben einen Sinn zu geben. Mich zu fragen: Was will ich eigentlich und wo will ich hin? Das hatte ich mich früher auch schon gefragt, aber jetzt wurde es irgendwie ernst. Ich musste mich das erste Mal entscheiden, wohin ich wollte. Bisher hatte ich nur darüber nachgedacht.«

Welche Bezeichnung passt also am besten zu dieser Lebensphase? Eine Patentlösung, einen Lebensabschnitt, in dem man sich für eine Weile in einem *Niemandsland zwischen Jugend und Erwachsensein* befindet, auf einen gemeinsamen Nenner zu bringen, wird es nicht geben. Auch deswegen, weil das Erwachsenwerden ein längerer Entwicklungsprozess ist und sich damit einer strengen Etikettierung entzieht. Und so handelt es sich beim Versuch, die Jahre des Erwachsenwerdens als »Odysseusjahre« zu beschreiben, auch nur um eine Annäherung an das, was in dieser Zeit passiert. Manche Kenner der Odysseus-Sage werden sowieso einwenden, dass Odysseus nach seiner Irrfahrt und den unterschiedlichsten Bewährungsproben, die er zu bestehen hatte, schließlich im sicheren Hafen seiner Familie landet, während für die jungen Menschen die Fahrt in ihr Erwachsenwerden doch genau in die umgekehrte Richtung führt, sich von ihr fortzubewegen, um ein eigenes Leben zu beginnen – was freilich nicht jeder und jedem auf Anhieb gelingt!

Der bereits erwähnte US-amerikanische Psychologe Jeffrey Jensen Arnett von der University of Maryland ist einer von wenigen, die sich in den letzten Jahren wissenschaftlich ausführlich mit diesem Lebensabschnitt beschäftigt haben. Und auch er hat seine Schwierigkeiten, für diese Zeit im Leben von uns allen den passenden Ausdruck zu finden. In einem im Jahr 2000 für den »American Psychologist« geschriebenen Aufsatz und in einem späteren Buch nennt er die Zeit zwischen 18 und 30 Jahren »emerging adulthood«, was so viel bedeutet wie »herannahendes, sich langsam herausbildendes Erwachsensein«.[10] Er will mit diesem Begriff andeuten, dass die jungen Menschen zum einen dabei sind, die Zeit ihrer Jugend (also die Adoleszenz) hinter sich zu lassen, aber noch nicht im »Erwachsensein« angekommen sind, weshalb es auch falsch sei, von ihnen bereits als »junge Erwachsene« zu sprechen. Denn *ganz* erwachsen seien sie eben auch noch nicht. Für die meisten handele es sich vielmehr um eine Zeit, »in der in puncto Liebe, Arbeit und eigene Weltsicht verschiedene Möglichkeiten im steten Wechsel erkundet werden«. Und erst am Ende dieser Periode, »in den späten Zwanzigern«, wäre man wirklich erwachsen geworden, erst dann hätten »die meisten Menschen ihre Entscheidungen getroffen, die für ihr weiteres Leben mit lang andauernden Auswirkungen verbunden sind«.[11]

Um sie genauer zu beschreiben, untergliedert er diese Lebensphase noch einmal in drei Phasen, nämlich die Phase des »Launching« von 18 bis 22 Jahren, was so viel bedeutet, wie der Stapellauf eines Schiffes – um in der Sprache der Odyssee zu bleiben, also die Zeit, in der das Schiff Richtung Erwachsenwerden in die See sticht. Ihr folgt von 22 bis 26 Jahren die Phase des »Exploring«, womit er meint, dass man anfängt, sich genauer und ernsthafter mit den Dingen zu beschäftigen, die einmal das Erwachsensein ausmachen könnten, und dabei nach und nach seine eigene Unsicherheit überwindet. »Landing« steht dann für den Lebensabschnitt zwischen 26 und 29 Jahren und bezeichnet den Vorgang, am Ziel zu sein, nämlich ein Erwachsener![12]

Pubertät: die Brücke
zum Erwachsenwerden

Die eigentliche Brücke zum Erwachsenwerden ist die Pubertät. Will man also die Eigenständigkeit und das Neue der Jahre des Erwachsenwerdens herausstellen, muss man die Pubertät von ihnen abgrenzen können. Auf die besonderen Entwicklungsaufgaben, die beide Lebensphasen voneinander deutlich unterscheiden, komme ich im zweiten Teil dieses Buches, besonders im siebten Kapitel, noch ausführlich zu sprechen. Und ebenso auf die Risiken und Probleme, die auch diese Zeit für die Jugendlichen mit sich bringt. Hier geht es mir zunächst nur um die Bedeutung von eher äußeren Kriterien, die beide Lebensphasen unterscheiden.

Die meisten Kinder und Jugendlichen der westlichen Industrienationen leben zwischen ihrer Geburt und etwa 18 Jahren unter ziemlich ähnlichen Bedingungen. Sie wohnen zu Hause bei ihren Eltern, kommen in die Kita und besuchen anschließend die Schule, was ihren Alltag maßgeblich strukturiert. Und erleben in dieser für sie überschaubaren und ihnen Schutz gewährenden Atmosphäre im Rahmen von Elternhaus und Schule ihre Pubertätszeit, mit all den anstehenden körperlichen Veränderungen und dem sie ständig begleitenden Auf und Ab ihrer Gefühle, dem steten Hin und Her in ihrer Gedankenwelt.

Was das Verhältnis der Geschlechter betrifft, wachsen Jungen und Mädchen vor und zu Beginn ihrer Pubertätszeit meistens deutlich voneinander getrennt auf, d. h. in unterschiedlichen »Peergroups«, also unterschiedlichen Gruppen von Gleichaltrigen, und teilen dabei meistens verschiedene Interessen, bis sie irgendwann mit 16, 17 Jahren langsam und zaghaft wieder zueinanderfinden. Dann werden sie sich auch in ihrem Modebewusstsein und Freizeitverhalten, durchaus im Gegensatz zu früher, immer ähnlicher. Angesagt ist neben der Schule vor allem Chillen, am Smartphone oder Notebook abhängen, Filme und Videos im Netz gucken und am Wochenende ausgehen und »Party machen« – am besten unbeaufsichtigt dort, wo in Häusern und Wohnungen deren schon erwachsene Bewohner den Abend über möglichst lange ausbleiben. Denn in die angesagten Clubs kommt man noch nicht hinein und sollte, so will es der Gesetzgeber, Straßen und Kneipen ab etwa 24 Uhr verlassen haben. Ist man, wie es häufig der Fall ist, noch in gleichgeschlechtlichen Gruppen unterwegs, hält man am Ziel fest, dabei möglichst dem anderen Geschlecht zu begegnen.

Unschwer zu erkennen handelt es sich bei der Pubertät, ausgehend von dieser eher äußerlichen Bestandsaufnahme, um einen in sich geschlossenen Entwicklungsabschnitt. Im Vordergrund stehen die körperlichen Veränderungen und die sie begleitenden Gefühle, das Erwachen der Sexualität und bei den meisten die Annäherung an das andere Geschlecht. Zukunftspläne werden gemacht, aber sie bleiben vage und häufig unausgesprochen. Es geht mehr um eine Suchbewegung, wobei man das, was man finden will, noch nicht so genau weiß. Das Leben findet im Augenblick statt, ständig kommt einem etwas anderes in den Sinn, und man erfindet sich neu. Den beruhigenden und verlässlichen Hintergrund aber bilden nach wie vor die Eltern und ein festes Zuhause, in das man sich immer wieder vor den Gefahren des Alltags, am besten unter die Bettdecke und ins eigene Zimmer zurückziehen kann. In ihrer übergroßen Mehrzahl leben die Jugendlichen zum Ende ihrer Pubertätszeit, also mit etwa 18 Jahren, noch mit keinem Partner zusammen. Kinder und Beruf scheinen Lichtjahre entfernt, immer geht es nur um das Hier und Jetzt. Vom Gesetz her sind sie bis 18 noch nicht volljährig und damit nur bedingt verantwortlich für das, was sie so anstellen.

Allein ins Leben – wohin?

Wenn sie Schule und Pubertät hinter sich gelassen haben, öffnet sich den heutigen Jugendlichen ein langer, oftmals verschlungener Weg, um erwachsen zu werden. Denn im Gegensatz zu früher werden die meisten von ihnen nicht gleich heiraten, Kinder bekommen und sich einen festen Job suchen. Stattdessen nehmen sie jetzt, vielleicht nach einem freiwilligen sozialen Jahr und manche nach einer Weltreise als »Backpacker«, ihre weitere Ausbildung und ihr Studium in Angriff, was sie in Zeiten von Bachelor und Master an der Universität einerseits erneut einem oft strengen, schulähnlichen Regiment unterwirft, ihnen andererseits aber – im Vergleich zu den Jahren davor – auch viele neue Freiheiten beschert. Darunter auch die, sich um die eigene Zukunft genauere Gedanken zu machen und dabei immer wieder ganz unterschiedliche Lebensentwürfe in Angriff zu nehmen, sie auszuleben, um sie danach wieder zu verändern.

Viele Erwachsene wissen noch ihr ganzes Leben hindurch, wie sich das »damals« angefühlt hat. Da waren die Sehnsucht, die Träume und Ideale, die man einlösen wollte, die einen beflügelten und im Scheitern tief herabstürzen ließen, da war die Angst, jetzt, getrennt von Elternhaus und Schule, allein klarkommen zu müssen. Unsicherheit herrschte vor, wie man existenzielle Krisen wie den Verlust einer langjährigen Liebe oder den Abbruch einer Ausbildung oder eines Studiums überstehen würde. Immer wieder entstanden Phasen, in denen einem die Orientierung abhanden kam, manche lockten Drogen, aber auch gefährliche Unternehmungen, um sich den ultimativen Kick zu geben. Die hinzugekommenen Freiheiten, das Gefühl unendlicher Möglichkeiten und der gleichzeitige Druck, sich langsam festlegen zu müssen, lösten manchmal Angstgefühle oder auch depressive Episoden aus. Mit anderen

Worten, die neu hinzugewonnene Freiheit hatte auch ihren Preis. Genauso gilt dies für die heutigen Jugendlichen, die sich auf den Weg ins Erwachsensein machen und deren Freiheit ihnen durch die neu hinzugewonnene virtuelle Welt noch unermesslicher erscheint, was sie in den Dauerkonflikt stürzt, dass zwar alles möglich ist, aber nur weniges davon in Echtzeit zu verwirklichen.

Die Reise ins Erwachsenwerden ist auch die Zeit des *Einzelgängertums*. In keiner Lebensphase außer im Alter, dies haben wissenschaftliche Untersuchungen gezeigt, ist der Mensch so viel mit sich allein, wie in dieser Lebensphase.[13] Der Philosoph und Autor Sven Hillenkamp fasst diese Gefühlslage und ihre Folgen so zusammen: »Die Menschen sind weniger geprägt von den Jahren im Elternhaus als von den Jahren, die danach gekommen sind, die schon begonnen haben im Elternhaus, den Jahren des Allein- und Für-sich-Seins. Nicht Eltern oder Schule haben die Menschen zutiefst geprägt, sondern das jahrelange Allein- und Für-sich-Sein, das nach der Kindheit und Schulzeit kam und bereits während der Kindheit und Schulzeit begann: im eigenen Kopf und eigenen Raum.«[14]

Jetzt, nach Wegfall von Schule und Elternhaus fehlen den meisten zu Beginn ihrer Odyssee ins Erwachsenwerden die strukturierenden Vorgaben, wie sie die Schule und elterlichen Gebote allen Widerständen zum Trotz mit ihrer täglich wiederkehrenden Routine boten. Auch in der Kindheit und Pubertät fühlte man sich oft allein, aber jetzt, auf dem Weg ins Erwachsensein, *ist* man es! Es fühlt sich an, als hätte sich vom Schiff, auf dem sie sich als Jugendliche befanden, der Anker aus dem festen Boden gerissen. Und auf rutschigen Planken, ohne Halt, begleitet von vielfältigen Verlockungen und geprägt von Neugierde und Angst, schlingert das Leben der jungen Leute, wie in der Sage des Odysseus, neuen Ufern entgegen.

Der große Unterschied zu der Zeit davor, zur Kindheit und Jugend, besteht also vor allem darin, sich jetzt das erste Mal im Leben *allein* diesen Herausforderungen stellen zu müssen. *Allein* nach Antworten zu suchen, dabei oft im Zwiegespräch mit sich selbst, *allein* auf seinem Zimmer, auf einer großen Reise, in einem überfüllten Hörsaal oder auch in den Armen eines Geliebten.

Zur Identitätssuche (»Wer bin ich?«) kommt jetzt die Frage des »Wohin« hinzu. Aber dem Leben eine präzise Richtung zu geben, fällt immer noch schwer, und so bleibt die Reise ins Erwachsenwerden zumindest zu Beginn von einem ziellosen Herumirren begleitet, ein Grund mehr, für diesen Zeitabschnitt das Bild des reisenden Odysseus zu verwenden. Allerdings wusste dieser bei all seinem Hin und Her am Ende genau, wohin er wollte und nur nicht, ob er dieses Ziel auch jemals erreichen würde. Die, die sich jetzt daranmachen, erwachsen zu werden, wissen oft noch weder das eine noch das andere!

Jetzt, wenn für die meisten die Schule mit 18 Jahren abgeschlossen ist, machen sie sich also mit ihrem noch leichten Rucksack bisheriger Lebenserfahrung zum ersten Mal allein auf den Weg in eine eigene, erwachsene Existenz, von der sie zumeist noch keine genaue Vorstellung haben. Bei ihren Eltern herrscht beim Abschiednehmen oft Trauer, und auch sie wissen manchmal nicht, wie es für sie selbst weitergeht, wenn die Koffer ihrer Kinder gepackt sind und sich die Tür langsam hinter ihnen schließt. Schnell weggewischte Tränen, betretenes Schweigen oder gutes Zureden helfen dabei, die für alle schwierige Situation zu überstehen. Wohin die Reise ihre Kinder führt, wissen dabei die Eltern oft genauso wenig wie die jungen Leute selbst.

In der Transitzone

Wer sich die Frage nach dem »Wohin« stellt, findet sich in einem Transitbereich zwischen »noch-nicht-erwachsen« und »schon-erwachsen« wieder. Weder bleibt man Jugendlicher, auch wenn einige noch lange danach trachten werden, noch ist man schon Erwachsener. Da locken zum einen die Sicherheit und Stabilität des Erwachsenseins, die sich ausdrücken können in einer festen Beziehung, Gründung einer Familie und finanzieller Unabhängigkeit, und die zugleich abschrecken: »Nicht mit mir«, oder zumindest »*Noch* nicht mit mir« denken sich viele. Und je länger sich die Phase des Erwachsenwerdens hinzieht und je mehr sich die Spielräume verengen, in denen sich das Leben bewegt, desto dringlicher wird die Frage nach einer Zukunftsperspektive und desto mehr spitzt sich dieser innere Konflikt zu: »Ja, ich bin bereit dazu, erwachsen zu werden. Aber gelingt es mir bereits?« Popsongs, deren Texte auf diese Zielgruppe abzielen und auf die ich noch zu sprechen komme, sind voll solcher Themen und Gedanken: *Forever Young*! Erwachsenwerden ist für diese jungen Leute wie die Angst vor dem Zahnarzt: Ich gehe hin, aber erst, wenn ich es vor Schmerzen nicht mehr aushalte. Und oft taucht dann als Lösung auf, womit wir uns noch ausführlich beschäftigen werden: Warum eigentlich erwachsen werden? Warum nicht einfach Kind bleiben?

Alle diese Umstände, die mit dem Erwachsenwerden verknüpft sind und von denen in diesem Kapitel die Rede war, diese ständige Erfahrung von Ambivalenz und gegensätzlichen Gefühlen, zeichnet diese Lebensphase in meinen Augen als die härteste in unserem Leben aus. Nicht, dass es in dieser Zeit keine federleichten und wunderbaren Augenblicke gibt. Aber so, wie man die persönliche Freiheit und das damit verbundene Glück »des Augenblicks« und die es begleitenden

Gefühle vielleicht nie wieder in seinem Leben erlebt wie zu dieser Zeit, so intensiv erlebt man auch ihre *Krisen*. Flüchtete man sich am Anfang des Lebens noch in die Arme der Eltern, überspielte später die von der Pubertät und ihren Hoffnungen und Ängsten begleitete Tonspur des eigenen Lebens mit Alltagsroutinen, wie sie Elternhaus und Schule boten, steht man jetzt allein da und die immer wiederkehrende Frage lautet: *Wohin, wohin?*

Wohin mit diesem Begehren, dieser Lebenskraft, diesem Willen, im Leben etwas zu erreichen, wenn doch in der eigenen Gedankenwelt manchmal so viel dagegen spricht, sich den Realitäten des Lebens dabei ein Stück weit anpassen zu müssen? *Wohin* mit der enttäuschten Liebe, dem abgebrochenen Studium, dem ekligen Gefühl nach dem letzten One-Night-Stand? *Wohin* mit all den Wünschen und Träumen aus Kindheit und Jugend, die schon so lange zurückzuliegen scheinen? *Wohin* mit dem Schmerz, wenn das Leben gerade wehtut? Die schönsten Jahre des Lebens sind eben auch die härtesten. Wenn man nichts zu verlieren hat, worum soll man schon trauern? Aber jetzt, wo es langsam immer mehr zu verlieren gibt?

Treffend beschreibt Susan Neiman in ihrem philosophischen Essay »Warum erwachsen werden?« diesen Lebensabschnitt wie folgt: »Erwachsenwerden heißt, die Ungewissheiten anzuerkennen, die unser Leben durchziehen, und – schlimmer noch – ohne Gewissheit zu leben, aber einzusehen, dass wir unvermeidlich immer nach ihr suchen werden.« Und weiter: »Die schädlichste Idealisierung dieser Art ist die weitverbreitete Ansicht, die besten Jahre unseres Lebens seien das Jahrzehnt zwischen sechzehn und sechsundzwanzig, wenn die Muskeln der jungen Männer und die Haut der jungen Frauen am schönsten erblühen. [...] Wenn wir die schwerste Zeit des Lebens als die beste ausgeben, machen wir diese Zeit nur noch schwerer für alle, die sie gerade durchmachen.«[15]

Während ihr Buch ein Plädoyer dafür ist, erwachsen zu werden, zeichnet ihre Kollegin, die Spiegelkolumnistin Sibylle Berg, das Erwachsensein in weniger leuchtenden Farben. Resignierend stellt sie fest: »Ich habe aufgegeben. Oder bin erwachsen geworden. Oder traurig an Regentagen. Es lebt sich ganz gut, in der Hoffnungslosigkeit. Alles so schön ruhig jetzt.« Sie blickt wehmütig zurück auf die Zeit, die davorlag und die sich – zwischen 20 und 30 – langsam dem Erwachsensein nähert: »Als junger Mensch bestand die Welt nur aus mir, und die Motivationen Fremder waren mir unbegreiflich. Mit der Arroganz jener, die die Sterblichkeit noch nicht begriffen haben, wusste ich, dass ich alles besser machen würde als die da draußen, die mit den herabgezogenen Mundwinkeln, den mahlenden Wangenknochen. Irgendwann, zwischen 20 und 30, öffnet sich der Tunnelblick, im guten Fall.«[16]

Anders, aber ebenso zutreffend für diese Zeit drückt es der amerikanische Jugendforscher Jeffrey Arnett aus: »Keine andere Lebensphase kennt so viele Probleme. Überschwang und Krisen halten sich, psychologisch gesehen, die Waage.«[17] Und Laura, 26 Jahre alt, stellt lapidar fest: »Erwachsensein kann schön sein. Wenn es einem gelingt.«

2. Liebe und Arbeit – auf der Suche nach dem Sinn des Lebens

»Die Liebe erscheint früh und ist vollkommen im Moment
ihres Erscheinens. Je unfertiger die Menschen sind,
umso größer die Liebe.«[1]

Sven Hillenkamp

Wenn man erwachsen wird, dreht sich alles, zumindest das meiste, um die Liebe und die Arbeit. Und dies bei den meisten zunächst und wenn möglich in der Reihenfolge: Erst kommt die Liebe, dann kommt die Arbeit. Und zu beiden Themen, die einen selten so *existenziell* beschäftigen wie zu dieser Zeit, gesellt sich nach und nach noch die »Sinnfrage«, die einen zu Beginn des Erwachsenwerdens, in der Phase des Ausprobierens und Sichfindens, noch nicht so ausgiebig beschäftigt, an der man aber irgendwann, Mitte bis Ende Zwanzig geworden, nicht mehr drum herumkommt. Nicht, dass man anfängt, sich jetzt jeden Morgen beim Aufwachen nach dem Sinn des Lebens zu fragen. Aber langsam sickert die Frage nach dem, was man mit seinem Leben anfangen will, ins Alltagsbewusstsein ein, weniger als philosophische Beschäftigung, sondern ganz praktisch bezogen auf das eigene Tun und Lassen im Hier und Jetzt.

In der Zeit der Pubertät liebt und lebt man nur im Augenblick. Und nur selten geht es darum, mit den ersten Erfahrungen sich auch die Frage zu stellen, ob sie oder er der »Richtige« oder »Passende« für das ganze Leben ist. Und das gilt ebenso für die Vorstellung, die man sich davon macht, was man

47

später einmal arbeiten möchte. Man träumt von einem Beruf oder einer Tätigkeit, die einem vielleicht liegen würde, aber meistens noch ohne auf das zu erwartende Gehalt zu schielen oder sich zu überlegen, ob die eigenen Ressourcen dafür reichen und was andere dazu sagen. Statusfragen beschäftigen die allermeisten erst später.

Luca, 19 Jahre, drückt den Übergang so aus: »Als ich noch in der Schule war, war Arbeit eigentlich kein Thema, zunächst ging es nur darum, mit der Schule fertig zu werden. Jetzt weiß ich erstmal nur, dass ich keinen tristen Büroalltag will, aber in welche Richtung es gehen soll? Eine schöne Arbeit, wenn man damit Geld verdienen kann, bloß nicht immer das gleiche machen. Einen Routinejob kann ich mir nicht vorstellen. Wenn ich irgendwas arbeite, will ich es gerne machen.«

Doch nach und nach, wenn man Schule und Elternhaus verlassen hat, müssen die eigenen Ansprüche an sich selbst klarer formuliert und mit den Forderungen, die einen von außen erreichen, abgeglichen werden. Den Kopf einfach in den Sand zu stecken geht irgendwann nicht mehr. In dieser Phase, wenn man buchstäblich noch zwischen allen Stühlen sitzt, geraten manche (und nicht die schlechtesten) in eine tiefe Sinnkrise, die Angst macht und das Gefühl vermittelt, buchstäblich in ein Loch ohne Boden zu stürzen. Einfach weil zu viel auf sie zukommt und sie noch nicht so weit sind, mit beiden Füßen fest auf dem Boden zu stehen und den Blick nur noch geradeaus und auf ein bestimmtes Ziel zu richten.

Liebe in Zeiten des Erwachsenwerdens

In vielfacher Hinsicht verbindet sich mit der »ersten Liebe«, die für die meisten Jugendlichen in die Zeit der Pubertät fällt, die Erfahrung eines geradezu überirdisch-himmlischen und

»reinen« Gefühls, unabhängig von dem, was man im Internet vielleicht schon gesehen hat, und auch geschuldet dem Mangel schon gemachter Erfahrungen und von Enttäuschungen bislang verschont geblieben zu sein. Begleitet wird diese Entdeckung von etwas *völlig Neuem*, was das Leben einem anbietet, von dem Glauben, dass man damit alles, was um einen herum passiert, zum Stillstand bringen kann, dass nur noch die »eigene Wirklichkeit« zählt und von jetzt an nur noch gilt, was die ersten Berührungen an Glücksgefühlen bereitgehalten haben – zumindest dann, wenn es gut geht beim »ersten Mal«. Die Eltern, die Schule, die Freunde – alles tritt plötzlich zurück und gerät in den Hintergrund. Nur das eigene Empfinden ist wichtig. Und häufig wird diese Liebe (und ihr zumeist baldiges Ende) begleitet von enormer Kreativität, die sich in Gedichten, Bildern und Zeichnungen ausdrückt, Boten einer Gefühlswelt, die noch einmal an die ungeheure Schaffenskraft und Neugierde erinnert, mit der kleine Kinder die Entdeckung der Welt für sich feiern. Liebe in Zeiten der Pubertät ist immer Grenzüberschreitung, bedeutet Neuland, Genießen des Augenblicks, Leben im Hier und Jetzt. Das macht sie so einzigartig und – bezogen auf die Zeit des Erwachsenwerdens – in gewisser Hinsicht auch unwiederbringlich.

Auch nach der Pubertät, besonders beim Aufbruch in die Erwachsenenwelt, geht die Suche nach diesem Glückserleben weiter. Es wird sogar noch gesteigert, wenn sich an einem anderen Ort ohne die Kontrolle von Schule und Elternhaus plötzlich ein Reich der Freiheit vor einem aufzutun scheint. Die ersten Erfahrungen in puncto Liebe sind gemacht, jetzt gilt es noch einmal, sich ihr ganz hinzugeben.

»Liebe ist ein Fremder in einem offenen Auto, der dich hineinlockt und dich weit wegfährt. Liebe ist eine gefährliche Droge. Du musst sie haben, und du kannst nicht genug kriegen von dem Zeug«, heißt es in dem Song der Eurythmics »Love is a stranger«. Genau das spüren die jungen Leute in dieser Zeit. Aber auch, wie Annie Lennox weitersingt: »Liebe ist schuldumrahmt. Falsch und lieblos. Sie ist hart und beherrscht, und sie ist total kalt. Sie berührt und sie fordert und reizt, während du in den Trümmern stolperst.« Denn am Horizont tauchen mit den ersten Erfahrungen ihres Scheiterns auch Fragen auf, die sich in der Pubertät so noch nicht gestellt haben. Hier blieb die Suche nach Liebe gleichsam »blind«, und sie fand in einer Zeit statt, in der es darauf ankam, sich auszuprobieren, erste Annäherungsversuche zu unternehmen. Das war noch ein ganz zaghaftes Fühlen und Tasten in eine unbekannte Welt hinein, die wie ein unentdeckter Kontinent vor einem lag. Jetzt aber wird es mit dem Erwachsenwerden auch auf diesem Gebiet ernster, und es treten neue Dimensionen hinzu, die sich alle in dem Wissen darum bündeln, dass das eher Zufällige und Unbeständige im Laufe der Zeit immer mehr zugunsten des Dauerhaften zurücktritt und damit, auch bezogen auf die Liebe, neue Fragen ans eigene Selbst auftauchen. Werden manchen Jugendlichen ihre homosexuellen Neigungen zum ersten Mal in ihrer Pubertätszeit bewusst und noch eher »ausprobiert«, fällt das endgültige Outing nicht umsonst in die Zeit des Erwachsenwerdens, eben auch deswegen, weil sie sich mit einer konkreteren Lebensplanung verbindet, sich über einen Partner oder eine Partnerin endgültig »klar zu werden«.

In der Pubertät ist Liebe noch ganz eindeutig, auch ein Grund, warum sie so unendlich intensiv empfunden wird. Widersprüche und die Ahnung ihrer Vergänglichkeit werden einfach beiseitegeschoben. Was zählt, ist das reine Empfinden im Augenblick, in dem sie sich öffnet und zeigt. Das lässt sie so stark werden. »In der Jugend ist das Verlieben an sich eine Veränderung, ein Erhobenwerden. Einen Geliebten zu haben, ist an sich ein Fortschritt. Jugend ist permanenter Fortschritt.«[2]

Aber jetzt, im Lebensabschnitt des Erwachsenwerdens treten zum ersten Mal auch ambivalente Gefühle dazu, Risse, die sich entlang der Fragen »Wer bin ich?«, aber vor allem um die Frage »Wohin will ich eigentlich?« bilden.

Ist diese Liebe dauerhaft, ist sie wirklich die einzig wahre Liebe in meinem Leben, auch die, die ein Leben hält? Möchte ich wirklich mein ganzes Leben zusammen mit *diesem* Mann oder *dieser* Frau verbringen? War das etwa schon alles? Gibt es nicht eine Bessere oder einen Besseren? Und was ist, wenn diese Liebe zerbricht? Wenn Kinder darunter leiden müssen? Mit anderen Worten: Auch das Lieben entwickelt sich parallel mit dem eigenen Selbstfindungsprozess immer mehr hin zur Formulierung eines bestimmten Lebensziels bzw. einer ungefähren Vorstellung davon. In der Pubertät blieb der Andere einzig. Aber indem man sich in der Zeit nach der Pubertät seiner Identität immer mehr bewusst wird, taucht neben der Frage »Wer bin ich?« noch eine andere auf. Denn wenn ich weiß, oder glaube zu wissen, wer ich bin, dann frage ich mich auch »Wer passt zu mir?«. Im Gegensatz zur Pubertätszeit, in der diese Frage *immer* plötzlich und spontan entschieden wird, weil man genau gerade *ihm* oder *ihr* begegnet ist, ist der oder die andere jetzt eng verknüpft mit der Absicht, dem *eigenen Leben* Sinn und Gestalt zu geben. Und dabei kann die Auswahl groß sein.

Diese, im Gegensatz zur Pubertät jetzt zunehmend mit der eigenen Existenzsuche verbundene Liebe führt umgekehrt dazu, dass die Erfahrung, verlassen zu werden, mit voller Wucht das eigene Selbst trifft und es bis auf seine Grundfesten erschüttert. Mit anderen Worten: Der Liebe wird eine für die eigene Lebenserzählung immer bedeutendere Rolle auch außerhalb der spontanen Begegnung und Empfindung zugeschrieben. Das Scheitern der Liebe wird dementsprechend als zeitunabhängige, ganzheitliche und persönliche Demütigung erfahren.

Gleichzeitig weist der Umstand, sich jetzt vielleicht an einen anderen Menschen zu *binden,* auf ein Dilemma hin, das sich besonders in diesem Lebensabschnitt stellt und damit zu tun hat, wie sich der Zugewinn von Autonomie und Freiheit damit verträgt, genau in dieser Zeit, in der noch alles möglich scheint, ein »festes« Liebesverhältnis einzugehen. Denn sich zu binden bedeutet ja auch, dem zu entsagen, was sich nicht nur in der Vorstellung, sondern auch real anbietet, begehrt und geliebt zu werden, und zwar an jedem Ort, an dem man sich befindet, und zu jeder Zeit. Hierzu schreibt Sven Hillenkamp, Autor des Buches »Das Ende der Liebe. Gefühle im Zeitalter unendlicher Freiheit«: »Die Menschen nehmen wahr, dass es unendlich viele mögliche Partner gibt. Das heißt: Sie nehmen mehr mögliche Partner wahr, als sie physisch wahrnehmen können. Sie nehmen so viele wahr, dass sie annehmen, es müsse unendlich viele geben.«[3]

Hinzu kommt, dass sich durch die Entstehung der virtuellen sozialen Netzwerke auch auf der »Angebotsseite« eine Menge getan hat. Der Markt, den oder die Richtige zu treffen und kennenzulernen, hat sich enorm erweitert. Ich muss gar nicht mehr nur zwischen denen auswählen, denen ich, oft mehr oder weniger zufällig, irgendwo begegne – in der Vorlesung, im Praktikum, in der Bar, im Club –, sondern ich kann mir, und wenn auch nur in meiner Vorstellung, den zukünftigen Lebenspartner im Internet suchen, in Zeiten propagierter Machbarkeit von allem für manchen ein verführerischer Gedanke. In den USA findet von den jungen Leuten bereits mehr als jeder Fünfte seinen Lebenspartner im Netz. Da findet also real und virtuell ein ständiger Abgleich statt, auch dies in deutlichem Gegensatz zu den ersten Liebeserfahrungen in der Pubertät, wo die Schönheit des *einen* unvergleichbar für *alle* anderen stand. Wird man erwachsen, so ändert sich das, und früher oder später stellt sich heraus, dass kein Mensch, ob Mann oder Frau, einem solchen ständigen Abgleich mit anderen auf längere Zeit standhalten kann. Und so kehrt sich diese als absolut unbegrenzt empfundene Freiheit, zu lieben, wen man gerade will, am Ende gegen einen selbst und mündet bei manchen in der schmerzvollen Erfahrung, es überhaupt nicht mehr zu können.

Dass ein Buch, wie das 2016 erschienene »Generation Beziehungsunfähig«[4] quasi über Nacht zum Bestseller wird und die Veranstaltungen seines Autors Monate vorher ausverkauft sind, zeigt, wie stark sich dieses Gefühl, den oder die Richtige nicht mehr finden zu können, unter den jungen Leuten ausgebreitet hat. Bindungsangst und das Fortbestehen eines romantischen Liebesideals gehen eine unheilvolle Allianz ein, die zu unzähligen, geradezu suchtartigen One-Night-Stands oder in ihrer milden Form zu einer lang andauernden »seriellen Monogamie« führen, wie sie mittlerweile nicht nur jungen Männern, sondern auch jungen Frauen in Fernsehserien und Filmen immer wieder empfohlen wird, und dies auch über die Zeit des Erwachsenwerdens hinaus. Dass mehr als ein Drittel der jungen Erwachsenen in den Großstädten als Single lebt, spricht eine mehr als deutliche Sprache.

Sicherlich spielen, was die Bindungsunfähigkeit und ihre Folgen angeht, auch Erfahrungen aus der Kindheit eine Rolle, die sich jetzt in der Phase des Erwachsenwerdens besonders bemerkbar machen. Aber diese Erfahrungen sind nicht mehr zu vergleichen mit denen von früher, als archaische Strukturen in der Familie, rigide Moralvorstellungen und eine durchgehende Verleugnung und Verdrängung sexueller Gefühle vor allem für neurotische Beziehungsmuster im Erwachsenenalter

sorgten, die häufig mit dem Zwang zur Wiederholung früh-
kindlich erlebter Beziehungen in der Familie zu tun hatten.
Durch den enormen gesellschaftlichen Wandel, gerade was
das Verhältnis zwischen Eltern und ihren Kindern betrifft,
das heutzutage mehr auf gegenseitigem Respekt und gegenseitiger Anerkennung beruht und weniger auf Dominanz und
Bestrafung, kommt den »dysfunktionalen Kindheiten«, worauf die französisch-israelische Soziologin Eva Illouz in ihrem
Buch »Warum Liebe wehtut« zurecht hinweist, nicht mehr
jene durchschlagende Wirkung zu, die die Psychoanalyse vor
hundert Jahren aus ganz anderen Familienzusammenhängen
abgeleitet hat.

Demgegenüber sorgen nach wie vor klassische Rollenver-
teilungen, wie sie in der Herkunftsfamilie trotz allem immer
noch vorgelebt werden und das an sie geknüpfte romantische
Liebesideal in Zeiten, in denen sich die traditionellen Rollen
von Mann und Frau in Auflösung befinden, für eine extrem
große Unsicherheit bei den jungen Leuten.[5] Zwar begegnen
sie sich in ihrer Lebensphase des Erwachsenwerdens als in jeder Hinsicht gleichberechtigt, aber schleppen dennoch durch
die Erfahrung des eigenen Geschlechts, ob biologisch deter-
miniert oder gesellschaftlich geschaffen, durch Erziehung und
Traditionen und vor allem durch einen ungeheuren Medien-
einfluss auf die geschlechtliche Normierung, allerlei »altmo-
dische« und geschlechtsspezifische Denkgewohnheiten und
entsprechende Stereotypien mit sich herum. Hier der Mann,
der das Geld verdient, da die Frau, die sich später dann doch
mehr um die Kinder kümmert, hier der Beschützer, dort die,
die im rauen Alltag Liebe und Geborgenheit vermittelt. Da
diese und ähnliche Vorstellungen, die immer noch in vielen
Köpfen herumspuken, mit einer modernen Partnerschaft
nicht mehr zu vereinbaren sind, hat auch die Auflösung tra-
ditioneller Rollenzuschreibungen, besonders aufseiten der

Männer, aber zunehmend auch bei den Frauen, zu einem Mehr an *Bindungsangst* geführt. Zu der Angst, in Sachen Liebe irgendwann das Heft aus der Hand geben zu müssen und bei der vielbeschworenen Selbstbestimmung über die eigene Zukunft und Selbstständigkeit den Kürzeren zu ziehen.

Wobei solche Bindungsangst auch mit früheren Erfahrungen – zum Beispiel der Trennung und Scheidung der eigenen Eltern – zusammenhängen kann oder damit, in der Kindheit ständig die Erfahrung gemacht zu haben, zurückgewiesen worden zu sein. Auch die Liebe kann ein existenziell bedeutsamer Anker in der Suche nach Anerkennung sein: Die wiederholte Erfahrung ihres Scheiterns führt aus Angst vor erneuter Zurückweisung über kurz oder lang dazu, erst gar keine ernsten Liebesbeziehungen mehr einzugehen, sondern ganz auf sie zu verzichten oder sich mit One-Night-Stands über Wasser zu halten, um sich das zu holen, was man braucht.

Ebenso gewinnen Statusfragen in diesem Lebensabschnitt an Bedeutung. Zählte Schulerfolg in Zeiten der Pubertät für manche sogar eher zu den unangenehmen Eigenschaften, bekommt jetzt der Gedanke, »Erfolg im Leben zu haben«, einen immer größeren Stellenwert. Und plötzlich gerät auch die Liebe in den Sog eines gesellschaftlich propagierten Erfolgsdenkens: Kann ich mich mit diesem Mann, dieser Frau auch bei den anderen blicken lassen? Macht sie oder er etwas her? Besonders, wenn ab einem bestimmten Zeitpunkt die Kinderfrage anfängt, eine Rolle zu spielen. Zwar lässt sie sich anfangs noch aus der Perspektive der jungen Leute endlos lange umgehen und hinausschieben, aber mit Ende 20, Anfang 30 erhält sie bei der Überlegung, ob die Liebe auch dauerhaft hält oder bald von einer nächsten abgelöst wird, einiges an Gewicht. Denn die jungen Leute wollen in ihrer Mehrzahl Kinder haben – immerhin finden das mehr als 80 Prozent der 20- bis 39-Jährigen sehr wichtig.[6] Das Alter aber, eine Familie zu gründen bzw. Kinder zu bekommen, hat sich im Gegensatz zu früher immer weiter nach hinten hinausgeschoben. Galt für frühere Generationen, dass man dafür spätestens Mitte zwanzig den »Richtigen« gefunden haben sollte, entspricht dies heute längst nicht mehr den Vorstellungen der allermeisten jungen Leute. Was eben auch damit zusammenhängt, dass die Zeit des Erwachsenwerdens, d. h. der Zeitpunkt, Entscheidungen zu treffen, die dann auch zu Verantwortlichkeiten führen, gerne möglichst lange hinausgezögert wird.

Überhaupt ist, Bindungsfähigkeit hin oder her, Familienleben wieder »in«, wie die Shell-Jugendstudie 2010 feststellt: »71 Prozent der Männer und sogar 81 Prozent der Frauen sind überzeugt, ohne Familie könne man in der heutigen Gesellschaft nicht glücklich sein.«[7] Was übrigens nicht gleichbedeutend damit ist, auch zu heiraten. Für über 80 Prozent dieser Altersgruppe sind auch andere Eltern-Kind-Konstellationen wie Alleinerziehende, homosexuelle Eltern und Patchworkfamilien denkbar. Das soziologisch häufig bemühte Kriterium fürs Erwachsensein, nämlich zu heiraten, eine Familie zu gründen und Kinder zu haben, hat jedenfalls ausgedient. So gründen hierzulande schätzungsweise – genaue Zahlen liegen nicht vor – nur ein gutes Drittel der »Generation Y«, also der heutigen jungen Erwachsenen, vor dem 30. Lebensjahr eine Familie.[8]

Die Suche nach Liebe und ihrer Erfüllung bestimmt in allen ihren Schattierungen also nach wie vor maßgeblich die Zeit zwischen 18 und 30. Trotz gegenüber früher zweifellos vorhandener gesellschaftlicher Veränderungen, die neue und andere Beziehungsprobleme mit sich brachten, bleibt ihr Glücksversprechen erhalten und die Hoffnung bestehen, am Ende des Weges doch noch die Richtige oder den Richtigen zu finden. Begleitet wird dies heutzutage aber mit zunehmendem Alter oft von einer in gewisser Hinsicht pragmatischen Grundstimmung: »Auch die Generation Y verliebt sich stürmisch. Doch sie kommt nicht mehr auf die Idee, ihr Schicksal bedingungslos an den anderen zu knüpfen.«[9] Zum gleichen Ergebnis kommt auch die repräsentative Vermächtnisstudie in der »Zeit«, die zum Thema »Liebe« außerdem feststellt, dass es besonders die Frauen sind, die eine klare Vorstellung davon haben, was eine »partnerschaftliche Liebe« für sie bedeutet – und dies im Gegensatz zu den Männern, die häufig noch einem traditionellen, man könnte auch sagen, konservativen Bild von Liebe verhaftet seien: »Partnerschaften werden pragmatischer gelebt – weil die Frauen es so wollen.«[10]

Ratgeberliteratur und professionelle Hilfe von außen wird in dieser Lebensphase, in der es immer noch darauf ankommt, sich mit einem Gefühl *für sich selbst* neu zu erfinden und auszuprobieren nur selten aufgesucht. Die Jahre des Erwachsenwerdens zwischen 18 und 30 sind in puncto Liebe noch eine therapiefreie Zone.

Arbeit und das gute Leben

Fast alle, die jetzt mit 18 oder etwas älter ihre Ausbildung anfangen oder ein Studium beginnen, haben zu Beginn ihrer Zeit des Erwachsenwerdens noch keinen festen Beruf, der ihnen ein regelmäßiges Einkommen verschafft. Wenn sie für Geld arbeiten, um ihre Kasse zusätzlich zu elterlichen Zuwendungen oder Bafög etwas aufzufüllen, dann unregelmäßig, die meisten von ihnen im Gastro-Bereich oder in Tätigkeiten, die keine besonderen Kenntnisse verlangen, ob als Promotions-Wichtel, Weihnachtsmann, Baby- oder Hundesitter. Auch Laub zu harken kommt im Herbst bei betuchten Damen in solchen Vierteln gut an, in denen Auszubildende oder Studierende ansonsten nur selten unterwegs sind. Nur eine Minderheit kann ihre kurzfristigen Jobs schon mit ihrer Ausbildung oder einem späteren Berufswunsch verbinden. Stattdessen geht es den meisten ums reine Geldverdienen, darum, bestimmte Konsumwünsche, wenn die elterlichen oder staatlichen Zahlungen dafür nicht reichen oder ausbleiben, zu befriedigen. Dazu gehören digitale Utensilien, die man heute haben muss, wie Smartphone und Notebook, auch Klamotten, Geld für Restaurant-, Club- oder Barbesuche, Reisen oder Streaming-Portale für Filme und Musik. Und auch für die horrenden Mieten in den angesagten Städten muss oft zusätzliches Geld her, wenn es das elterliche Budget oder Bafög nicht hergibt.

Wie wir es schon beim Thema »Liebe« beobachten konnten, tauchen auch beim Thema »Arbeit und Beruf« am Horizont jetzt Fragen auf, die mit der für dieses Alter so typischen Verbindung von Selbsterkundung und der sich gleichzeitig stellenden Frage, *wohin* der Weg sie einmal führen soll, zusammenhängen. Auch was die spätere Tätigkeit betrifft, stellt sich den jungen Leuten nach und nach, wie bei der Liebe, bei der es irgendwann um den Partner geht, der zu ihnen »passt«, die Frage, welcher Beruf ihnen später einmal am besten entsprechen würde. Abgesehen von denen, die diese Frage schon früh für sich entschieden haben, führt sie die meisten wieder in eine, für die Zeit des Erwachsenwerdens so typisch ambivalente Gefühlslage, sich jetzt langsam für etwas entscheiden *zu müssen* und sich gleichzeitig noch Zeit damit lassen *zu wollen*. Einen Sinn im Leben zu finden, der über den gelebten Augenblick, ob gerade himmelhochjauchzend oder zu Tode betrübt, hinausgeht, verlangt auch hinsichtlich der Berufswahl, eine in sich stimmige Lebensperspektive gefunden und sich dabei ein klares Bild von sich selbst verschafft zu haben. Für viele der jungen Leute bedeutet das jetzt Schwerstarbeit. Denn noch geht es in ihrem Alter ja auch darum, sich vom Erwachsensein der bereits Erwachsenen abgrenzen zu wollen. Man weiß, oft auch am Beispiel der eigenen Eltern, wie viele Erwachsene sich für ihre Arbeit und Karriere gänzlich aufbrauchen. Dass sie außerhalb ihrer Arbeit oft zu nichts mehr kommen, dass sie dann ständig müde und gereizt sind und manche von ihnen ohne drogenähnliche Präparate schon gar nicht mehr auskommen, um mit all dem Stress fertig zu werden, den die heutige Berufswelt mit sich bringt. Und das sind alles andere als verlockende Zukunftsperspektiven! Manchen kommt es dann so vor, als würden sie sich mit Beginn ihres Berufslebens mitten im Leben schon mal ihren eigenen Totenschein ausstellen müssen.

Das Drama der Entscheidungsfindung beginnt also für die meisten, wenn sie sich mit zunehmendem Alter und oft nach längerer Ausbildungs- oder Studienzeit anfangen die Frage zu stellen, wo sie sich beruflich einmal dauerhaft niederlassen wollen, und dies nicht nur mit Blick auf den Arbeitsmarkt, sondern häufig verbunden mit der Vorstellung, später einmal eine Familie zu gründen. Zunehmender elterlicher und gesellschaftlicher Druck von außen und das Wissen darum, dass die finanziellen Zuwendungen demnächst versiegen, können nach bestandenen Prüfungen und Examen zu existenziellen Angstgefühlen ebenso führen wie zu depressiven Gefühlsschwankungen: Kann ich den oft harten Anforderungen eines Berufs, heutzutage häufig noch verbunden mit einer weiteren Ausbildungsphase, standhalten, mich gegen die Konkurrenz beim Ringen um die wenigen, lukrativen Positionen durchsetzen? Wie kann ich mit neuen Unsicherheiten umgehen? Schließlich erwarten die meisten zunächst einmal Volontariate, eng befristete Zeitverträge, Leih- und Werksarbeit, wenn nicht sogar vorübergehende Arbeitslosigkeit. Die Zeiten, als nach beendeter Ausbildung bzw. Ende des Studiums ein unbefristeter Arbeitsvertrag in Aussicht stand, haben sich gegenüber der Vorgängergeneration jedenfalls grundlegend geändert, sodass nur noch ein Teil der heutigen Generation »den traditionellen Mustern von Beruf und Karriere folgen (kann). Mindestens ein Drittel muss mit Teilzeitjobs und Kettenverträgen rechnen oder wird vorübergehend arbeitslos. Entsprechend verschieben viele die Familiengründung im Lebenslauf nach hinten«, beschreiben Klaus Hurrelmann und Erik Albrecht in ihrem Buch über die Generation Y, wie sich die Situation für die jungen Leute darstellt.[11]

In der Lebensphase des Erwachsenwerdens wird den meisten immer mehr bewusst, dass neben der Liebe auch *der Arbeit* eine in ihrem Leben identitätsstiftende Bedeutung zukommt. Es kommt jetzt darauf an, zu klären, welchen Sinn und Stellenwert man der Arbeit in seinem Leben zukommen lassen will. Denn Arbeit um jeden Preis ist für die meisten out. Man will in seiner Arbeit Spuren hinterlassen, die mit dem zu tun haben, wer man ist und was man will. Sie sollte zu einem passen und sich am besten mit den eigenen über sie hinausgehenden Interessen verbinden lassen. Mit anderen Worten, Arbeit sollte auch für einen persönlich Sinn machen. »Die Menschen suchen bei der Arbeit heute nicht nur Geld und nicht unbedingt Karriere«, sagt die Präsidentin des Wissenschaftszentrums Berlin, Jutta Allmendinger, die zusammen mit ihren Kollegen im Auftrag der »Zeit« mehr als 3 000 Menschen zu ihrer Lebenseinstellung und ihren Zukunftsvorstellungen befragt hat. Stattdessen suchen sie nach »Nähe zu den Kollegen, die Zusammenarbeit und die Sinnstiftung«. Und weiter: »Das Verhältnis zur Arbeit ist noch inniger geworden, statt um Broterwerb geht es auch um Sinnerwerb. Anders gesagt: Viele lieben ihren Job.«[12] *Arbeit* und *Liebe* werden so auf eine Stufe und in einen Bedeutungszusammenhang gestellt! Vor noch nicht allzu langer Zeit, als Arbeit nur als Fron und Plackerei galt und es darum ging, wie man sie zeitlich so weit wie möglich begrenzt, wäre dieser Vergleich für die meisten undenkbar gewesen.

Die Studie bestätigt, dass die »Arbeit den Deutschen wichtiger ist als das meiste andere im Leben«. So erklärt sich, warum das Scheitern bei der Arbeitssuche als existenziell bedrohlich empfunden wird: Berufliches Scheitern wird einem Scheitern bei der Suche nach einem *Lebenssinn* gleichgesetzt. Keinen Praktikumsplatz zu bekommen bedeutet noch keinen großen persönlichen Verlust. Ein Praktikum oder ein Volontariat abzubrechen, weil man merkt, dass einem die ausgeübte Tätigkeit nicht entspricht, damit lässt sich leben. Aber einen »Traumjob« nicht zu bekommen, der einen »echt« interessiert und von dem man sich auch für sein zukünftiges Leben etwas versprochen hat, sich gegen die zahlreichen Mitbewerber nicht durchgesetzt zu haben, hinterlässt mehr als nur Kratzer am Selbstbild. *Den* Job, für den man wie gemacht zu sein schien, nach einer Probezeit wieder zu verlieren, kann eine existenzielle Krise heraufbeschwören, von der man sich nicht im Handumdrehen wieder erholt.

Andere wiederum geraten mit ihren eigenen, hochgesteckten Erwartungen in einen Dauerkonflikt. Sie, die immer danach getrachtet haben, etwas »Großes« zu wollen, die dabei ihren Status im Auge hatten und sich nicht mit Peanuts abfinden wollten, landen plötzlich hart auf dem Boden der Tatsachen. Oft müssen sie sich einer kritischen Selbstüberprüfung unterziehen, ob das Bild, das sie von sich selbst haben bzw. ihre vorhandenen persönlichen Ressourcen auch wirklich dem entsprechen, was sie beruflich erreichen wollten. Gleichzeitig aber wird das Geld für sie und den Lebensstil, den sie pflegen, immer knapper und die Konflikte mit den eigenen Eltern nehmen, gerade auch in diesem Zusammenhang, wieder zu. Und da das Erleben der eigenen Selbstüberschätzung mit einer durch und durch narzisstischen Kränkung einhergeht, können auch solche und ähnliche Erfahrungen in schwere Lebenskrisen führen, aus denen nicht mehr leicht herauszufinden ist. Nicht nur psychische Störungen, sondern ebenso Verbitterung, Zynismus und ein allgemeiner Hass auf die, die ihr Leben erfolgreich meistern, können die Folge sein.

Auch in puncto Arbeit gilt also, was wir schon für den gesamten Prozess des Erwachsenwerdens immer wieder hervorgehoben haben: Die Spielräume werden enger und die Entscheidungen und damit oft verbundenen Enttäuschungen bekommen größeres Gewicht. Die erwachsene Lebensperspektive verlangt, sich beruflich auf eigene Beine zu stellen und finanziell unabhängig zu werden. Oft kollidiert dabei die eigene Erwartungshaltung mit den Zielen, die man sich selbst gesteckt hat. Denn für viele junge Leute ist die Vorstellung von einer »Arbeit um jeden Preis« nicht mehr zeitgemäß, sie wollen persönliche Sinnsuche und ihre alltägliche Berufspraxis möglichst eng zusammenführen. Und auch, wenn die konkrete Berufserfahrung den idealistischen Vorstellungen von früher nicht entspricht und diese mit der Zeit einer pragmatischeren Einstellung weichen, spielt die Suche nach Selbstbestimmung und Unabhängigkeit auch weiterhin eine zentrale Rolle, und zwar besonders, was die Vereinbarung von Liebe, Familie und Beruf betrifft. So gaben bei einer Studie des Instituts der Deutschen Wirtschaft 91 Prozent der Befragten an, dass es für sie ein wichtiges Ziel sei, genug Zeit für Kinder und Partner zu haben. Und in einer vom Bertelsmann-Konzern beauftragten Untersuchung mit 3 600 Studierenden zum Thema Erwartungen im Berufsleben standen *Selbstverwirklichung* (84 Prozent) und die Suche nach einer *sinnvollen Arbeit* (94 Prozent!) deutlich im Vordergrund des Interesses – im Gegensatz zu Karriere und materiellen Interessen.[13] Wenn es aber gelingt, eigene Ansprüche in seine Arbeit einzubringen, dann bedeutet Arbeit, genau wie Liebe, Sinnerfüllung im Leben. Eine Lebenseinstellung, die übrigens nicht allen schmeckt. So werden die jungen Leute immer wieder damit konfrontiert, dass den meisten Unternehmen die Karriereabsichten ihrer Mitarbeiter mehr am Herzen liegen als deren erfülltes Leben – ein für sie spürbarer Widerspruch, der uns im folgenden Kapitel beschäftigen wird, wenn es um die Ansprüche geht, die zunehmend von außen gestellt werden und wie man damit umgeht, wenn man erwachsen wird.

3. Wir haben einen Plan für euch!

»Erwachsenwerden heißt zu verstehen:
Der ganze Irrsinn da draußen ist real.«

Sibylle Berg[1]

Jeder von uns entwickelt ab einem bestimmten Alter bestimmte Vorstellungen davon, wie sein Leben später einmal aussehen soll. Und obwohl sich auch schon manche Kinder bereits darüber äußern, was sie später einmal »werden wollen«, entstehen darüber hinausgehende und näher umschriebene Lebensentwürfe erst in der Pubertätszeit, meistens genderkonform und vielfach auch an gesellschaftlich vorgegebenen Rollenmodellen orientiert. Je länger dann die Selbsterforschung und die damit oft verbundene Infragestellung einer von außen scheinbar vorgeschriebenen Identität andauert, werden solche »Pläne« infrage gestellt und nehmen während der Pubertätszeit bis zur Lebensphase des Erwachsenwerdens immer neue Formen an.

Anna Rosina, Schülerin und 15 Jahre alt, beschreibt diesen Prozess so: »Ich hatte ein Leben nach Plan vor mir, der perfekter nicht hätte sein können. Abitur, Medizinstudium, Hausbau, Hochzeit, Kinder, Arbeiten, in Rente gehen, Reisen, sterben. Das war mein Plan. Der Plan, den ich mir zurechtgelegt hatte, war so perfekt, dass ich das Wichtigste vergessen hatte. Ich hatte vergessen, dass der Plan nichts mit dem zu tun hatte, was ich sein wollte. Es war mein Plan, aber nicht mein Traum, das war der Haken. Ich denke, die beste Möglichkeit, um glücklich und zufrieden zu werden, ist, die eigenen Träume zum Plan des Lebens zu machen. Der Plan sollte sein, die Träume zu verfolgen, die man hat.«[2]

Auch sie hat zunächst einen »klassischen« Plan, der sich an ganz konventionellen Erwartungen und Vorstellungen orientiert: Abitur, Studium, Beruf, Familie – das ganze Programm also. Mit diesem Plan identifiziert sie sich anfangs so stark, dass sie zunächst nicht bemerkt, dass der Plan eigentlich gar nicht dem entspricht, was sie eigentlich *selbst* will, dass er ihr von außen vorgegeben wurde und einem klassischen gesellschaftlichen Rollenmodell für sie entsprach, nämlich Ärztin zu werden und eine Familie zu gründen. Es geht ihr um Selbstbestimmung und Authentizität: »Ich möchte einmal nach draußen gehen, ohne dabei zu wissen, dass es gut für meine Konzentration ist./Ich möchte einmal etwas essen, ohne zu denken, dass ich es brauche, um mich fürs Lernen zu stärken./Ich möchte einmal Orangensaft trinken, ohne zu hören, dass ich ihn brauche, um gesund zu bleiben./Ich möchte einmal früh ins Bett gehen, ohne zu wissen, dass es sein muss, weil morgen wieder viel Arbeit auf mich wartet./Ich möchte wieder einmal etwas lernen, ohne es zu müssen./Ich möchte einmal richtig schlecht sein dürfen./Ich möchte einmal ICH sein.«[3]

An der Schwelle zum Erwachsenwerden geht es aber nicht mehr nur um einstmals »hausgemachte« Pläne und darum, sich einer von außen auferlegten Zweckrationalität seines Handelns zu fügen, sondern die jungen Leute werden noch zusätzlich mit fremden Forderungen konfrontiert, denen sie sich stellen müssen. Denn jetzt, wenn es konkret um Ausbildung, Studium und Berufsfindung geht, tritt ein anderer und mächtigerer »Player«, als es vorher die Eltern, Lehrer und Schule waren, auf den Plan. Jetzt bekommen sie es mit einer Wirtschaftsordnung zu tun, die sie gerne in »Humankapital« verwandeln möchte und die kein Interesse hat, ihren Träumen und Vorstellungen von einem »anderen Leben« ihre Renditeinteressen zu opfern. Wobei es gar nicht schnell genug gehen kann, dass sich die Tore hin *zu dieser Welt* öffnen. Der

Versuch, die Schulzeit um ein Jahr zu verkürzen und in der Folge ebenso die Studienzeiten, die PISA-orientierte Schulausbildung und Bologna-Reform haben deutlich gezeigt, wohin die Reise führen soll.

Befeuert werden derlei »Reformen« von einem scheinbar allgegenwärtigen gesellschaftlichen Konsens darüber, dass unsere Wirtschaft immer mehr produzieren muss, um sich am Leben zu erhalten und wachsen zu können. Ein gutes Leben bestehe vor allem darin, möglichst viel zu konsumieren, wie es uns die Werbung schließlich Tag für Tag von neuem einschärft. Die, die jetzt dabei sind, sich konkretere Vorstellungen von ihrem Leben nach Schule und Elternhaus zu machen, geraten dabei in einen ernsthaften Konflikt.

Lucien, 33 Jahre, drückt es so aus: »Es geht letztlich darum, dass man zwischen den Polen, mündig zu werden, und dem, was zu haben die Gesellschaft einem suggeriert, Konsum, Frauen, viel Geld, viele Freunde, nicht zerrieben wird. Das ist eben heute gar nicht so einfach, das mit dem ›freien Willen‹, von dem immerzu die Rede ist, als besäßen wir ihn bereits, ohne uns anstrengen zu müssen. Den aber muss man sich hart erarbeiten, wenn man mündig erwachsen werden will. Man muss sozusagen in eine andere Dimension wechseln. Genau davon leben doch die ganzen Fantasy-Geschichten: Von Selbstentdeckung.«

Dieser Dauerkonflikt zwischen Selbstbestimmung und äußeren Anforderungen, die scheinbar vom Konsens einer »ganzen Gesellschaft« getragen sind, in Wirklichkeit aber von ökonomischen Interessen, beginnt heutzutage bereits in der Kindheit und zwar immer früher. Sind es anfangs »nur« Förderprogramme schon für die Allerkleinsten, treten danach die Zwänge der Schule und des Studiums auf den Plan, die für Selbstentdeckung, Kreativität und Neugierde nur wenig Raum lassen.

Kita, Schule, Ausbildung, Studium:
Vorbereitet fürs Leben?

Womit wir uns schon mitten im »Haus der kleinen Forscher« befinden, das sich die Unternehmensberatung McKinsey, die deutsche Telekom und andere industrienahe Stiftungen ausgedacht haben, um schon die Kindergartenkinder ordentlich auf Trab zu bringen. Sie vertraut zu machen mit dem, was später einmal von ihnen verlangt werden soll, nämlich sich vor allem technisch innovatives Wissen anzueignen, um es dann als »Made in Germany« zu exportieren. Eine Stiftung, die heute schon den pädagogischen Alltag von etwa 25 000 Kitas prägt und deren Zielsetzung Jürgen Kluge, ehemaliger Chef von McKinsey und Mitbegründer des »Hauses der kleinen Forscher«, so beschreibt: »Bildung und damit Humankapital ist die Voraussetzung für Innovation, Wachstum und Wohlstand. [...] Beginnen wir also die Kinder ernst zu nehmen. [...] Beginnen wir mit dem Lernen ab der Geburt und nicht erst in der Schule.«[4] Kinder sollen also schon früh so erzogen werden, die Welt nicht mehr nur so zu entdecken, wie sie sich zunächst *ihnen selbst* mit ihren ganzen Geheimnissen darstellt, die es nach und nach und mit viel Zeit dazwischen zu lösen gilt, sondern so, wie die Erwachsenen es von ihnen *erwarten*. Womit wir wieder bei der Vorstellung sind, dass jedes menschliche Handeln einem bestimmten Zweck, einer bestimmten ihm von außen auferlegten Rationalität folgen soll. Der Kinderarzt und Autor Herbert Renz-Polster bringt es so auf den Punkt: »Was uns als die beste Erziehung für unsere Kinder erscheint, hat nur wenig mit den Kindern zu tun, *wie sie sind.* Es hat vielmehr damit zu tun, *für was sie einmal gebraucht werden.*«[5] Der Förderwahn, der heute die gesamte Kindheit umfasst, nimmt genau hier seinen Ausgangspunkt: »Wir krempeln die Kinderwelten zu Schulen um. [...] Wir benoten sie, bewerten sie, taxieren ihren zukünftigen Marktwert auf Schritt und Tritt. [...] Wir haben ein Programm gestrickt, das mit Kindheit oft nur insoweit zu tun hat, als es während der Zeit stattfindet, in der kleine Menschen nun einmal Kinder sind.«[6] Und längst haben diese Gedanken auch Eingang in die Spielewelt der Kinder gefunden. Im Sandkasten Burgen bauen, mit Förmchen Kuchen backen, Tunnel graben, einfach nur schaukeln, sich mal durch die Welt treiben lassen, in den Wald hineinzuhören und seine vielfältigen Stimmen wahrzunehmen, ohne gleich gefragt zu werden, wer denn da singt, ist megaout. »Trust your brain«, heißt die Devise. Und so werben denn auch auf der Spielzeugmesse im Januar 2016 immer mehr Aussteller mit Lerneffekten und wertvollen Erfahrungen für die Entwicklung der Kinder. »Edukatives und technisches Spielzeug bilden die größte Gruppe. Einfach nur spielen? Zu simpel. Das Credo lautet Fördern von der Wiege bis zum Doktortitel, was ehrgeizige Eltern eben verlangen.«[7]

Apropos Eltern – warum eigentlich machen sie diesen Förderwahn mit? Nicht nur, dass sie mit entsprechendem Förder- und Spielmaterial schon in der frühesten Lebensphase ihrer Kinder loslegen, der ganze Leistungswahn zeigt sich auch darin, dass nach einer Studie der Bertelsmann Stiftung jeder siebte deutsche Schüler im Alter zwischen 6(!) und 16 Jahren Nachhilfeunterricht bekommt – trotz vielfach guter Noten![8] Natürlich wissen sie, dass solcherart »Dauerförderung« nicht nur ihrem Geldbeutel, sondern auch ihren Kindern nicht guttut. Warum also beteiligen sich viele, sogar sehr viele von ihnen daran? Ganz sicherlich machen sie das nicht, um ihren Kindern bewusst zu schaden. Im Gegenteil, sie tun es aus Liebe zu ihren Kindern, damit sie als Erwachsene mit der Konkurrenz mithalten können und die bestmöglichen Ausgangchancen haben. Es ist, weil scheinbar Konsens darüber besteht, dass derlei Förderung notwendig ist, ein ihnen ständig im Kopf dröhnendes Geräusch, das sie auch untereinander in Stellung bringt: »Was, du förderst deine Kinder nicht? Warst noch nicht beim Logopäden? Er spricht doch manchmal so undeutlich! Kein Musikkindergarten, nicht einmal zweisprachig? Das wird doch sicher später von ihm verlangt werden. Am besten eine Sprache, die wenige beherrschen, dann sind die Berufschancen noch viel größer.« So geht es immer fort, bis die meisten wirklich daran glauben, dass all dies ihren Kindern guttut. Dabei gibt es bislang keinerlei wissenschaftlich fundierte Beweise, dass das ganze frühkindliche Fördern später einmal nutzt, einen lukrativen Beruf zu finden, geschweige denn den Erkenntnisprozess der Jugendlichen fördert, sich darüber klar zu werden, was sie später *selbst* beruflich einmal machen wollen. Denn wenn nicht einmal den Kleinsten genügend Raum und Zeit gegeben wird, sich die Welt auf *ihre Weise* selbstständig anzueignen, wie sollen sie später als junge Erwachsene einmal ihren Beruf mit *eigenen Ideen*, entsprechendem Einsatz und entsprechender Begeisterung ausüben – was erwiesenermaßen nur dann funktioniert, wenn man sich für das, was man tut, auch interessiert, bzw. darin einen Sinn für sich sieht.

Genau dies ist der Grund, weshalb sich auch in Teilen der Wirtschaft immer häufiger kritische Stimmen finden, die diese Art von »Ausbildung« und Förderung um jeden Preis nicht mehr zeitgemäß finden, weil innovative Betriebe andere Mitarbeiter brauchen als solche, die wie Automaten nur das wieder von sich geben, was man in sie hineingetan hat. Lernförderung ist also keinesfalls schädlich, aber Lernen und Fördern müssen so gestaltet sein, dass es den Kindern und Jugendlichen nicht ständig als nur *von außen* vorgegeben erscheint. Förderung misslingt nämlich, wenn sie immer mit einem Zweck oder Ziel verbunden wird, das man sich selbst gar nicht gewählt hat. Mit anderen Worten: Lernen muss so orga-

nisiert sein, dass es die eigene Neugierde, das eigene Erkennt-
nisinteresse anspricht – dann wird auch eine begleitende
Förderung gerne angenommen und zahlt sich später einmal
wirklich – durchaus auch als Rendite – aus. Kluge Arbeitgeber
und Wirtschaftsbosse wissen das. Jemand, der seinen Beruf
mit Hingabe und Begeisterung ausübt, weil er ihm und seinen
Interessen, manchmal sogar auch Träumen (!), entspricht, gehört wohl zu dem am besten eingesetzten »Humankapital«.

Das alles gilt, wovon schon die Rede war, insbesondere auch
für die Schule, die für die jungen Menschen, bevor sie erwachsen werden, den breitesten Raum in ihrem Leben einnimmt.
Doch anstatt den Jugendlichen die Zeit zu gewähren, sich auf
die existenziellen Fragen vorzubereiten, die für sie in der Lebensphase des Erwachsenwerdens wirklich relevant werden,
geht es in der Schule meistens nur ums schnelle Ergebnis. Geht
es darum, wie man sich in kürzester Zeit den »Stoff« einver-
leibt, so als wären die Lehrer von heute nur noch die Dealer in
Sachen Wissen. Die Schülerin Jette drückt dies so aus: »In der
Schule lernt man keine Haltung – man lernt auswendig.«[9]
    Und nicht alle kommen da mit. Der Leiter der Jugendpsy-
chiatrie am Universitätsklinikum Eppendorf in Hamburg, Michael Schulte-Markwort, sieht gerade bei den Schülern (!) eine
beängstigende Zunahme von Burnout bzw. Erschöpfungsde-
pressionen, wenn sich das Leistungsprinzip für sie so verdich-
tet hat, bis sie – auch bei zunehmendem Druck durch die Eltern – buchstäblich krank daran werden.[10]
    »Bulimielernen« nennt das der Bildungsjournalist Reinhard
Kahl, der in seinen vielen Filmen und Vorträgen über Schulen
zeigt, dass Schule auch anders geht als die bloße Aneignung
von Lernstoff, den man kurze Zeit später wieder von sich
gibt.[11] Weil er weiß, dass dadurch niemand wirklich erwachsen wird.

Mit treffenden und berührenden Worten bringt dies auch die Schülerin Anna Rosina auf den Punkt: »Die Freiheit, man Selbst zu sein, ist vielleicht das Wichtigste, was man hat. Es ist meiner Erfahrung und Beobachtung nach auch das Wichtigste, um gut lernen zu können. In der Regelschule hat man dieses Recht meiner Ansicht nach nicht. Oder, um es besser und genauer auszudrücken, es wird einem zwar nicht verboten, man selbst zu sein, doch man hat überhaupt nicht die Möglichkeit herauszufinden, wer oder was das ist, und sollte man es doch wissen, so wird einem mit der Eintönigkeit und der monotonen Art des Unterrichtens alles zunichtegemacht. Erklären wir das an einem Bild: Ich als Schülerin brauche einen Rahmen aus Eltern, Großeltern, Freunden, Paten, Mentoren und Lehrern, an dem ich mich festhalten kann und an dem ich Orientierung finde. Jedoch will ich nicht wissen, wie das Bild auszusehen hat, das ich malen werde. Ich brauche keine Vorlage dafür, denn ich kann mein ›Lebensbild‹ selbst gestalten, und ich weiß, was ich dafür brauche und was nicht. Ich habe den Eindruck, als würden uns die Schulen genau sagen, wie das Bild am Ende einmal auszusehen hat, wie unser Leben einmal auszusehen hat, und weil wir das Ergebnis schon vorgelegt bekommen, müssen wir nicht mehr darüber nachdenken, wer wir sind und was wir im Leben wirklich wollen. Wir verlieren uns in einem Berg von Vorgaben und fertig gestalteten Leben, von denen wir uns das Bestmögliche nehmen müssen, bevor es ein anderer hat. Die Frage nach dem Wer oder Was bin ich wird heutzutage kaum noch gestellt, dabei ist das doch die zentrale Frage des Erwachsenwerdens.«[12]

So setzt sich denn auch die Heranführung der Kinder an die Bedürfnisse der Wirtschaft in der Schule mit der flächendeckenden Förderung sogenannter MINT-Fächer fort, die, im Gegensatz zu Deutsch und den musischen Fächern, mit ihrem Schwerpunkt auf Mathematik, Informatik, Naturwissenschaft und Technik den Einstellungsinteressen exportstarker Konzerne am meisten entsprechen. »Kinder statt Inder« hat ein früherer Ministerpräsident Nordrhein-Westfalens vor Jahren diese Strategie auf einen unfreiwillig komischen Begriff gebracht. Mit anderen Worten: Einer abwartenden und nachdenklichen Haltung derer, die sich doch noch auf dem Weg ins Erwachsenenleben befinden, soll möglichst schnell der Garaus gemacht werden.

Immer mehr Schulabgänger, insgesamt mehr als die Hälfte der jungen Leute, entscheiden sich heute, von der Schule direkt an die Uni zu wechseln – mit zunehmender Tendenz. Dies bei vielen sicherlich mit dem Ziel, über ein Studium die besten Chancen auf einen sich später lohnenden Beruf zu haben, aber gleichzeitig auch mit dem Hintergedanken, die Zeit des Erwachsenwerdens noch ein wenig hinauszögern zu können. Endlich raus aus Schule und dem Elternhaus, verspricht ein Studium Freiheiten, die man bislang noch nicht gekannt hat und jetzt genießen will. Leider landen aber viele ohne Selbstvertrauen in einer Institution, die der Schule in vielem ziemlich ähnlich ist. Schließlich muss, auch um Kosten zu sparen, in der knapp bemessenen Regelstudienzeit ein Bachelor/Master Studium durchgezogen werden, das nur wenig Zeit lässt für Selbstfindung und Selbstbestimmung.

Die Folgen sind absehbar: Einen Hochschulabschluss erreichen nach Schätzungen der Industrieländerorganisation OECD hierzulande gerade mal 36 Prozent.[13] Was das für den Rest bedeutet, kann man sich denken, denn ein abgebrochenes Studium macht alles andere als fit für den Arbeitsmarkt und führt in den meisten Fällen zu einem noch längeren Verbleib in der Transitzone zwischen Schulabschluss und Erwachsensein, mit einem Riss in der Biografie, der das Leben nicht einfacher macht. Auch hier verfolgt die Universität, beflügelt von der Bologna-Reform ganz ähnlich wie die Schule das Ziel, Menschen über bloßes Lernen an einem x-beliebigen Stoff an einen Arbeitsmarkt heranzuführen, und vergisst dabei, dass es ihn in der Form schon gar nicht mehr gibt! Denn das Maschinenzeitalter mit seinen austauschbaren menschlichen »Bedienungselementen« ist längst vorüber. Heute sind Kreativität und Eigensinn gefragt. Zudem ist solcherart »Zurichtung« auf die Berufswelt ein folgenreicher Trugschluss, denn ohne ein Mindestmaß an persönlichem Engagement lässt sich auf die Dauer weder etwas lernen noch behalten. Noch einmal die Schülerin Anna Rosina: »Das Wichtigste ist jedoch, wenn wir herausgefunden haben, wer wir sind, was uns begeistert und was wir wirklich wollen, so steht uns die Welt offen.«[14]

Was das Bildungssystem den jungen Leuten heute also vorschreibt, läuft mehr auf ein *liefern statt denken* heraus. Um die Entfaltung von Kreativität und Eigensinn geht es nicht. Es geht mehr darum, Modulen zu folgen und Kompetenzraster auszufüllen, statt mit Wissen und Anteilnahme die Welt zu verändern. »Viel müssen. Kaum etwas wollen. Und dann nicht erfüllt, sondern leer und erschöpft sein.«[15]

Sich mit dieser Erfahrung im Gepäck ins Erwachsenwerden aufzumachen fällt schwer, weil diese Lebensphase von den jungen Leuten gleichzeitig verlangt, sich über das, was sie *selbst* wollen, klarer zu werden: Sie müssen eigene Vorstellungen nicht nur haben, sondern diese auch umsetzen. Sich nur anzupassen an das, was von ihnen verlangt wird, grenzt ein und macht einen innerlich immer ärmer. Je mehr der Betreffende also das Gefühl bekommt, bei der Festsetzung seiner Lebensziele fremdgesteuert zu sein, je mehr »Sinnzusammenhänge verloren gehen und uns dadurch die Möglichkeit zu einer eigenen Meinungsbildung erschwert oder gar genommen wird«[16], wie es der Wahrnehmungs- und Kognitionsforscher Rainer Mausfeld ausdrückt, desto größer ist die Gefahr, sich

auf diesem Weg selbst aus dem Blick zu verlieren, seine Stärken, Schwächen, seine Interessen und letztlich auch das Ziel,
das man ursprünglich einmal selbst vor Augen hatte. Und
manche bleiben dann auf der Strecke.

Krisen

»Du wirst aus deiner heilen, unschuldigen Welt herausgeris-
sen. Wie aus dem Hobbitdorf, wo alles pittoresk ist. Gandalf
der Zauberer kommt ins Dorf und gibt Frodo den Ring, reißt
ihn raus aus der heilen Welt. Feinde heften sich an deine Fer-
sen, du hast Gefährten, du musst dich bewähren, verstehen,
was richtig ist, dich lösen aus dem Komfort der heilen Welt.
Du wirst zum Krieger. Kämpfst gegen deine eigenen Ängste,
deine Dämonen, die kommen dann raus.«

So sieht Lucien, 33 Jahre, rückblickend die Zeit des Erwachsenwerdens, die einen mit immer neuen Forderungen
an das eigene Selbst konfrontiert. Sicherlich hat nicht jede
persönliche Krise in diesem Lebensabschnitt damit zu tun,
mit diesen Anforderungen nicht fertig zu werden. Aber der
Kampf, um sich die eigenen »Dämonen« vom Leib zu halten,
löst häufig persönliche Krisen aus, die dazu führen, dass es
jemandem in dieser Zeit manchmal schlecht geht und einem
das eigene Leben als wertlos erscheint.

Im Gegensatz zu anderen Lebensabschnitten wie Kindheit
und frühe Adoleszenz lassen sich zur Entstehung bzw. Ver-
breitung psychischer Störungen und Krankheiten in der Zeit
des Erwachsenwerdens nur wenige verlässliche statistische
Daten finden. Dies hat sicherlich damit zu tun, dass sie sich
in der Altersgruppe der 3- bis 17-Jährigen noch über die Eltern erheben lassen, die auf die psychischen Probleme ihrer

Kinder, meistens über eine Beeinträchtigung der Alltagsfunktionen, insbesondere der Schulleistung, schnell aufmerksam werden und sie zumindest, wenn es sich um länger andauernde Probleme oder Störungen handelt, über die Konsultation bei einem Arzt oder Psychotherapeuten, aktenkundig und damit statistisch erfassbar machen. Genau das Gegenteil aber geschieht, wenn Eltern ihre Kinder nach deren Auszug nicht mehr dauernd »überwachen« und beobachten können. Die Abwesenheit in der Berufsschule, in der Vorlesung oder im Seminar fällt, wenn überhaupt, weit weniger auf, als wenn Kinder und Jugendliche aufgrund psychischer Probleme für ein paar Tage oder Wochen nicht mehr zur Schule gehen.

Insofern sind die wenigen Zahlen, die zur psychischen Gesundheit von Studierenden vorliegen, durchaus besorgniserregend, denn die Dunkelziffer dürfte weit höher liegen. Mehr als jeder *fünfte* Studierende(!), so geht es aus dem Gesundheitsreport der Techniker Krankenkasse 2015 hervor, bekommt eine psychische Diagnose, wobei die erkrankten Studenten insbesondere unter Depressionen, neurotischen Belastungsstörungen, Angststörungen und Anpassungsstörungen leiden.[17] Auch nimmt der Gebrauch von Psychopharmaka insbesondere bei den höheren Altersgruppen der Studierenden immer mehr zu: Der Prüfungsdruck am Ende des Studiums begünstigt diese Entwicklung.[18]

Womit dies zu tun hat, beschreibt der Diplom-Psychologe und Psychoanalytiker Hans-Werner Rückert, der die Zentraleinrichtung der Studienberatung und Psychologische Beratung der Freien Universität Berlin leitet, folgendermaßen: »Die Zeitspanne zwischen Jugend und Erwachsenenalter geht entwicklungsbedingt mit einer höheren Krisenanfälligkeit einher. Besonders die Gruppe der Studierenden lebt in einem ›psychosozialen Moratorium‹, in dem einengende Verpflichtungen, aber auch Halt gebende Verbindlichkeiten relativ gering ausgeprägt sind. Ihre Freiräume sind größer als bei gleichaltrigen Berufstätigen, Orientierung und Unterstützung von außen jedoch wesentlich geringer. Die Bedingungen, unter denen studiert wird, können zusammen mit den Belastungen der Lebensphase eine brisante Mischung bilden.«[19]

Nicht nur die Herausforderung, das noch unstete Leben in Einklang mit einer ständig zunehmenden inneren und äußeren Erwartungshaltung zu bringen, nagt an der Psyche, sondern auch das Gefühl, dass sich der Spielraum für die eigenen Wünsche und Vorstellungen immer mehr verengt. Oft kommt es darüber zu Phasen von Orientierungslosigkeit und dem Empfinden, dass einem der eigene Kompass im Leben nach und nach abhandenkommt. Es kommt zu einem Verlust von Selbststeuerung. So weist die *Verdoppelung* sozialer Angstgefühle von der Phase der 14- bis 17-Jährigen hin zur Phase der 18- bis 24-Jährigen genau auf diesen Umstand hin, und auch, dass mehr als die Hälfte der älteren Jugendlichen von »einem Teufelskreis von negativen Erlebnissen, Vermeidung, erneutem Versagen und zunehmender Angst«[20] berichten.

Es wäre aber verkürzt zu behaupten, dass die Zunahme von Ängsten in dieser Lebensphase ausschließlich mit dem zunehmenden *Anpassungsdruck* und einer entsprechenden *Erwartungshaltung* von außen zu tun hat, mit denen sich die jungen Leute, heutzutage tatsächlich weit mehr als früher, auseinanderzusetzen haben und die bei manchen von ihnen einen Identitätsverlust hervorrufen, den sie nur schwer für sich verkraften können. Hinzu kommt eine sich bei ihnen mit zunehmender Dauer der Ausbildung oder des Studiums nach und nach breitmachende *Zukunftsangst*, was ein mögliches Scheitern bei der Berufsfindung betrifft. So ist nicht verwunderlich, dass zu den größten »Angstmachern« zwischen 18 und 30 Jahren, wie es das von Spiegel-Online für diese Altersgruppe speziell eingerichtete Portal *bento* Ende 2015 ermittelt hat, an erster Stelle »Berufliches Versagen« mit 41 Prozent zählt. Erst dann folgen »Geldprobleme« (39 Prozent), »Krankheit« (37 Prozent), »keine Möglichkeit zur Selbstverwirklichung« (32 Prozent) und »keine eigene Familie zu gründen« (30 Prozent).[21]

Wenn sich also in der Zeit des Erwachsenwerdens die Voraussetzungen, einen für sich passenden Beruf zu finden, verschlechtern, wird dies offensichtlich auch und vor allem als *persönliche Niederlage* erlebt, als Unfähigkeit, sein Leben eigenständig und sinnvoll in die Hand nehmen zu können. Dies führt in der Folge zu einem immer mehr *alle Lebensbereiche* beherrschenden Gefühl eigener Unzulänglichkeit, verbunden mit permanenter Selbstentwertung, die wiederum große Angstgefühle hervorruft. Zumal sich auch die Freunde oft schnell von einem abwenden in einer Lebensphase, in der es für viele in der Hauptsache immer noch darum geht, möglichst viel Spaß zu haben und den Augenblick zu genießen. In dieser Zeit Verantwortung für andere zu übernehmen, auch für die, mit denen man sich eigentlich eng verbunden fühlt, kollidiert mit dem Lebensgefühl, noch alles vor sich zu haben und es für sich entsprechend ausnutzen zu wollen. Was oft zur Folge hat, dass die Betroffenen ihre Probleme oder persönliche Krise lieber verschweigen oder hinter einer Fassade überspielen und sich selbst damit immer fremder werden. Lässt sich dieser Zustand irgendwann nicht mehr verheimlichen, führt dies erneut zu innerer Abwertung und dazu, an seinem Lebensentwurf zu verzweifeln. Im schlimmsten Fall endet dies in einer schweren Depression bis hin zu suizidalen Gedanken.

Dies alles passiert in einer Zeit, in der man das erste Mal im Leben allein auf sich gestellt ist – ohne den vertrauten elterlichen Rat oder der einer anderen nahen und wichtigen

Bezugsperson. Und dennoch sind die persönlichen Krisen, gerade, wenn sie, verbunden mit Stress und Prüfungsdruck, besonders zum Ende der Zeit des Erwachsenwerdens auftreten, in den meisten Fällen nur vorübergehend. Mit dem Erwachsensein kehren – auch weil man die Erfahrung gemacht hat, Krisen erfolgreich überstanden zu haben – Lebensfreude und Lebensoptimismus wieder zurück. Dann gelten sie später im Leben als eine gut überstandene *Bewährungsprobe.* Auch eine sich zum Ende des Erwachsenwerdens häufig zeitgleich entwickelnde feste Partnerschaft und ein verlässlicher Freundeskreis verschaffen wieder zusätzliche Sicherheit und bieten Ersatz für unterwegs verlorengegangenen Schutz und Unterstützung. Darüber hinaus vermittelt auch die sich ankündigende Berufstätigkeit, zu der die allermeisten am Ende der Zeit ihres Erwachsenwerdens dann doch finden, mit ihrem geregelten Alltag ein zunehmend stabiles Selbstgefühl. In diesem *Wiederaufbau verlässlicher Strukturen* besteht vielleicht der größte Gewinn für die psychische Gesundheit, wenn man dann endlich erwachsen geworden ist. Das Beziehungsgeflecht um einen herum knüpft sich langsam wieder enger und ähnelt in mancher Hinsicht, besonders mit Gründung einer eigenen Familie, wieder der Zeit, *bevor* man allein in die Welt hinauszog. Aber bis dahin ist es für viele eben noch ein langer, mitunter steiniger und gefährlicher Weg. Es stellt sich dabei immer wieder die Frage, ob man ihn auch wirklich gehen möchte. Denn die Versuchung, einen Zwischenstopp einzulegen, ist heutzutage größer denn je. Spielte sich das »Jung bleiben« vor mehreren Jahrzehnten noch hauptsächlich im Kopf und in der Phantasie ab, bietet die Gesellschaft den jungen Leuten heute eine Menge von Möglichkeiten, die einen davor bewahren können, endgültig ein Erwachsener zu werden.

Game over?

»Eines Tages, Baby, werden wir alt sein, o Baby, werden wir alt sein und an all die Geschichten denken, die wir hätten erzählen können.« Mit dieser auf dem *5. Bielefelder Hörsaal Slam* vorgetragenen Textpassage wurde die Psychologiestudentin Julia Engelmann mit 21 Jahren auf YouTube eine Berühmtheit und bis heute haben den von ihr 2013 vorgetragenen Text, in dem es um die Probleme mit dem Erwachsenwerden geht, fast 9 Millionen Menschen angeklickt.[22] Sind also mit zunehmender Zeit des Erwachsenwerdens alle spannenden Geschichten, die man ausgelassen hat, alle Chancen, die man buchstäblich verschlafen hat, vertan, wie es dieser Text nahelegt – das unbeschwerte Leben, die leidenschaftliche Liebe, die Entdeckungsreise ins eigene Ich, die großen Gefühle und auch die Hoffnung, einmalig zu sein in dieser Welt? Oder, andersherum gefragt, geht es nicht jetzt gerade darum, wie es Julia Engelmann zum Ende ihres Vortrags betont, das Leben mutig in Angriff zu nehmen und auch vor der Angst, dabei etwas verlieren zu können, nicht zurückzuschrecken?

Denn gerade diese Zeit eröffnet den jungen Menschen mit dem Abschied von Elternhaus und Schule und der damit gewonnenen neuen Freiheit schließlich ungeahnte Möglichkeiten, sich neu auszuprobieren, andere Wege zu beschreiten, ständig den Ort zu wechseln und zu experimentieren, sowohl was die vielfältigen Beziehungen angeht, die man zu anderen hat, als auch die hingebungsvolle Beschäftigung mit dem, was einen gerade interessiert.

Erwachsenwerden ist die Zeit großer Glücksgefühle, die aber, und dies oft zeitgleich, aus den angeführten Gründen ebenso schnell in Ängste und Depressionen umschlagen können. Eine Zeit, in die sich neben allem Positiven nach und nach auch ambivalente Gefühle einschleichen werden, zunächst unmerklich, dann immer deutlicher. Denn die hinzugewonnene Freiheit macht schutzlos, vertraute Mechanismen greifen nicht mehr, und die Frage taucht auf, wie man diese häufig als Ohnmacht gegenüber dem Leben empfundene Gefühlslage füllt und vor allem: womit? Im Strom des Lebens tauchen immer wieder gefährliche Strudel auf, die einen herunterreißen, die man meiden sollte, aber in die man, vielleicht, weil man sie noch nicht erkennt, dennoch gerät.

Gefühle und Stimmungen von Leere ergeben sich auf der Suche, seinem Leben einen Sinn zu geben, den man jetzt vor allem *allein* finden muss und nicht mehr als Erfüllung oder Befolgen von Vorstellungen und Wünschen anderer. Eltern und Lehrer haben in dieser Funktion ausgedient und wurden abgelöst von diesem anonym bleibenden gesellschaftlichen Druck, einen lukrativen Job und einen möglichst perfekten Partner zu ergattern. Damit aber verengt sich für die meisten der Horizont bei der Auswahl der eigenen Lebensentwürfe. An den Aufgaben, die sich in dieser Lebensphase neu und meistens unvorbereitet stellen, zu scheitern, führt dann zusätzlich zu dem Gefühl, versagt zu haben, da man sein Scheitern nicht mehr so einfach wie früher, an Eltern und Lehrer, »die an allem schuld waren«, delegieren kann. Und das in einer Zeit, in der doch scheinbar alle Möglichkeiten offenstehen – so wird sie einem zumindest verkauft.

Nach und nach wird deutlich, was jetzt wirklich zählt und was das Erwachsensein ausmacht. Man sieht sich zunehmend vor die Aufgabe gestellt, für *sich und andere* Verantwortung zu übernehmen, finanziell unabhängig zu werden und dem Leben auf diese Weise eine dauerhafte Struktur zu geben. Das muss nicht gleichbedeutend damit sein, dass jetzt »alles gelaufen ist«, aber es wird dennoch oft so empfunden. Ins Spiel des Lebens mischt sich sein Ernst, und das kann wehtun und, wie wir gesehen haben, zu existenziellen Krisen führen, ganz besonders, wenn nicht alles so läuft, wie man es sich vorgestellt oder früher erträumt hat. Vielleicht ist dies der größte Unterschied zu der Zeit davor, als noch alles, die Liebe und das ganze Leben ausschließlich *im Hier und Jetzt* stattfanden.

Und aus dem Lebensgefühl heraus, dem allem noch nicht gewachsen zu sein, resultiert der Entschluss, das Erwachsensein noch ein bisschen hinauszuschieben, ja geradezu die Hoffnung, noch nicht so weit zu sein, um endgültig von der eigenen Kindheit und Jugend Abschied zu nehmen. Und man begegnet dem Paradox, dass dieselbe Gesellschaft, die einen auffordert, nun endlich erwachsen zu werden, einem ebenso viele Gründe dafür bietet, sich damit doch noch ein bisschen Zeit zu lassen.

4. Kind bleiben?

»Those were the best days of my life.«

Bryan Adams

Im letzten Kapitel haben wir schon einige Gründe kennengelernt, sich aus Sicht der jungen Leute mit dem Erwachsenwerden Zeit zu lassen. Da sind zum einen die Probleme und Härten, die es mit sich bringt, sich von der Jugendzeit endgültig zu verabschieden. Doch auf der Habenseite lässt sich für diese Lebensphase auch allerhand finden: das Genießen der hinzugewonnenen Unabhängigkeit und Freiheit in einer Lebensphase, die in der oben zitierten Liedzeile geradezu hymnisch als »Beste aller Zeiten« gefeiert wird. »Love, Sex and Rock'n Roll« – in keiner anderen Zeit im Leben kann die Lust daran so ausgelebt werden wie zwischen 18 und 30 – in einer Umbruchphase, in der sich trotz aller sie begleitenden Ängste eine Flut von Möglichkeiten zu ergeben scheint. In einer Lebensphase, von der alle wissen, dass sie so nicht wiederkehrt.

Endlich hat man die Schule hinter sich, die mit ihren Machtansprüchen, Zwängen und Reglementierungen dazu beigetragen hat, sich oft immer noch wie ein Kind behandelt und entsprechend gegängelt zu fühlen. Jetzt aber öffnen sich neue Räume. Weg von zu Hause erschließen sich Freiheiten, die junge Leute in ihrem Leben bislang so noch nicht gekannt haben.

Der Beginn des Studiums verspricht ein ungebundenes Dasein, das man mit Freundinnen und Freunden außerhalb von Seminarräumen und überfüllten Vorlesungen verbringt. Zu keiner anderen Zeit wird so viel getanzt, gelebt und geliebt wie in diesem Lebensabschnitt, in dem man sich oft selbst so nah kommt, wie nie zuvor und niemals mehr später.

Es müssen auch gar nicht die wechselnden Liebesaffären sein, durch die sich das Leben so intensiv anfühlt. Ebenso stark in Erinnerung bleibt dieser Lebensabschnitt als eine Aneinanderreihung intensiver Momente, in denen man ständig mit seinen Freunden herumzog, und in denen der Tag und die Nacht zu einem großen gemeinschaftlichen Erlebnis verschmolzen. Die US-amerikanische Schriftstellerin Donna Tartt beschreibt dieses Lebensgefühl, stellvertretend für so viele Schriftsteller, die sich in ihren Erzählungen und Romanen mit diesem Lebensabschnitt auseinandergesetzt und darüber geschrieben haben, treffend in ihrem Buch »Die geheime Geschichte«: »Die Vorstellung, hier zu leben, nie wieder zu Asphalt, Einkaufscentern und Schrankwänden zurückkehren zu müssen, sondern mit Charles und Camilla und Henry und Francis und vielleicht sogar Bunny hier zu wohnen, ohne dass einer heiratete oder nach Hause fuhr oder tausend Meilen von hier einen Job annahm oder sonst einen Verrat übte, wie es Freunde nach dem College oft tun, die Vorstellung, dass alles genauso blieb, wie es in diesem Augenblick war – die Vorstellung war so wahrhaft himmlisch, dass ich nicht sicher bin, ob ich wenigstens damals glaubte, sie könne irgendwann tatsächlich Realität werden, aber ich möchte gern glauben, dass ich es tat.«[1]

Befragt man Erwachsene nach den für sie intensivsten Erinnerungen im Leben, fallen diese meistens in genau diese Zeit zwischen Jugend und Erwachsenwerden – das Gedächtnis weiß eben, was gut ist, und behält es, wie neurowissenschaftliche Untersuchungen zeigen, deswegen auch so gern.

Hinter der eingangs zitierten Liedzeile »Those were the best days of my life« aus dem Kultsong »Summer of 69« von

Bryan Adams verbirgt sich denn auch die Absicht, die Zeit der Jugend und des Erwachsenwerdens über jedes Maß hinaus zu idealisieren. Denn ähnlich wie die Kindheit ist auch die Jugend etwas, das jeder von uns irgendwann verliert bzw. verloren hat und zwar unwiderruflich. Und genau daraus resultiert später einmal die ausgeprägte Neigung, sie im Nachhinein als goldenes Zeitalter zu verherrlichen, sie zu mythologisieren und somit zu verklären. Wobei unsere Erinnerung gerne selektiv verfährt und negative Erfahrungen, die natürlich auch in diese Zeit fallen, gerne ausblendet. Das überaus erfolgreiche Lied von Bryan Adams folgt genau diesem Plot: *Die Beste Zeit im Leben* soll ewig gehen, doch sie ändert sich. Man wird älter und das, was in der Jugend so verheißungsvoll begann, geht auf der Beziehungsebene spätestens dann schief, wenn man erwachsen ist: »I think about you, wonder what went wrong.«

Die Kidult-Gesellschaft

Die Verklärung der Jugend als die »beste Zeit des Lebens« hat zur Folge, dass das süße Gift, das im Versprechen besteht, ewig jung bleiben zu können, bei uns – wen wundert's – besonders aus merkantilen Interessen gerne unter die Leute gebracht wird. Und es fällt den Werbetextern in einer Welt, in der vor allem die »Jugend« zählt, und die meisten davon ausgehen, dass einem *das Leben danach* Härteres abverlangt, leichter als je zuvor. Zumindest die äußere Hülle der Jugendzeit soll Bestand haben. Und so wird unablässig das Versprechen nach ewiger Kindheit und Jugend verbreitet und versucht, die dazu passenden Produkte in Umlauf zu bringen. Die altersmäßigen Grenzen nach oben scheinen dabei offen zu sein. »Eine aktuelle Umfrage ergibt, dass das Männerleben aufgrund der finanziellen Sorgen und des Drucks der späten Vaterschaft erst mit 54 Jahren beginnt – so das Ergebnis einer in Manchester mit 1 000 Männern durchgeführten Studie im Auftrag des Haartransplantationszentrums Crown Clinic. Die Teilnehmer fühlten sich ›sesshaft und abgesichert‹ ab dem Alter von 54. Sie haben darauf hingewiesen, dass die Gründe, warum sie länger brauchen als die vorherige Generation, Gelddruck und späte Vaterschaft seien. Die Studie brachte außerdem die Unsicherheiten der Männer ans Licht, die sie vom ›sesshaft werden‹ abhalten: Einige dieser Unsicherheiten sind körperliche Unvollkommenheiten, Geldsorgen und Einsamkeit.«[2] Auch wenn diese Studie im Auftrag einer interessegeleiteten Firma durchgeführt wurde, die für die Behebung eben solcher »körperlicher Unvollkommenheiten« zuständig ist, verrät ihre bloße Existenz einiges über den Jugendwahn von heute: Asim Shamalak, Chirurg an der Haarklinik, bringt sie denn auch so auf den Punkt: »Es ist nicht überraschend, dass das Leben nicht vor 54 beginnt.«[3] Auch eine andere Studie, diese erstellt im Auftrag des britischen TV-Senders Nickelodeon, kommt zu dem Schluss, dass Männer einfach länger zum Erwachsenwerden brauchen. So belegt diese Studie nach Ansicht ihrer Autoren, dass Männer erst mit 43 Jahren erwachsen werden – davor seien sie kindisch und unreif und müssten sich erst finden. Frauen dagegen würden früher erwachsen und hätten, wie es heißt, »typischerweise schon wesentlich früher erkannt, um was es im Leben geht, nämlich mit 32 Jahren.«[4]

Was auch immer man von solchen Zahlenspielen hält – für die große Zielgruppe derer, die sich nach wie vor jung wähnen und manchmal geradezu noch wie ein Kind fühlen (immerhin liegt die Anzahl junger Leute zwischen 20 und 30 Jahren in Deutschland bei etwa 12 Millionen[5]), erfanden die Werbeleute für ihre Zielgruppe den in der Einleitung schon erwähnten Ausdruck *Kidult*: eine Verschmelzung von »Kid« (Kind) und »Adult« (Erwachsener). Einerseits steht es für das kindliche

Bedürfnis, alles zu kaufen, was einem gerade einfällt, andererseits sich bewusst auch für solche Produkte zu entscheiden, die normalerweise weniger für Erwachsene als für Kinder gedacht sind.

Weil auch die Sprache, mit der die diversen Produkte weltweit angeboten werden, der von Kindern immer ähnlicher werde, sieht Benjamin Barber, Politikprofessor der Universität Maryland, die Gefahr einer permanenten Infantilisierung unserer Gesellschaft, um die Erwachsenen aus ökonomischen Absichten heraus wieder zu Kindern zu machen und mit entsprechenden Angeboten zu ködern. »Das Erfolgsrezept globaler Ökonomie«, so zitiert ihn ein Artikel des Berliner Tagesspiegels, »liege in einer weltweiten Infantilisierung, einer Verkindlichung der Erwachsenen-Kultur. Durch die vor allem über die Medien realisierte Konstruktion von permanenter Kindheit ließen sich auf der ganzen Welt die Konsumbedürfnisse von Teenagern mit der Kaufkraft von Erwachsenen verschmelzen. Die Industrie wecke im Erwachsenen kindliche Illusionen, die er in Wirklichkeit schon längst verloren habe.«[6]

Mit Werbesprüchen wie »Hauptsache, ihr habt Spaß«, so der Slogan der Werbekampagne einer großen Elektronikkette bis ins Jahr 2016 hinein, soll das kindliche Bedürfnis nach endlosem Vergnügen geweckt werden. Die Konsumbedürfnisse von Kindern, Teenagern, jungen Leuten und Erwachsenen sollen somit »unter einen Hut« gebracht werden. Die Werbung knüpft dabei beim Erwachsenen nicht nur an bereits vorhandene kindliche Vorstellungen an, sondern versucht auch, sie bewusst wieder »aufzuwecken«, mit der Folge, dass sich die Konsumenten so frei fühlen wie kleine Kinder.[7] Zwei US-amerikanische Werbeleute, Becky Evenkamp und Jeff Odiorne, haben dafür den Begriff »Peterpandemonium«, nach der Geschichte von Peter Pan, geprägt. Sie beschreiben mit ihm den Ausgangspunkt für eine groß angelegte Werbe-strategie: »Leute in den 20er und 30er Jahren sehnen sich nach Produkten, die sie sinnlich an eine glücklichere und unschul-digere Lebensphase erinnern – an die Kindheit.«[8]

Auch der Soziologieprofessor Frank Furedi von der Univer-sity of Kent in Großbritannien beschreibt in seinem Aufsatz »The children who won't grow up« (Kinder, die nicht erwach-sen werden wollen) mit einigem Gräuel nicht nur 20-jährige College-Studenten, die sich an den Teletubbies nicht sattse-hen können, sondern auch junge Bekannte, die sich mit Ende Zwanzig noch mit der Playstation oder Nintendo-Spielen amüsieren, oder eine 27-jährige Designerin, die ihm stolz ihre Sammlung Plüschtiere zeigt: »Sie schmust mit ihnen und glaubt fest daran, dass ihre kleinen Tierchen, die sie ordentlich in ihrem Schlafzimmer drapiert hat, einen Bereich schaffen, in dem sie sich sicher und geborgen fühlt.«[9]

Auf solcher Grundlage, so Furedi, habe sich ein »Cross-over-Markt« entwickelt, der seine Produkte Kindern an-biete, die gerne so tun, als seien sie schon erwachsen, und ebenso Erwachsenen, die sich wieder wie Kinder verhalten möchten.[10] Die guten Geschäftsaussichten beflügelten den Erfindungsreichtum der Konsum- und Freizeitindustrie, von Verlagen und Filmproduzenten, um nur einige zu nennen, indem sie versuchen, die Grenze zum Erwachsenwerden im-mer weiter nach hinten auszutesten. Aus Erwachsenen wer-den wieder Kinder, und aus Kindern werden Erwachsene, die aber nie richtig erwachsen werden wollen. »Solches Zeleb-rieren von Unreife«, so Furedi weiter, und er meint damit die Erwachsenen, werde dabei von den Medien kontinuierlich gepflegt und unterstützt und mache auch vor den Ikonen der Popmusik nicht Halt. Dass ein Begriff wie »Kidult« nicht Eingang in die Umgangssprache gefunden hätte, liege daran, so Furedi, dass die Gesellschaft einfach nicht wisse, wie sie mit der schleichenden Erosion der Grenze zwischen Kindheit und Erwachsensein umgehen soll. Er selbst sieht darin im Übrigen eine schleichende Entwertung erwachsener Autorität: »Das frühere Streben danach, erwachsen zu werden, und aus den damit verbundenen positiven Attributen wie moralische Reife Anerkennung zu ziehen, wurde einer Haltung geopfert, die dem Erwachsensein ambivalent, wenn nicht ablehnend gegenüber auftritt. [...] Ideale wie Reife, Verantwortung und Pflichten werden heutzutage nur schwach bewertet. [...] Es ist die langsame Auflösung einer Erwachsenenidentität, die junge Männer und Frauen heute entmutigt, den nächsten Schritt in der Entwicklung ihres Lebens hin zum Erwachsenwerden zu wagen.«[11] In diesem Zusammenhang erwähnt er dann auch die Gefahr, dass durch eine ständige Veralberung Erwachsener in prominenten Fernsehserien wie zum Beispiel den »Simpsons« der Eindruck erweckt werde, als wären sie gegenüber Kindern und Jugendlichen, die als wesentlich lebensklüger dargestellt werden, nur noch Witzfiguren oder Auslaufmodelle. Wobei er Wert auf die Feststellung legt, dass nicht die jungen Leute die Schuld an dieser Entwicklung trügen. Viele von ihnen seien ja durchaus bereit, erwachsen zu werden und dabei Risiken in Kauf zu nehmen, wenn sie sich dem Ernst des Lebens stellen. Das Problem liege vielmehr darin, dass die Medien heutzutage eine kulturelle Haltung fördern würden, die den Jugendlichen ihre schwierige Reise hin zum Erwachsenwerden noch komplizierter mache, als sie eh schon sei. Demgegenüber wäre es wohl klüger, dem Erwachsenwerden gegenüber eine positive Haltung einzunehmen, statt ältere Menschen den Jüngeren gegenüber als dämlich und unfähig hinzustellen. Dies sei eine ernste Herausforderung an die Gesellschaft, um mit den Herausforderungen der Zukunft adäquat umgehen zu können.[12]

Wie sich das Kidult-Phänomen auch gibt, ob Paintball, Ballerspiele am Computer, »All-Age-Bücher« wie »Harry Potter« von J. K. Rowling oder Tolkiens »Herr der Ringe«, ob Filme wie »Shrek«, »Ice Age«, »Ratatouille« oder »Fuck ju Göehte«, aber auch die Inszenierung von Popidolen wie Madonna als »forever young and sexy« – immer geht es darum, dass sich Jugendliche und Erwachsene zu einer großen, jung und manchmal geradezu kindlich gebliebenen Zielgruppe verschmelzen und Generationengrenzen, wie sie früher galten, eingerissen werden. Ob der daraus resultierende Kulturpessimismus Furedis berechtigt ist, oder die positive Seite dieses veränderten Generationenverhältnisses zum Tragen kommt, nämlich auf Augenhöhe und respektvoll miteinander umzugehen, wird die Zukunft zeigen. »Ich hoffe, ich sterbe, bevor ich alt bin« sang die britische Skandal-Band »The Who«, deren Mitglieder sich bei Auftritten wie kleine Kinder benahmen, wenn sie am Schluss der Vorstellung ihre Musikinstrumente zertrümmerten. In heutigen Zeiten, in denen das Älterwerden mit allen Mitteln versucht wird zu verhindern, muss ein früher Tod keine unbedingte Option mehr sein, um jung zu bleiben. Dafür sorgt schon die Konsum- und Freizeitindustrie mit ihren diversen Angeboten an die »Kidults«, wenn sie permanent die Illusion nährt, sich wieder in die Zeit ihrer Kindheit zurückbegeben zu können. Sie stellt die Uhr durch Produkte, die sie anbietet, scheinbar zurück und gibt vor, dass sich darüber noch einmal eine Welt auftut, die doch gerade dabei ist, zu verschwinden oder, wie die Kindheit, schon längst untergegangen ist. Kein Wunder also, dass unsere Gesellschaft voller junger Leute ist, die an den Rändern ihres Erwachsenwerdens herumhängen und in einem letzten Aufbäumen alles, was ihnen einfällt, dazu verwenden, dem Schicksal des Erwachsenwerdens zu entkommen – und sei es durch ein Stofftier, das, wie am ersten Schultag, auf dem Weg zur Uni am Designer-Rucksack hin- und herbaumelt.

Bei den meisten jungen Leuten fliegt dieser Schwindel natürlich irgendwann auf, aber dann ist das Versprechen, den Prozess des Erwachsenwerdens beliebig lange aufhalten zu können, schon tief in ihren Vorstellungen verankert. Und der Abschied von Kindheit und Jugend fällt doppelt schwer – ein Dilemma, das in vielen Romanen und besonders in der Popkultur bis heute immer wieder gern beschworen wird. Und sich auch in der Situation derer, die gerne erwachsen werden wollen, als ein Widerspruch quer durch ihr Leben zieht: Dass man von ihnen erwartet, möglichst schnell erwachsen zu werden und sich damit auch gesellschaftlichen Zwängen und Forderungen zu unterwerfen, und ihnen dieselbe Gesellschaft vonseiten der Medien und Werbewirtschaft vorgaukelt, das wahre Lebensziel bestünde darin, ewig jung zu bleiben – verbunden mit entsprechenden Konsumgewohnheiten, die wiederum voraussetzen, es mit Abschluss des Erwachsenwerdens schleunigst zu etwas Geld zu bringen. Ein Teufelskreis, dem nicht einfach zu entkommen ist.

Sind die Eltern schuld an der Infantilisierung ihrer Kinder?

Ich habe im letzten Abschnitt darauf hingewiesen, wie die Werbewirtschaft aus ökonomischen Interessen heraus daran interessiert ist, die Grenze hin zum Erwachsensein immer weiter hinauszuschieben. So hat die Konsumgüterindustrie ganze Produktpaletten entwickelt, um sie denen anbieten zu können, die sich nach ihrer Kindheit zurücksehnen und dabei nicht erwachsen werden wollen. Dafür schaffen ihre Werbeleute eine neue Realitätsebene, einen infantilen Raum, um dort bei den potenziellen Kunden genau die Bedürfnisse zu befriedigen, die sie vorher bei ihnen geweckt haben.

Obwohl also klar auf der Hand liegt – und jeder Blick in die Werbepausen des Fernsehens oder auf die Bannerwerbung im Netz zeigt es –, in welchem Ausmaß die Infantilisierung unserer Gesellschaft von denen betrieben wird, die damit gutes Geld verdienen, besagt ein durchaus populäres Argument, dass daran hauptsächlich *die Eltern* schuld seien, und nicht die, die sie eigentlich hauptsächlich verursachen.

Nun haben Eltern schon immer für Fehlentwicklungen unserer Gesellschaft herhalten müssen, unabhängig davon, ob unsere Kinder sich später einmal zu Tyrannen entwickeln, weil die Mütter zu »symbiotisch«, d. h. eng mit ihnen umgehen würden, oder ob die 68er Generation ihnen mit ihrer Laissez-faire-Erziehung keine Grenzen gesetzt habe.[13] Was gleichbedeutend mit dem Vorwurf ist, die Eltern seien schuld daran, wenn ihre Kinder später den Herausforderungen des Erwachsenenlebens nicht gewachsen sind. Nun ist aber deutlich zu erkennen und zudem statistisch bewiesen, dass es einer übergroßen Anzahl junger Menschen in unserer Gesellschaft durchaus gelingt, später zu vernünftig denkenden Erwachsenen zu werden, statt bis ans Ende ihrer Tage Katzenvideos und pubertäre Witzemacher auf YouTube zu gucken.[14] So schlecht scheinen Eltern ihren Job also gar nicht gemacht zu haben und die, um die es eigentlich geht, die Kinder und Jugendlichen selbst, offenbar auch nicht.

Was die junge Generation betrifft, wird mit ihr von der älteren Generation schon seit Menschengedenken, zumeist auf der Grundlage von Anekdoten und Einzelbeobachtungen, gerne abgerechnet. Heute wie damals lautet der gängige Vorwurf, sie sei bequem, faul, ichbezogen, verwöhnt, zügellos usw. – obwohl sämtliche Umfragen und wissenschaftlichen Studien besagen, dass die junge Generation – bis auf Ausnahmen und Einzelfälle, die es schnell zu Berühmtheiten in Presse, Fernsehen oder auf YouTube bringen – diesem Bild gerade nicht entspricht. »Welche Verallgemeinerungen jemand auf die jüngere Generation projiziert«, so der US-amerikanische Psychologe Alfie Kohn in seinem lesenswerten Buch »Der Mythos des verwöhnten Kindes«, »scheint hauptsächlich von der Weltanschauung und den Erfahrungen der Person abzuhängen, die verallgemeinert.«[15] Dass seit Jahrhunderten die ältere Generation ihre eigenen Unzulänglichkeiten und damit verbundenen Wunschvorstellungen gerne auf die jüngere projiziert, besagt also noch lange nichts darüber, wie die jungen Menschen wirklich sind.

Und dennoch sollten wir uns in diesem Buch mit dem Argument, dass Eltern mit ihrer Erziehung einen nicht unwesentlichen Beitrag leisten würden, ihre Kinder zu infantilisieren, auseinandersetzen. Denn selbst wenn wir davon ausgehen, dass die Infantilisierung unserer Gesellschaft von mächtigeren Akteuren gewollt wird als von den Kindern und Eltern selbst, könnte es möglich sein, dass ihre Erziehungshaltung es denen leicht macht, die bewusst eine Infantilisierung unserer Gesellschaft betreiben. Dass sie ihre Kinder zumindest *empfänglich* machen für den Versuch, sie als Jugendliche und junge Erwachsene immer noch wie Kinder anzusprechen, um entsprechende Bedürfnisse bei ihnen zu wecken.

Für manche drückt sich die Infantilisierung unserer Kinder besonders darin aus, dass sie heutzutage nach ihrem Schulabschluss immer länger zu Hause wohnen bleiben. Daran seien ihre Eltern nicht unschuldig, wollten sie ihren Nachwuchs doch so lange wie möglich bei sich behalten, um dann als »Helikopter-Eltern« immer zur Stelle und ihren Kindern beim Erwachsenwerden ständig behilflich zu sein. Auch dafür gibt es Einzelbeispiele bis hin zu der durchaus zu beobachtenden Tendenz, dass es manchen Eltern heute schwerer fällt als früher, von ihren Kindern, die langsam erwachsen werden,

Abschied zu nehmen. Auf die Vorteile und Risiken, die damit verbunden sind, gehe ich ausführlich im zehnten und letzten Kapitel dieses Buches ein, wenn es um die Rolle der Eltern im Prozess des Erwachsenwerdens ihrer Kinder geht. An dieser Stelle sei nur darauf hingewiesen, dass man aus der beobachtbaren Tendenz, dass Jugendliche heute länger zu Hause zu bleiben als früher, nicht automatisch schließen kann, dass sie dadurch »infantiler« sind als andere und entsprechenden Angeboten eher auf den Leim gehen. Man könnte vielleicht behaupten, dass sie dadurch bequemer, fauler und unselbstständiger bleiben. Aber deswegen benehmen sie sich nicht infantiler als verheiratete 40-Jährige, die im Wald mit Farbe auf sich schießen, als Väter, die mit Kinderrollern auf unseren Gehwegen herumfahren oder als Mütter, die mit Rollerblades unterwegs sind und dieselben Klamotten tragen wie ihre pubertierenden Töchter. Natürlich gibt es Eltern, die partout *selbst* Kinder oder Jugendliche bleiben wollen und deswegen ein Vakuum schaffen, in dem ihre Kinder keine oder nur ungenügend Orientierung finden – Kind zu bleiben ist dann tatsächlich eine Option unter anderen, wobei die Vorbildfunktion der Eltern eine große, in diesem Fall vielleicht sogar entscheidende Rolle spielt. Doch die meisten, die heute als Nesthocker so verschrien sind, wägen ganz pragmatisch das Für und Wider eines Auszugs von zu Hause ab und die anderen, die sogenannten »Bumerangkinder«, die für kurze Zeit noch einmal zurückkommen, suchen vielleicht ein letztes Mal in ihrem Leben den Schutz und die Geborgenheit, bevor sie den entscheidenden Schritt hinaus aus ihrer Familie wagen. Ein Nesthocker und Bumerangkind zu sein ist also nicht gleichbedeutend damit, unselbstständig zu bleiben, sondern man kann in dem Zusammenhalt, den sie bei ihren Eltern suchen, auch das gute Funktionieren einer Familie sehen.[16] Und was den Zusammenhang zwischen einem längeren Verweilen zu Hause und infantilen Vorstellungen und Handlungsweisen betrifft bzw. übermäßiger Abhängigkeit von den Eltern, gibt es dafür keinerlei wissenschaftlich stichhaltigen Beweise.

Verfolgen wir also eine letzte Spur, nämlich die, dass unsere Kinder heute zu sehr verwöhnt werden, auch ein beliebtes Argument, Eltern dafür verantwortlich zu machen, dass ihre Kinder nicht erwachsen werden, sondern Kind bleiben wollen.

Natürlich gibt es Kinder, die von ihren Eltern so verwöhnt werden, dass sie nicht nur bequem werden, sondern auch sofort alles haben wollen, was sie sich wünschen. Tatsächlich überschütten manche Eltern ihre Kinder geradezu mit Spielzeug, kaufen ihnen ständig neue Klamotten, Spielekonsolen, Unterhaltungselektronik usw. Und sehr wahrscheinlich werden aus diesen Kindern, sofern ausreichende Geldmittel zur Verfügung stehen, später auch einmal gute Konsumenten. Nicht umsonst appelliert die Werbeindustrie immer wieder an den frühkindlichen Impuls, *sofort* alles zu bekommen, was man haben will. Und in diesem Sinne verwöhnte Kinder sind in der Tat die besten Kunden von morgen! Aber es gibt – außer den immer wieder gern angeführten Anekdoten – keinerlei Studien, die aufzeigen, dass die Mehrheit der Kinder heutzutage von ihren Eltern nur noch verwöhnt wird und diese einen Erziehungsstil bevorzugen, der solcher Verwöhnung Vorschub leistet, zum Beispiel, keinerlei Grenzen zu setzen.[17] Im Gegenteil: Leistungsdrill in Schule und Elternhaus und eine relativ weit verbreitete Kinderarmut in unserem Land deuten eher darauf hin, dass die Kinder von heute in ihrer Mehrzahl alles andere sind als die verwöhnten Prinzen und Prinzessinnen, als die sie so gerne publikumswirksam inszeniert werden. Wobei im Übrigen elterliche *Fürsorglichkeit* nicht gleichzusetzen ist mit Verwöhnung. Verwöhnung wiederum bedeutet nicht immer, dem Kind jeden Wunsch zu erfüllen. Es kann ja auch einfach nur sein, dass sich Eltern gerne um ihre Kinder kümmern, sie liebevoll behandeln, mit ihnen sprechen, wenn sie den Wunsch danach haben, ihre Sorgen ernst nehmen und vor allem viel Freude daran haben, mit ihnen zusammen zu sein.

Wer zu früh gezwungen wird, erwachsen zu werden, bleibt Kind

Daneben aber frage ich mich, warum Eltern, denen die Infantilisierung ihrer Kinder so gerne in die Schuhe geschoben wird, eigentlich ein Interesse daran haben sollten, dass ihre Kinder nicht erwachsen werden, später unselbstständig durch die Welt gehen und ihnen so ihr Leben lang auf der Tasche liegen? Es gibt für diese Haltung schlichtweg keinen vernünftigen Grund. Und tatsächlich sprechen sämtliche Forschungsergebnisse aus der Entwicklungspsychologie dafür, dass Kinder mit Eltern, von denen sie sich angenommen und geliebt fühlen, die auf ihre Bedürfnisse eingehen und sie dabei unterstützen, selbstständig zu werden, beim Erwachsenwerden mit den anstehenden Problemen wesentlich besser zurande kommen – ganz einfach deswegen, weil sie sich selbst und der Welt um sie herum *vertrauen*. Im Gegensatz zu solchen Kindern, die in ihrem Innern partout deswegen Kind bleiben wollen, weil man ihnen früher einmal den Status, als Kind bedingungslos geliebt und anerkannt zu sein, abgesprochen hat und sie stattdessen nur dann akzeptiert hat, wenn sie etwas »leisteten«, »Grenzen einhielten«, sich »im Griff hatten« usw., mit anderen Worten, weil sie schon als Kind ein Verhalten an den Tag zu legen hatten, welches sich ihre Eltern von ihnen auch als Erwachsene wünschten. Und oft sind es genau sie, die sich später zum Ersatz Welten schaffen, in denen sie dann auch noch als Jugendliche und Erwachsene kindliche Allmachtgefühle ausleben können, die ihnen versagt blieben. Sie sind es, die die entstandene Leere in ihrem Innern immer wieder suchtartig mit etwas ausfüllen müssen, über das sie irgendwann in ihrem Leben die Kontrolle verlieren. Die nach außen stark wirken, aber im Innern zerbrechlich wie ein Kind geblieben sind, weil man ihnen keine Chance gab, ihre Kindheit selbstbewusst und erhobenen Kopfes zu verlassen. Einige von ihnen lernen wir gleich zu Beginn des nächsten Abschnitts kennen, wenn es um den Einfluss der Popkultur auf den Prozess des Erwachsenwerdens geht. Und dann sehen wir uns im nächsten Kapitel das in der Kinderliteratur wohl berühmteste Kind unter denen, die nicht erwachsen werden wollen, einmal genauer an und werden feststellen, dass uns die Geschichte von Peter Pan weit mehr zu sagen hat, als wir auf den ersten Blick ahnen.

I don't wanna grow up -
Kind bleiben in der Popmusik

Sie und andere haben ihre »Odysseusjahre« nicht überlebt: Janis Joplin, Jimi Hendrix, Brian Jones, Jim Morrison, Kurt Cobain und zuletzt Amy Winehouse. Fast alle von ihnen waren gerade mal 27 Jahre alt, als sie starben. Sie wollten nicht erwachsen werden. Um es zu verhindern, nahmen sie exzessiv Drogen oder brachten sich am Ende eigenhändig um. Aus der härtesten Zeit des Lebens gab es für sie kein Zurück in die schützenden Hände von Eltern, wie es der Anfang 2016 in unseren Kinos gezeigte Dokumentarfilm »Little Girl blue« (Kleines trauriges Mädchen) über Janis Joplin eindrucksvoll zeigt. Ihnen war das Zurück in die eigene Kindheit, nach der sie sich, wie das Beispiel Janis Joplins zeigt, in ihren wenigen nüchternen Augenblicken immer wieder gesehnt haben, ebenso verbaut, wie die Möglichkeit, ihrem Leben über das ständige Kreisen um sich selbst hinaus eine sinnvolle Perspektive zu geben. So blieb ihnen der Weg ins Erwachsenwerden versperrt, denn er hätte sie das gekostet, was sie wohl am meisten genossen haben: die narzisstische Befriedigung, sich wie ein Kind ekstatisch nur dem Augenblick hinzugeben. Nur die, die überlebt haben, blicken gerne zurück auf diese Zeit.

Wie viele andere beschwört auch der Musiker *Eric Burdon* die Jugend als die Zeit, in der wir unser Leben am *intensivsten* genießen, als Zeit, in der noch alles zählte, der Schmerz schmerzhafter war und das Gelächter lauter – die Zeit, »als ich noch jung war«:

When I was young, it was more important
Pain more painful, the laughter much louder, yeah,
When I was young

Ebenfalls eine Ode an die Jugend ist »The Logical Song« der Gruppe Supertramp, in dem die Versachlichung unserer Gefühle und der wachsende Zynismus gegenüber den eigenen Empfindungen und Gedanken mit zunehmendem Alter thematisiert wird.

So ist das Leben am Anfang noch voller Träume und wunderbar:

When I was young
It seemed that life was so wonderful
A miracle, oh it was beautiful, magical
[...]

... bis man aus diesem Paradies verbannt wird:

> But they send me away
> To teach me how to be sensible
> Logical, responsible, practical
> And then they show me a world
> Where I could be so dependable
> Clinical, intellectual, cynical ...

Mit »sie« sind offensichtlich die Lehrer und Erwachsenen gemeint, die alle wollen, dass man so wird wie sie: logisch denkende, verantwortungsbewusste Menschen. Aber dann zeigen sie einem die Welt, wie sie wirklich ist und wie man sich am besten in ihr zurechtfindet – als berechenbare und zynisch kalte Wesen. Und nur in schlaflosen Nächten taucht noch die Frage auf, warum man eigentlich lernt, so zu werden wie sie, kalt und teilnahmslos, statt sich selbst kennenzulernen, um zu erfahren, wer man wirklich ist.

> And night when all the world's asleep
> The questions run so deep for such a simple man
> Won't you please, please tell me what we've learned?
> I know it sounds absurd but please tell me who I am
> Who I am, who I am, who I am.

Joni Mitchell, die bekannte Folk-Ikone der 60er und 70er Jahre, war 23 (!) Jahre alt, als sie den Song »The Circle Game« als Ode an die Kindheit und Jugend dichtete. 1970 erzählte sie auf einem Konzert, dass sie das Lied als Antwort auf Neil Youngs »Sugar Mountain« geschrieben hat, dessen Lied über einen »Süßigkeits-Berg« auf eine atemberaubend kitschige Beschwörung der Kindheit mit bunten Luftballons und der schützenden Anwesenheit der Eltern hinauslief.

In ihrem eigenen Song sehnt sich Joni Mitchell die Zeit der Geburt und Kindheit als eine Lebensphase voller Wunder und großer Gefühle herbei. Im nächsten Vers ist das Kind zehn Jahre älter und träumt davon, was die Zukunft ihm alles bringen wird, bevor es in der nächsten Strophe als Jugendliche oder Jugendlicher bereits ein Bewusstsein für die Vergänglichkeit dieser Zeit entwickelt. Deswegen müsse man *jetzt* das Leben ausschöpfen und genießen, denn die Zeit, wenn man 16 Jahre alt ist, würde nicht lange anhalten und die Kreise, in denen man sich bewegt, würden schon bald immer enger gezogen. Es folgt der letzte Vers, in dem das besungene Kind 20 Jahre und etwa genauso alt ist wie die Sängerin selbst. In dieser Lebensphase würden die allerkühnsten Träume schon anfangen zu verblassen, heißt es nun, und dabei doch immer noch von neuen Träumen abgelöst werden, vielleicht sogar von besseren, bis das letzte Jahr der Revolte den Prozess des Erwachsenwerdens abschließe und damit – unausgesprochen – die Zeit der Träume und Hoffnungen für immer vorbei sei.

So the years went by and now the boy is twenty
Though his dreams have lost some grandeur coming true
There'll be new dreams maybe better dreams and plenty
Before the last revolving year is through.

»The Circle Song« ist ein Lied über die Jugend, über die Sehnsucht, sie wieder zu erleben, über Hoffnung und das Vergehen der Zeit, symbolisiert durch das kreisende Karussell, das uns auch später immer wieder einmal an unseren »alten Ort« zurückbringt, freilich nur in unserer Vorstellung und Erinnerung:

And the seasons they go round and round
And the painted ponies go up and down

We're captive on the carousel of time
We can't return we can only look
Behind from were we came
And go round and round and round
In the circle game

Gut fünfzig Jahre später stellt die Sängerin Adele mit ihren Alben »19«, »21« und »25« gleich eine ganze, autobiografisch gefärbte Trilogie des Älterwerdens vor, ein »Requiem auf die eigene Jugend«, wie die Süddeutsche Zeitung schreibt[18], und dies mit allem, was dazugehört: der Suche nach dem eigenen Selbst, den diesen Prozess begleitenden Enttäuschungen und einer Reise, die schließlich darin mündet, eine Familie zu gründen und ein Kind zu bekommen. Auf »25« singt sie, jetzt selbst 27 (!) Jahre alt, schon über das Älterwerden. In dem Megahit »Hello« hört sich das so an:

When we were younger
And free
I've forgotten how it felt before the world fell at our feet

Und sie singt darüber, wie ihr die Zeit davonrennt – im Refrain von »When we were young« heißt es lapidar: »Wir sind traurig, alt zu werden.«

In ihrem Lied »22« und selbst noch mitten in der Phase des Erwachsenwerdens, beschwört die 26-jährige Sängerin und Pop-Ikone Taylor Swift in dem Songvers, mit dem ich das erste Kapitel dieses Buches eingeleitet habe, diese Lebensphase als eine von Lust und Intensität geprägte Zeit, in der noch alles möglich ist, sich die ekstatischen Erlebnisse aber immer wieder mit Einsamkeit und persönlichem Elend abwechseln.

It feels like a perfect night to dress up like hipsters
And make fun of our exes, ah, ah, ah.
It feels like a perfect night for breakfast at midnight
To fall in love with strangers, ah, ah, ah.

We're happy free confused and lonely at the same time
It's miserable and magical, oh yeah
Tonight's the night when we forget about the deadlines
It's time.

Und immer wieder taucht in diesen und unendlich vielen anderen Popsongs, die sich noch anführen ließen und denen Millionen Menschen auf der ganzen Welt innig zuhören – junge wie alte – der deutlich artikulierte Wunsch auf, angesichts dessen, was einen als Erwachsener erwartet, jugendlich oder eben auch *ein Kind* bleiben zu wollen.

Darüber hat, noch einmal stellvertretend für viele andere, die französische Sängerin und Schauspielerin Alexandra Mina Sokolinski mit dem Künstlernamen »SoKo« ein Album mit dem bezeichnenden Titel »My dreams dictate my reality« (Meine Träume diktieren mir meine Wirklichkeit) veröffentlicht, das 2015 erschienen und zum Zeitpunkt der Entstehung dieses Buches unter jungen Leuten hoch im Kurs stand.[19]

Im Song »Peter Pan Syndrome« heißt es:

Ich habe das Peter Pan Syndrom
Ich weigere mich konform zu sein
Ich weigere mich zu verändern
Ich habe das Peter Pan Syndrom
Ich habe das Peter Pan Syndrom
Nehmt mir meine Visionen nicht fort
Nehmt mir meine Träume nicht fort
Ich lebe es aus

Ich lebe in einem Traum
Ich lebe in einem Traum
Ich lebe es aus
Ich lebe in einem Traum
Ich lebe im Leben eines Traumes

Ich weigere mich groß zu sein
Lasst uns klein sein

Nimm mir meine Visionen nicht weg
Nimm mir meine Träume nicht weg

(Träume, Träume, Träume, Träume. Träume, Träume, Träume.)

Im nächsten Kapitel wird es nun darum gehen, was es bedeutet, aus Angst vor dem Erwachsenwerden *nicht* erwachsen werden zu wollen. Die Geschichte von Peter Pan, um die es darin geht, ist dabei mehr als nur ein harmloses Märchen.

5. Das geöffnete Fenster: Die Geschichte von Peter Pan, der nicht erwachsen werden wollte

»Er genoss Freuden in Hülle und Fülle, die andere Kinder
nie kennenlernen; aber er schaute durchs Fenster auf das
einzige Glück, das ihm ewig verwehrt bleiben musste.«

(aus James M. Barries »Peter Pan«)

Ist der Vorsatz, ein Kind bleiben zu wollen, die Alternative zum Erwachsenwerden? Und was könnte ausschlaggebend sein, einen solchen Entschluss zu fällen?

Schon vor 105 Jahren stellte sich der schottische Schriftsteller James Matthew Barrie genau diese Frage, als er 1911 sein Buch »Peter und Wendy« veröffentlichte. Wenige Zeit später wurde es unter dem Titel »Peter Pan« weltberühmt, sodass das Leben dieses kleinen Jungen vielen bis heute als Folie und manchen, wie Michael Jackson mit seiner Neverland-Ranch, gar zum Vorbild für ein unbeschwertes, immerfort währendes kindliches Dasein wurde.

Peter Pan – das Kind, das nicht erwachsen werden wollte. Das im Nimmerland tat, was es wollte. Peter Pan, der fliegen und sich buchstäblich über alles hinwegsetzen konnte, der hinkam, wohin er wollte. Der auf einer von Korallenriffen gesäumten Insel lebte, umgeben von drei schönen jungen Mädchen, auf deren Werben und Begehren er aber nicht einging, um sich die Mühsal und Enttäuschungen sexueller Reife zu ersparen. Der mit Piraten kämpfte, einem Krokodil eine Uhr in den Rachen warf, der Indianer zu seinen Freunden zählte und am Ende der Geschichte sogar Hook, den »berüchtigsten Piraten der Weltmeere«, bezwingt. Und der, das sollte man nicht vergessen, noch dazu Anführer einer Horde von Kindern war – Anführer der »verlorenen Jungen«!

Doch ganz so verlockend und zur Nachahmung empfohlen, wie es auf den ersten Blick aussieht und zur Vorlage einer endlosen Reihe von Verfilmungen, Musicals, Theaterstücken, Ballettvorführungen und Drehbüchern wurde, ist das Schicksal von Peter Pan nicht. Denn in Wirklichkeit handelt es sich um eine Geschichte, über der eine dunkle Metaphorik liegt, eine in ein Verwirrspiel um Mütter und ihre Kinder sich einnistende Düsternis ohne wirkliches Happy End. Denn bei genauerem Hinsehen geht es in dem Buch um nicht mehr oder weniger als um die Frage, wem wir noch vertrauen können, wenn schon der Beginn unserer Lebensgeschichte vermasselt ist.

Doch fassen wir zunächst die Geschichte von Peter Pan, für die, die sie – noch – nicht kennen, so zusammen, wie sie sich auf den ersten Blick als modernes und »nettes« Kindermärchen anhört.[1]

Für immer Kind bleiben –
Abenteuer im Nimmerland

Begleitet von der Elfe »Tinkerbell« – in der deutschen Übersetzung »Gipsy Bell« genannt – verirrt sich der fliegende Peter Pan eines Nachts nach London in das Kinderzimmer der etwa zwölfjährigen Wendy und ihrer beiden jüngeren Brüder John und Michael. Nach einigem Hin und Her überredet er die drei Geschwister, mit ihm zu seinem Zuhause auf der Insel »Nimmerland« zu fliegen, denn dort würde sie ein weit aufregenderes Leben erwarten.

Nachdem die drei Geschwister von Peter Pan das Fliegen gelernt haben, beginnt ihre Reise aus dem Schlafzimmerfenster hinaus zur Insel Nimmerland. Nach einem aufregenden Flug dorthin gut gelandet, erwartet sie, umgeben von Elfen, Piraten, Indianern, Meerjungfrauen und wilden Tieren ein abenteuerliches Leben, kurzum, das ganze Repertoire dessen, woraus Kinderträume, aber auch Kinderängste, bis heute gemacht sind.

Nachdem sie zusammen mit Peter Pan ein letztes Abenteuer, nämlich die blutige Schlacht gegen den Piraten Hook und seine Bande, gut überstanden haben – der Verfasser ist in der Beschreibung solcher Auseinandersetzungen in seiner Wortwahl alles andere als zimperlich –, sehnen sich die Geschwister dann aber doch wieder nach ihrem friedlichen Zuhause und nach ihren Eltern zurück. Mit einer Schar »verlorener Jungen« im Schlepptau, die bei den Eltern von Wendy und ihren Brüdern alsbald ein neues Heim finden, werden sie von Peter Pan und der Elfe Gipsy Bell am Schluss des Buches trotz erheblicher Einwände wieder dorthin zurückgebracht. Peter Pan und seine Elfe indes fliegen zurück nach Nimmerland und setzen dort ihr unbeschwertes Abenteuerleben fort. Wendy, ihre leiblichen und ihre frisch adoptierten Brüder hingegen werden erwachsen wie alle anderen Menschen auch, zu »Normalos«, wie man heute sagen würde.

So kann man dieses Buch lesen, es dann aus der Hand legen und sich fragen: »Und das ist alles?«

Peter Pans Geheimnis

Doch liest man genauer und lässt sich auf die vielen versteckten Hinweise im Text ein, tun sich in dieser harmlos erscheinenden Erzählung Abgründe auf, die den Kritiker einer Besprechung zum 100. Geburtstag des Buches in der »Frankfurter Allgemeinen Zeitung«, Tilman Spreckelsen, von einem »schrecklichen Meisterwerk« und einem der »abgründigsten Kinderbücher, die je geschrieben wurden«, sprechen lassen.[2] Andere gehen sogar noch weiter und schreiben, wie Jan Küveler zum selben Anlass in der »Welt« von einem »fragwürdigen Buch« bzw. einem »einzigen Vergewaltigungsroman« mit einem »dunklen Nimmerland sexueller Sehnsüchte«.[3]

Was also ist es, das manche Leser und Kritiker offensichtlich so an die Nieren geht, dass sie dieses so harmlos daherkommende Buch kaum weiterempfehlen möchten, Kindern schon gar nicht? Was erfüllt sie mit solcher Angst und geradezu Abscheu? Ich vermute, es hat damit zu tun, dass es in der Geschichte von Peter Pan um nichts weniger als um die grundsätzlichen Fragen im Leben eines jeden Kindes und Erwachsenen geht, denen mancher erwachsene Leser offensichtlich lieber aus dem Weg gehen will: Woher komme ich? Wie halte ich es mit meinen Eltern? Gaben sie mir das Rüstzeug zum Erwachsenwerden mit, oder muss ich die Reise in mein Erwachsenwerden schon als »verlorenes Kind« beginnen und dann zwangsläufig unterwegs scheitern? Es geht in der Geschichte um die alles entscheidenden Dinge am Anfang des Lebens, es geht um das, was wirklich zählt: um Elternliebe und besonders um das Verhältnis von Müttern zu ihren Kindern.

Um diese Frage zu klären, lässt der Autor seine Figur Peter Pan bereits elf Jahre vor Erscheinen seines großen Werks auftreten: im 13. Kapitel des 1902 erschienenen Buches »Kleiner Weißer Vogel«[4] geht es um einen Vogel im Londoner Kensington Park, der sich in ein Kind verwandelt. In diesen Passagen ist das Vorgänger-Buch zu Peter Pan so wild und überbordend, als habe sein Verfasser sich vorher einen Cocktail sämtlicher Rauschmittel genehmigt, die ihm im damaligen London zur Verfügung standen. Da ist von einem See die Rede, dessen Grund aus einem versunkenen Wald besteht und in dem nachts ertrunkene Sterne zu besichtigen sind, von einer Insel, zu der nur Peter Pan Zugang hat, »auf der all die Vögel geboren werden, die mal kleine Jungs und Mädchen werden«.[5] Unschwer ist zu erkennen, dass diese Insel die Vorlage für das später entworfene »Nimmerland« war.

Alle Kinder sind – dem Buch nach – früher einmal Vögel gewesen und konnten fliegen, wobei es mit Geburt und dem Kindsein mit dieser Herrlichkeit auch schon wieder vorbei ist – außer bei einem – nämlich bei Peter Pan. Der wird von der weisen Krähe Solomon Krächz, der Gebieterin der Insel, als ein Zwischenwesen aus Vogel und Mensch beschrieben, als »ein Dazwischen-und nichts-Richtiges-und nichts-Ganzes«,[6] eine Beschreibung, die uns in diesem Buch über das Erwachsenwerden ja schon in einem anderen Zusammenhang beschäftigt hat. Und genau als ein solches »Dazwischen-Wesen« taucht er schließlich in der endgültigen Fassung wie ein Dämon aus einer anderen Welt am offenen Fenster des Kinderzimmers von Wendy und ihren Brüdern auf, und die Geschichte nimmt ihren Anfang.

Fragen wir zunächst, wie uns der Autor jemanden vorstellt, der partout nicht erwachsen werden will und der dadurch, dass er Wendy und ihre Geschwister überredet, mit ihm zu kommen, eine zwar etwas verschrobene, aber dennoch glückliche Familie zerstört. Wie war er, der bis heute als Mythos ewigen Kindseins gehandelt wird und nach dem sogar eine psychiatrische Diagnose, das »Peter Pan Syndrom« benannt wurde? Auf jeden Fall eine der widersprüchlichsten und schillerndsten Figuren, die die Kinderliteratur bis heute kennt.

»Ich bin die Jugend, ich bin die Freude [...] Ich bin ein Vögelchen, das aus dem Ei geschlüpft ist«,[7] so rührend-naiv, wie sich Peter Pan an einer Stelle des Buches selbst darstellt, war er nach Meinung seines Autors keinesfalls. So wird er im Buch als »boshaft«[8], »eingebildet«[9], »gerissen«[10] und »gebieterisch«[11] dargestellt, als »dreist«[12] und ohne Mitgefühl für andere, wenn es zum Beispiel heißt: »es war seine eigene Geschicklichkeit, die ihn interessierte, und nicht die Rettung eines Menschenlebens«.[13] Dazu tritt seine für ein Kinderbuch ungewöhnliche Brutalität: »Ich würde ihn zuerst wecken und dann töten«, meint er beiläufig über einen Piraten, über den er und die Kinder gerade hinwegfliegen, »so mache ich das immer.« – »Was du nicht sagst«, antwortet ihm ein Bruder Wendys, »Tötest du viele?«, worauf Peter Pan stolz verkündet: »Unmassen«.[14]

Auf der anderen Seite gilt er aber auch als niedlich, fürsorglich, ist jemand, der Kinder, die sterben, einen Teil ihres Weges begleitet, damit sie keine Angst haben[15], er sympathisiert mit den Schwächeren[16] und ist ein fröhliches Kind, das sich noch immer »sein erstes Lachen« bewahrt hat, mit dem es andere anstecken kann.[17]

Für Wendys Mutter ist er ein »merkwürdiger Junge«[18] und hat Ähnlichkeiten mit ihrem Kuss, den sie »nicht einmal ihren Kindern gewährt und vor allen verbirgt«, und der sie »daran hindert, Peter zu beschimpfen«.[19] Im Grunde hat die Mutter von Wendy auch für diesen kleinen Jungen ein großes Herz.

Das vielleicht hervorstechendste Merkmal von Peter Pan aber ist sein unbändiger Hass auf Erwachsene. So heißt es unter anderem, dass im Nimmerland, dem Gegenentwurf zu einem langweiligen Kinderleben mit »erstem Schultag«, »Religion«, »Nadelarbeit« oder »Verben mit Dativ«[20], »beim Atemholen jedes Mal ein Erwachsener stirbt. Peter brachte sie rachsüchtig in null Komma nichts um«.[21] Und dass Peter Pan die Zahl der Kinder, die auf der Insel erwachsen werden wollen, einfach »dezimiert«.[22] Außerdem knirscht er mit den Zähnen, sobald er einen von ihnen erblickt.[23]

Natürlich hat dieser Hass mit der fixen Idee von ihm zu tun, ewig ein Kind bleiben zu wollen, woran ihn seine eigenen Eltern, stellvertretend für viele andere, einstmals hindern wollten. Dies zumindest erzählt er Wendy in einer von mehreren Versionen, in denen es um seine Geburt und frühe Kindheit geht.

»An meinem Geburtstag bin ich weggelaufen«, teilt er Wendy mit. »Weil ich nämlich gehört habe, wie Vater und Mutter darüber redeten, [...] was ich werden sollte, wenn ich erwachsen bin.« Und innerlich erregt fährt er fort: »Ich will nie erwachsen werden. [...] Ich will immer ein kleiner Junge bleiben und Spaß haben. Und darum bin ich zum Kensington Park weggelaufen und habe lange bei den Elfen gelebt.«[24]

Bis hierhin noch ein ganz normaler, vielleicht ein wenig exzentrischer Junge, der vom Spaßhaben, von Elfen, Inseln, vom Töten und von Abenteuern träumt, nimmt die Geschichte, um die es in Peter Pan *wirklich* geht, mit einem ersten Hinweis auf die »verlorenen Jungen« ihren eigentlichen Ausgangspunkt. Denn auf die Frage von Wendy, um wen es sich bei denen genau handelt, antwortet ihr Peter Pan: »Es sind Kinder, die aus dem Kinderwagen fallen, wenn das Kindermädchen gerade woanders hinguckt. Wenn sie nicht in sieben Tagen abgeholt werden, schickt man sie weit weg ins Nimmerland, um sich die Kosten zu sparen. Ich bin ihr Anführer.«[25]

Was diese von ihren Eltern im Stich gelassenen Kinder mit Peter Pans eigener Geschichte zu tun haben, darauf kommen wir, wenn wir uns eine weitere, etwas andere Version seiner »Entstehungsgeschichte« genauer ansehen.

Das geschlossene Fenster

»Manchmal, nicht allzu oft, hatte er (Peter Pan) Träume, und sie waren schmerzvoller als die Träume der anderen Jungen. Stundenlang hielten diese Träume ihn umfangen, auch wenn er zum Gotterbarmen wimmerte. Sie hatten, glaube ich, mit dem Rätsel seiner Existenz zu tun.«[26]

Mit dieser Beschreibung begegnet uns in dem Buch nun ein ganz anderer Peter Pan, ein Kind, dessen »unbeendetes Lachen auf seinem Mund gestrandet« ist, der nicht mehr über sein »erstes Lachen« verfügt und überhaupt nicht mehr fröhlich und ausgelassen über den Wolken herumschwirrt wie am Anfang des Buches und zwischenzeitlich immer wieder während der ganzen Erzählung.[27] Denn selbst in der Sternstunde seines Sieges über den Piraten und Erzfeind Käpt'n Hook kehrt für ihn dieser Alptraum zurück: »Er hatte in dieser Nacht einen seiner Träume und weinte lange im Schlaf, und Wendy hielt ihn fest umschlungen.«[28] Das eingebildete, narzisstische und selbstgefällige Kind Peter Pan findet Trost in den mütterlichen Armen von Wendy – welche Kehrtwendung in der Geschichte eines Jungen, der Erwachsene und besonders Mütter hasst wie die Pest. Womit wir bei Peters »Urszene«, dem »Rätsel seiner Existenz« angekommen sind:

»Vor langer Zeit«, so schildert Peter Pan Wendy, »habe ich wie ihr geglaubt, dass meine Mutter das Fenster immer für mich offen hält, und so bin ich Monde und Monde und Monde fortgeblieben und dann zurückgeflogen; doch das Fenster war verriegelt, denn Mutter hatte mich ganz und gar vergessen, und ein anderer kleiner Junge schlief in meinem Bett.«[29]

Am Anfang seiner Existenz hatte Peter Pan also noch felsenfest an die unbedingte Liebe seiner Mutter geglaubt, auch wenn er sie bei seinen nächtlichen Ausflügen in den Kensington Park immer wieder verließ. »›Das Fenster, aus dem ich hinausgeflogen bin, wird offen sein [...] Mutter lässt es stets offen in der Hoffnung, dass ich zurückkomme.‹ ›Woher weißt du das?‹ ›Ich weiß es eben.‹«[30]

Die Vorstellung des bei der Rückkehr geöffneten Fensters steht so für das, was die Psychologen als eine Art von *Urver-*

trauen des Kindes in seine wichtigsten Bezugspersonen bezeichnen, etwas, das notwendig ist, um im späteren Leben einmal zurechtzukommen. Aber Peter Pan geschieht etwas *Ungeheuerliches*, denn seine Mutter versperrt ihm nicht nur den Weg, um zu ihr zurückzukehren, sondern hat ihn darüber hinaus durch ein anderes Kind ersetzt. Und was in der späteren Version des Peter Pan wie in der eben zitierten Passage noch fast harmlos daherkommt, liest sich in der ersten Version, die der Autor zehn Jahre zuvor geschrieben hatte, noch wesentlich dramatischer, und er fügt dem Ganzen auch noch eine weitere Dimension hinzu.

Wieder einmal als kleines fliegendes Kind im Kensington Park unterwegs, verließ er, Peter Pan, »die Elfen am Ende sehr eilig, denn er hatte im Traum gesehen, wie seine Mutter weinte, und er wusste, welch bedeutende Sache es war, um die sie weinte, und dass eine Umarmung von ihrem herrlichen Peter sie schnell wieder lächeln ließ. Oh, dessen war er sich sicher, und so begierig war er, sich in ihre Arme zu schmiegen, dass er dieses Mal auf direktem Weg zu jenem Fenster flog, das immer für ihn offenstand. Aber das Fenster war verschlossen, mit Eisengittern davor, und als er ins Innere spähte, sah er seine Mutter friedlich schlafen und sie hatte ihren Arm um einen anderen kleinen Jungen gelegt. Peter rief: ›Mutter! Mutter!‹, aber sie hörte ihn nicht; vergeblich schlug er seine kleinen Hände gegen die Eisenstäbe. Er musste schluchzend zum Park zurückfliegen, und er sah sie nie wieder.«[31] Nicht nur, dass ihn seine Mutter nicht zu sich lässt und er sie daraufhin nie wiedersieht, sondern sie enttäuscht in seinem Traum auch den für ein kleines Kind typischen Glauben an seine Macht, Eltern bei allem Ungemach helfen und trösten zu können, vor allem aber, immer willkommen zu sein. Und hält dazu ein anderes, ihm fremdes Kind im Arm – d. h. er wird austauschbar, womit sein »Ich« völlig entwertet und bedeutungslos wird. Was diese furchtbare Erfahrung für Peters weiteres Leben bedeutet, kann sich jeder ausmalen.

Verleugnete und verdrängte Mutterliebe

Wie nun geht jemand wie Peter Pan mit dieser für ihn allemal traumatisierenden Erfahrung um? Auf die Frage von Wendy nach dem Inhalt seines Traums und dem Verbleib seiner Mutter antwortet er: »Habe keine Mutter«, und der Autor fährt fort: »Nicht nur, dass er keine Mutter hatte, er hatte nicht einmal den leisesten Wunsch danach. Seiner Meinung nach waren Mütter total überbewertet. Wendy hingegen fühlte, dass sie etwas Erschütterndes erlebt.«[32] Wendy, die ihm seine Gleichgültigkeit gegenüber seiner Mutter nicht ganz abnimmt, antwortet ihm aufrichtig: »Peter, kein Wunder, dass du geweint hast«, worauf er patzig antwortet: »Ich habe nicht über fehlende Mütter geweint.«[33]

Hier zeigt sich zum ersten Mal in der Geschichte die Taktik Peter Pans, über den ursprünglichen Verlust seiner Mutter dadurch hinwegzukommen, dass er Gefühle für Mütter generell abstreitet. Was ihm jedoch, wie sich noch herausstellen wird, nicht durchweg gelingt, sodass sein Verhältnis zu Müttern die ganze Geschichte hindurch, oft gegen seinen eigenen Willen, höchst ambivalent bleibt.

Eine andere Strategie, um mit dem Trauma des Abgewiesenseins und frühen Verlusts seiner Mutter fertig zu werden, besteht für Peter Pan darin, als Schutzmaßnahme in kürzester Zeit alles zu vergessen, was in seinem Leben stattfindet, eine Angewohnheit, die ihm bei seinem Versuch, für immer ein Kind zu bleiben, auch in anderen Zusammenhängen immer wieder dienlich ist, zum Beispiel bei dem Gefühl, unfair behandelt zu werden. So heißt es in einer außergewöhnlichen

Passage des Buches zum Thema Fairness und dazu, wie man mit Kindern besser *nicht* umgehen sollte, wenn man möchte, dass sie später einmal erwachsen werden: »Nicht der Schmerz an sich, sondern das Unfaire daran lähmte Peter. Es machte ihn ziemlich hilflos. Er konnte nur entsetzt starren. Jedes Kind reagiert so das erste Mal, wenn es unfair behandelt wird. Alles, worauf es meint, Anspruch zu haben, wenn es als deins zu dir kommt, ist Fairness. Wenn du unfair dem Kind gegenüber gewesen bist, wird es dich zwar wieder lieben, aber es wird nicht mehr dasselbe Kind sein. Außer Peter. Er erlebte oft unfaires Verhalten, vergaß es allerdings immer. Vermutlich war dies der wahre Unterschied zwischen ihm und allen anderen.«[34]

Als drittes versucht Peter Pan, Mütter schlichtweg zu verteufeln, um mit der ursprünglichen Trennung von seiner Mutter, dem für immer »verschlossenen Fenster«, fertig zu werden und auch, um weiterhin daran festhalten zu können, ein Kind zu bleiben. Als Wendy ihm einmal sagt »Du könntest deine Mutter finden«, schlägt sich der Erzähler der Geschichte auf Peters Seite: »Falls Peter Pan jemals eine richtige Mutter gehabt hatte, vermisste er sie jedenfalls nicht mehr. Er kam bestens ohne eine aus. Er hatte das Mütterproblem zu Ende gedacht und erinnerte sich nur an deren schlechte Seiten.«[35] Was im Übrigen, wie es das Buch an vielen Stellen verrät, auch für einen wie Peter Pan nicht stimmt: Peter Pan sehnt sich nach mütterlicher Liebe.

Gute Mütter – schlechte Mütter

Welche Seite auch immer man in diesem Buch aufschlägt, fast immer wird man zum Thema Mütter fündig. Welches Mutterbild bewegt Peter Pan, Kind zu bleiben und nicht erwachsen zu werden? Das ist die entscheidende Frage.

Mit der Mutter von Wendy taucht nun erstmals in der Geschichte um »Peter Pan« die in den Augen des Autors einzige *gute Mutter* auf, wohl auch deswegen, weil sie ihren einstigen Kinderglauben, einmal nicht erwachsen zu werden, so wie Peter Pan, später als Erwachsene, »jetzt, wo sie verheiratet und vernünftig« ist, aufgegeben hat.[36]

Auch wird Wendys Mutter durchweg als eine Frau beschrieben, die sich nach Kindern gesehnt hat, denn irgendwann begann sie, statt »gewissenhaft das Haushaltsbuch zu führen«, sich also bloß ums Geld zu kümmern, »gesichtslose Babys wie Blumenköpfe« zu malen.[37] Nachdem sie ihre drei Kinder zur Welt gebracht hat, räumt sie nicht nur fürsorglich deren Kinderzimmer auf, sondern auch gleich ihre Köpfe, sodass »Ungezogenheit, Wut und Ärger«, mit denen sie schlafen gegangen sind, am nächsten Tag verschwunden sind.[38] Darüber hinaus sorgt sie sich als fürsorgliche und gute Mutter rührend um ihren Nachwuchs, wie die Beschreibung folgender Szene in dem Buch zeigt: »Kann uns etwas Böses geschehen, Mami, wenn die Nachtlichter angezündet sind?«, fragt etwa ihr ältester Sohn Michael eines Abends, und seine Mutter antwortet ihm: »Nichts, mein Herzchen ... sie sind die Augen, die eine Mutter zurücklässt, um über ihre Kinder zu wachen.« Anschließend geht sie von einem Bett zum anderen und »der kleine Michael schlang die Arme um sie. ›Mama, ich bin froh, dass ich dich habe‹«.[39] Und damit dürfte er, so, wie uns die Mutter der Darling-Kinder in dem Buch durchweg geschildert wird, bis ans Ende des Buches Recht behalten. Es gibt sie also durchaus, die »guten Mütter«, auch in dieser Geschichte.

Denn ansonsten aber kommen Mütter in Barries Buch, wie wir schon gesehen haben, ausnahmslos schlecht weg, sodass sich das »herzlose« Bild, das Barrie von der Mutter Peter Pans zeichnet, über das ganze Buch hinweg auf nahezu alle anderen Mütter geradezu epidemisch überträgt.

So sind denn letztlich auch die Mütter daran schuld, dass sich die »verlorenen Jungen«, angeführt von Peter Pan, zusammen mit ihm im Nimmerland wiederfinden, denn sie haben ihre Kinder, als sie vor den Augen der Kindermädchen aus dem Kinderwagen fielen, innerhalb der gesetzten Frist von einer Woche schließlich nicht wieder abgeholt und damit im Stich gelassen: Dort wohnen sie dann in »Erdhöhlen«, leben in »wonniglichen Behausungen«, womit der Autor offensichtlich ein vorgeburtliches Paradies andeutet, das einen umgibt, bevor man auf die Welt kommt und bevor die Mütter als »Scheusale«[40] auf den Plan treten. So gibt einer der »verlorenen Jungen« als Grund für sein mutterloses Schicksal Geldgier an, wenn er sagt: »Alles, was ich mich von meiner Mutter erinnere [...] ist, dass sie oft zu meinem Vater gesagt hat: ›Ach, ich hätte so gern ein eigens Scheckheft!‹«[41]

Mütter sind auch den »verlorenen Jungen«, obwohl sie nach wie vor von ihnen träumen, und sich, wie wir noch sehen werden, durchaus nach ihnen sehnen, nichts wert, ja, sie gehören sogar erschossen. So gibt einer von ihnen zu Protokoll: »Wenn mir in meinen Träumen Damen erschienen sind, habe ich immer wieder gesagt: ›Hübsche Mutter, hübsche Mutter.‹ Aber als sie dann endlich in Wirklichkeit auftauchte, habe ich sie erschossen.«[42]

Als Konsequenz, von ihren Müttern getrennt und nicht erzogen worden zu sein, nimmt jeder der »verlorenen Jungen« eine besonders unangenehme Charaktereigenschaft an. Entweder die Kinder kauen auf den Fingern oder haben »nicht genug Grips«, »was beweist, dass sie keine Mutter haben«[43], wie der Erzähler anmerkt.

Mütter werden in dem Buch im Rückgriff auf Peter Pans traumatische Erfahrung des geschlossenen Fensters also immer wieder als »Monster« hingestellt, die ihre Kinder bei nächstbester Gelegenheit verraten. Voller Misstrauen in sie und »dunkel« verkündet Peter Pan kurz vor Rückkehr der von ihm nach Nimmerland entführten Geschwister und verlorenen Jungen in die Erwachsenenwelt: »Wenn ihr eure Mütter findet ... kann ich nur hoffen, dass ihr sie mögt.«[44]

Und trotz dieses negativen Mutterbildes, das er ständig zeichnet, beschwört der Erzähler ebenso, und dies ist eine weitere verwirrende Spielart dieser Geschichte, immer wieder die ständige Sehnsucht nach einer Mutter. Das gilt selbst für Peter Pan, der doch Mütter angeblich so hasst und von ihnen nichts mehr wissen will. Und das gilt auch für die anderen »verlorenen Jungen«. Was besonders deutlich wird in ihrem und Peter Pans Verhältnis zu Wendy, wenn diese im Verlauf der Geschichte nicht nur zur Mutter der »verlorenen Jungen«, sondern auch zu der von Peter Pans ganz offensichtlich ersehnten *eigenen Mutter* wird.

Zunächst deutet sich Peter Pans Wunsch nach einer Mutter nur als List an, sich bei Wendy beliebt zu machen und sie dadurch zu bewegen, mit ihm nach Nimmerland zu fliegen, wenn er sagt, dass es ihm und den Jungen dort »an weiblicher Gesellschaft« fehlen würde[45]. Er geht noch einen Schritt weiter, indem er an ihre mütterlichen Gefühle appelliert, sie möge doch ihn und die anderen dort »abends« warm zudecken«.[46] Die verlorenen Jungen selbst werden bei ihrer Ankunft im Nimmerland diesbezüglich deutlicher: »Endlich eine Dame, die sich um uns kümmern sollte.«[47] Als sie ihr zusammen mit Peter Pan auf der Insel ein Haus bauen, sprechen sie Wendy ganz offen als »Mutter Wendy« an und dichten: »O ja, ich wünsch' mir ganz was Schön's/Viel Fenster rund ums Haus/Die Rosen schaun so nett hinein,/Und Babys schaun hinaus«[48]. Hier handelt es sich ganz offensichtlich um die Wunschvorstellung nach idyllischem Familienglück und später einmal Kinder zu haben, was dem Autor des Buches selbst sein Leben lang verwehrt blieb.

Ein solches »Familienhaus« wird schließlich gebaut. Die

verlorenen Jungen sind bald in der Lage, ihren Wunsch nach einer Mutter direkt zu äußern: »›Ein entzückendes, goldiges Haus‹, sagte Wendy, und eben diese Worte hatten sie von ihr erhofft. ›Und wir sind deine Kinder‹, riefen die Zwillinge. Dann fielen alle auf die Knie und streckten die Arme flehentlich aus: ›Dame Wendy, sei unsere Mutter.‹« Wobei Peter Pan sekundiert, wenn auch etwas unentschlossener: »Wir brauchen bloß jemand nett Mütterliches.«[49] Ein Wunsch, den ihnen Wendy, indem sie im Nimmerland nach und nach immer mehr die Rolle der Mutter einnimmt, schließlich erfüllt und damit Peter Pans ärgsten Widersacher, den Piraten Käpt'n Hook buchstäblich auf die Palme bringt: »›Das Spiel ist aus‹, stieß er hervor, ›die Verlorenen Jungen haben eine Mutter gefunden.‹«[50]

In der Folge wird Wendy sogar noch zum Mutterideal der Piraten, deren Schicksal auf der Insel ebenfalls dadurch bestimmt ist, keine Mütter gehabt zu haben, sodass einer von ihnen »begierig fragt«: »›Käpt'n, könnten wir nicht die Mutter von diesen Jungen entführen und sie zu unserer Mutter machen?‹«[51] Solcher Muttersehnsucht vermag dann auch selbst der »grausamste Pirat« der Weltmeere und Anführer Käpt'n Hook am Ende nicht zu widerstehen, wenn er sich gegenüber der am Mastbaum gefesselten und dem Tod geweihten Wendy outet, ebenfalls von dem tiefen Wunsch nach einer Mutter beseelt zu sein: »›Hör zu Herzchen‹, flüsterte er Wendy zu, ›ich rette dich, wenn du versprichst, meine Mutter zu sein.‹«[52]

Peter Pans Dilemma

Zum einen offenbart sich, wie wir gesehen haben, eine den Müttern – und allen Erwachsenen – gegenüber ablehnende Haltung im ganzen Buch. Zum anderen aber begegnet Peter

Pan mit Wendy ein Kind, das mütterliche Gefühle für ihn entdeckt, die zum Ende des Buches immer stärker werden und denen er sich auf Dauer nicht völlig entziehen kann. Mit anderen Worten, *dem Kind* (!) Wendy gelingt es, Peter Pans Blockadehaltung gegenüber der mütterlichen Liebe aufzubrechen und zu lockern. Manchmal scheint Peter Pan seine Scheu vor der mütterlichen Liebe sogar zu überwinden.

Die Fähigkeit Wendys, mütterliche Gefühle selbst für jemanden wie Peter Pan und seine »verlorenen Jungen« aufzubringen und am Bild der »guten Mutter« festzuhalten, ist eng verknüpft mit ihrem festen Glauben daran, dass sie und ihre Geschwister nach ihrer Rückkehr aus dem Nimmerland wieder mit offenem Fenster (und offenen Armen) empfangen werden: »Wendy sorgte sich nicht wirklich um Vater und Mutter; sie war völlig überzeugt, dass die Eltern das Fenster immer für sie offen ließen, damit sie zurückfliegen konnte, und das beruhigte sie vollkommen.«[53]

Wendy kümmert sich in dem nur für sie gebautem Haus liebevoll um die verlorenen Jungen. Sie sorgt dafür, dass alle ein gemütliches Zuhause haben, schafft ein familiäres Zusammensein, sie kocht und näht und macht sogar Hausaufgaben mit ihren Brüdern, damit sie bei der Rückkehr nicht zu viel in der Schule verpasst haben. Sie erfüllt ihre Mutterrolle dabei so perfekt, dass sich niemand dem Sog, der davon ausgeht, entziehen kann, auch nicht Peter, dem sie ebenfalls immer mehr zur Mutter wird, woraufhin er irgendwann nur noch »alle Mütter mit Ausnahme von Wendy verachtet«.[54]

Und dennoch bleibt sein Verhältnis zu Müttern und damit zu Wendy sehr ambivalent, und er *hasst* es, wenn Wendy den »verlorenen Jungen« von *ihrer Mutterliebe* und ihrem unbedingten Vertrauen in ihre Eltern erzählt, von ihrer festen Überzeugung, dass das Fenster bei ihrer Rückkehr aus dem Nimmerland geöffnet sein wird und damit auf die traumatische Szene zu sprechen kommt, die Peter Pans Mutterkomplex einst ausgelöst hat:

»›Wenn ihr wüsstet, wie groß die Liebe einer Mutter ist‹, sagte Wendy triumphierend, ›hättet ihr keine Angst.‹ Sie hatte nun den Teil der Geschichte erreicht, den Peter hasste. ›Ich hab Mutterliebe richtig gern‹, sagte Tootles und schlug Nibs mit einem Kissen. ›Hast du Mutterliebe gern, Nibs?‹ ›Klar doch‹, sagte Nibs und schlug mit dem Kissen zurück. ›Seht ihr‹, sagte Wendy selbstgefällig, ›unsere Heldin wusste, dass die Mutter immer das Fenster für ihre Kinder offen lässt, damit sie zurückfliegen können.‹«[55]

Dieses offene Fenster, im Buch *das* Symbol für Elternliebe, löst bei Peter im Innern einen Schmerz aus, den er kaum aushalten kann, und verzweifelt hält er daran fest, dass Mütter ihre Kinder eines Tages eben doch verlassen: »Als Wendys Geschichte zu Ende war, kam ein dumpfes Stöhnen von Peter: ›Was ist, Peter?‹ rief Wendy sofort und stürzte zu ihm, da sie glaubte, er sei krank. Sie betastete ihn fürsorglich, auch unterhalb der Brust. ›Ist nicht diese Art Schmerz‹, antwortete Peter dunkel.‹ ›Was für eine Art ist es denn?‹ ›Wendy, du irrst dich bei den Müttern.‹«[56]

Bei der Rückkehr der Kinder am Ende des Buches will Peter Pan denn auch Wendy und ihre beiden Brüder von der Richtigkeit seiner Meinung über Mütter überzeugen, indem er zusammen mit der Elfe Gypsy Bell den heimtückischen Plan fasst, das für die Rückkehr der Kinder von den Eltern Wendys und ihrer beiden Brüder tatsächlich immer noch weit geöffnete Fenster heimlich zu schließen: »›Schnell Gypsy‹, flüsterte er, ›schließ das Fenster; verriegele es. Gut so. [...] wenn Wendy auftaucht, wird sie glauben, ihre Mutter habe sie ausgesperrt, und sie muss mit mir zurück.‹«[57] Womit er allerdings Wendy nicht nur davon überzeugen will, von ihrem unbedingten

Glauben an die Elternliebe abzulassen, sondern mit ihm, ob als Geliebte oder Mutter, nach Nimmerland zurückzukehren: »Ich liebe sie auch. Wir können sie nicht beide haben, Lady«, sagt er mit Blick auf Wendys Mutter, die ihre Kinder mit Tränen in den Augen immer noch sehnsuchtsvoll erwartet. Bei diesem Anblick kämpft Peter Pan lange mit sich, bis er für einen Augenblick schließlich doch von der Liebe einer Mutter überzeugt ist und nachgibt: »›Sie möchte, dass ich das Fenster aufschließe (...) ich will aber nicht, nein, und noch mal nein!‹ Wieder schaute er hin, und die Tränen waren noch da oder schon neue gekommen. Und schließlich muss er, der so stark an den Müttern zweifelt, sich doch eingestehen: »Sie liebt Wendy sehr.«[58]

In dieser Szene erkennt Peter Pan, dass es trotz der Erfahrung, die er als Kind machen musste, Mutterliebe gibt und lässt das Fenster für Wendy und ihre Geschwister offen. »›Ist gut‹, sagte er zuletzt und schluckte. Dann machte er das Fenster auf. ›Komm Gypsy‹, rief er« und schickte, jetzt schon wieder ganz der Alte, noch ein »Wir wollen keine dämlichen Mütter« hinterher, »und flog davon«.[59]

Er, noch immer zögerlich in seinem Urteil über Mütter, kehrt kurz darauf noch einmal zurück, um sich das Wiedersehen der Darlingeltern mit ihren heißgeliebten Kindern nicht entgehen zu lassen, und der Autor beschreibt die Szene wie folgt: »Nur ein kleiner Junge, der durchs Fenster hineinspähte. Er genoss Freuden in Hülle und Fülle, die andere Kinder nie kennenlernen; aber er schaute durchs Fenster auf das einzige Glück, das ihm ewig verwehrt bleiben musste.«[60]

Viele Jahre später kommt Peter Pan dann noch einmal ins Haus von Wendy und ihren Eltern zurückgeflogen. Wendy ist nun selbst schon Mutter, was ihn, der weiterhin Erwachsene und besonders Mütter nicht leiden kann, zu Tode erschrickt. »›Ich bin alt, Peter‹, sagt Wendy zu ihm, ›weit über zwanzig.

Ich bin schon lange erwachsen.‹ ›Du hast mir versprochen, es nicht zu werden.‹ ›Das ging nicht. Ich bin eine verheiratete Frau.‹ ›Nein, bist du nicht.‹ ›Doch, und das kleine Mädchen hier im Bett ist mein Kind.‹ ›Nein, ist es nicht.‹ Aber im Grunde wusste er es; und er trat mit erhobener Faust einen Schritt auf das schlafende Kind zu. Natürlich schlug er nicht zu. Er hockte sich auf den Fußboden und schluchzte.« Und als Jane, die Tochter von Wendy, davon aufwacht und ihn fragt, warum er denn weine, antwortet er: »Ich bin wegen meiner *Mutter* (Hervorhebung von mir, CK) zurück, um sie nach Nimmerland zu bringen.«[61]

Auf der Suche nach der verlorenen Kindheit

Sicherlich ging es dem Autor unter anderem darum, einfach eine Abenteuergeschichte für Kinder zu schreiben, darüber, wie lohnend es sein kann, Kind zu bleiben und das Leben auf diese Weise zu genießen. Sein übertriebenes Faible für die Kindheit legt dies nahe. Er hatte ein bemerkenswertes Gespür für die Problematik des Erwachsenwerdens, besonders für das Nicht-erwachsen-werden-Wollen, was sich besonders deutlich am Schluss der Geschichte von »Peter Pan« zeigt. Man hat den Eindruck, dass der Autor selbst nicht viel vom Erwachsenwerden hielt, wenn die künftigen Lebenswege von Wendy und den von ihren Eltern adoptierten Jungen allzu nüchtern beschrieben werden. Der Konflikt zwischen dem Erwachsenwerden und dem Kind-bleiben-Wollen scheint auch in seinem Innersten getobt zu haben.

Dieser Konflikt war sehr produktiv für das Schreiben der Geschichte. Aber welches Fazit zieht der Autor selbst aus diesem Problem? Er scheint sich als Erzähler am Ende des

Buches tatsächlich mehr auf die Seite des missmutigen Peter Pan zu schlagen. So erkennen die von Nimmerland in die Erwachsenenwelt verpflanzten »verlorenen Jungen« schon nach einer Schulwoche (!), »was für Schafsköpfe sie gewesen waren, nicht auf der Insel zu bleiben; doch jetzt war es zu spät, und bald wurden sie so gesetzt und normal wie du und ich oder Jenkins Junior. Traurig aber wahr, sie verloren allmählich die Fähigkeit zu fliegen.«[62] Der Erzähler befindet zynisch, dass es sich »nicht mehr lohnt, noch mehr über sie zu sagen« und beschreibt dann ihr jeweiliges in seinen Augen offensichtlich gähnend langweiliges Erwachsenenschicksal: »Ihr könnt die Zwillinge, Nibs und Curly (zwei der verlorenen Jungen, CK) jeden Tag ins Büro gehen sehen, jeder eine Aktentasche in der Hand und einen Schirm. Michael (der Bruder von Wendy) ist Lokomotivführer. Slightly (ein anderer der verlorenen Jungen) hat eine adlige Dame geheiratet und ist so zum Lord geworden. Seht ihr den Richter da mit Perücke aus dem eisernen Portal schreiten? Das war einmal Tootles (ebenfalls ein verlorener Junge). Der bärtige Mann, der seinen Kindern nicht eine einzige Geschichte erzählen kann, war einst John (der andere Bruder von Wendy).«[63] Wahrlich keine berückenden Aussichten, um erwachsen zu werden.

Von Wendy wiederum heißt es, sie sei jetzt »eine verheiratete Frau, und Peter bedeutete ihr nicht mehr als eine Handvoll Staub in der Kiste, wo sie ihr Spielzeug aufbewahrte. Wendy war erwachsen. Ihr braucht sie nicht zu bedauern. Sie gehörte zu denen, die gern erwachsen werden.«[64]

Am Ende des Buches beschreibt Wendy in einer schönen längeren Passage ihrer Tochter Jane ihren eigenen Auszug aus ihrer Kindheit: »›Das ist lange her‹, dass ich klein war, sagt sie zu ihr, ›mein Gott, die Zeit vergeht wie im Flug.‹ ›Vergeht sie so, wie du geflogen bist, als du klein warst?‹, fragt das Schlauköpfchen. ›Wie ich geflogen bin! Weißt du Jane, manchmal

frage ich mich, ob ich überhaupt geflogen bin.‹ ›O doch!‹. ›Die
schöne alte Zeit, als ich fliegen konnte!‹ ›Warum kannst du
jetzt nicht fliegen, Mami?‹ ›Weil ich erwachsen bin, Herzchen. Wenn man erwachsen wird, verlernt man das Fliegen.‹
›Warum verlernt man es?‹ ›Weil man nicht mehr fröhlich und
unschuldig und herzlos ist. Nur die Fröhlichen und Unschuldigen und Herzlosen können fliegen.‹[65]

Erwachsenwerden gelingt nur
bei geöffnetem Fenster

Auf der anderen, dunklen Seite der Geschichte von Peter
Pan aber geht es darum, die Antwort auf die Frage zu finden,
warum jemand für ewig Kind bleiben und nicht erwachsen
werden will. Und genau hier bringt der Autor an unzähligen
Stellen die Mütter ins Spiel. Erwachsenwerden gelingt nur, so
seine versteckte Botschaft, an der er aber selbst wohl immer
gezweifelt hat, wenn man von Anfang an seines Lebens fürsorglich und liebend angenommen wird.

Erwachsenwerden findet nur *bei geöffnetem Fenster* statt.
Nicht von ungefähr gelingt das Erwachsenwerden Wendy und
ihren Geschwistern dadurch, dass sie ihren Eltern, was auch
immer sie anstellen, stets vertrauen können, dass sie sich absolut sicher sind, bei ihrer Rückkehr mit offenen Armen empfangen zu werden. Und sie sind aus eben diesem Vertrauen heraus auch bereit und in der Lage, durch das geöffnete Fenster
ihr Zuhause *zu verlassen* und die Welt draußen zu erkunden.

Peter Pan, von den meisten gelesen als Abenteuergeschichte eines kleinen Jungen, der nicht erwachsen werden will, ist
in Wirklichkeit eine Parabel über nicht eingelöste Mutterliebe
– heute würde man besser sagen – über Elternliebe. Tatsäch-

lich hadern bis auf Wendy und ihre beiden Brüder alle in dem Buch, von den verlorenen Jungen bis zu den Piraten, dass sie von ihren Müttern einstmals verlassen wurden. Dafür hassen sie sie und sehnen sich dennoch ein Leben lang nach ihnen zurück.

Insofern ist die Geschichte von Peter Pan ein erschütterndes Beispiel für die misslungene Bindung des Kindes an seine Eltern. Trotz aller berechtigten Schwärmereien für das Kindliche überwiegt in dieser Geschichte das durch gescheiterte Elternliebe hervorgerufene Unglück.

Teil II

Wie
Erwachsenwerden
gelingt

6. Der Stoff, aus dem die Kinder sind

»Bindungen sind ein fundamentales menschliches Bedürfnis
und eine Quelle der emotionalen, sozialen,
sogar kulturellen Identität des Menschen.«[1]

Klaus E. Grossmann und Karin Grossmann

Im wirklichen Leben geht es natürlich anders zu als auf der
Insel im Kensington Park, auf der alle Kinder, so wie Peter
Pan, zunächst einmal Vögel waren, bevor sie auf die Welt ka-
men.

So glaubten noch bis in die Mitte des letzten Jahrhunderts
die meisten Kinderexperten – Psychologen und Ärzte – felsenfest daran, dass unsere Kinder wie unbeschriebene Blätter
zur Welt kommen, unempfindlich für physischen und psychischen Schmerz, als »black box« (schwarze Schachtel) und
anfangs noch ohne direkten Bezug zur Umgebung. Die Aufgabe der Eltern würde demnach vor allem darin bestehen, diese seelen- und beziehungslos geborenen Wesen zu halbwegs
vernünftigen Wesen zu erziehen. Heute wissen wir von der
modernen Entwicklungspsychologie – und besonders aus den
zahlreichen Studien und Untersuchungen der vom englischen
Psychoanalytiker John Bowlby begründeteten Bindungstheorie und sich anschließender Bindungsforschung –, dass die
Annahme, unsere Kinder würden als gefühllose Einzelgänger
geboren, grundfalsch ist. Im Gegenteil, sie kommen als soziale
Wesen auf die Welt, freundlich, mitfühlend, kooperativ und
mit vollstem Vertrauen in diejenigen, die sie am Anfang ihres
Weges ins Leben empfangen.

»Zu wem gehöre ich« – frühe Kindheit und die Suche nach Nähe und Bindung

Jedes Kind sucht bereits kurz nach seiner Geburt aktiv den Kontakt zu den Menschen, die es umgeben und für seine Bedürfnisse sorgen. Während es damit zunächst sein eigenes Überleben sichert, stellt sich nach und nach eine spezifische emotionale *Bindung* zu seinen ihm nächsten Bezugspersonen, den Eltern her, wobei in den ersten Monaten der Mutter eine besonders wichtige Rolle zukommt.

Spätestens nach sechs Wochen ist ein Säugling in der Lage, sie von anderen zu unterscheiden. Das Baby erkennt sie, wenn sie sich darüber beugt, erkennt ihre Stimme, ihre Art zu lächeln und sich zu bewegen, ihre Farbe und ihren Geruch – und es dürfte sich bei diesen Begegnungen ganz ähnlich fühlen wie ein Erwachsener, der sich frisch verliebt hat. So freut es sich unbändig, seine Mutter immer wieder zu sehen, sucht ständig den Blickkontakt mit ihr und will ihn erwidert haben – Entwicklungspsychologen geraten über einen solchen »Tanz der Augen« geradezu ins Schwärmen. Darüber hinaus versucht der Säugling auch über seine Gesten und Mimik immer wieder den Kontakt mit der Mutter, streckt seine Ärmchen nach ihr aus – kurzum, er unternimmt buchstäblich *alles*, damit diese Bindung zustande kommt und dauerhaft hält. »Bindung ist das gefühlsgetragene Band, das eine Person zu einer anderen spezifischen Person anknüpft und das sie über Raum und Zeit verbindet«, so drückt diesen Prozess der Begründer der Bindungstheorie, John Bowlby, aus,[2] der Mitte des letzten Jahrhunderts die enorme Bedeutung solcher Bindungsprozesse und ihre Auswirkungen auf das zukünftige Leben eines Kindes erkannte.

Ausschlaggebend für seine Erkenntnisse waren Beobachtungen an Kindern, die in ihrer frühen und frühesten Kindheit länger von ihren Eltern getrennt waren, etwa weil sie im 2. Weltkrieg aus den großen Städten Englands vor den deutschen Luftangriffen aufs Land evakuiert werden mussten oder weil ihre Eltern sie – aus unterschiedlichen Gründen – in ihrer frühen Kindheit allein ließen. Dabei fanden er und seine Kollegen heraus, dass die Kinder, die in ihrer frühesten Kindheit keine ausreichenden positiven Bindungserfahrungen gemacht hatten, psychisch häufig labiler waren und stärker als andere Kinder unter Ängsten und Störungen des Sozialverhaltens litten. Umgekehrt stellte er fest, dass Kinder, die vor der Trennung von ihren Eltern hinreichend gute Bindungserfahrungen gemacht hatten, mit einer Abwesenheit der Eltern besser fertig wurden. Daraus folgerte er, dass der Bindungssuche des Kindes, die Art, wie es sie gestaltet und vor allem, wie von elterlicher Seite auf diese Suche eingegangen wird, eine existenzielle Bedeutung für den weiteren Lebensweg des Kindes zukommt. Seine und die vielen Forschungsprojekte anderer Kolleginnen und Kollegen ergaben später tatsächlich, dass die Art der frühkindlichen Bindung maßgeblichen Einfluss darauf nimmt, wie sich das Kind später der Welt zuwendet, ob offen oder eher verschlossen, wie es mit anderen kommuniziert, aber auch, wie selbstbewusst und neugierig es ist. Zusätzlich beeinflussten die Bindungserfahrungen der frühen Kindheit auch, welches Bild das Kind nach und nach von sich selbst hatte, wenn es älter wurde. Bindungsprozesse und sich daraus ergebende *Bindungsmuster*, so stellte sich heraus, üben einen starken Einfluss auf die Identitätsbildung des Kindes aus, wie sie sich später in der Pubertät und in der Lebensphase des Erwachsenwerdens in bewussten Fragen wie »Zu wem gehöre ich?«, »Wer bin ich?« und »Wohin will ich?« ausdrücken und uns ein Leben lang begleiten.

Eine entscheidende Rolle im Bindungsprozess und damit auch, ob sich eine entsprechende Nähe zur Bezugsperson als Voraussetzung für jegliche Bindung überhaupt herstellen lässt, spielt dabei der aktive Austauschprozess in der Beziehung zwischen dem Kind und seinen Eltern. In den allermeisten Fällen kommt dieser geradezu wie »angeboren« in Gang, denn ohne es »gelernt« zu haben, finden die Eltern die richtige Tonlage, wenn sie mit ihrem Baby sprechen. Sie halten den richtigen Abstand zu ihm ein, sodass sie von ihm erkannt werden können, empfinden intensive Freude über sein erstes Lächeln, strahlen zurück – alles Puzzleteile, die zu einer intensiven und, wenn sie immer länger andauert, sicheren Bindung führen. Eine Bindung entsteht also dann, wenn dem Kind das sichere Gefühl vermittelt wird, willkommen auf der Welt zu sein, weil es dort buchstäblich mit offenen Armen empfangen wurde.

Abhängig von solcherart *Resonanz*, die ein Kind in seinen ersten Lebensjahren auf sein aktives Streben erfährt, selbst eine Bindung herzustellen und damit Nähe und Geborgenheit zu erfahren, entwickelt sich die entsprechende Bindungsperson allmählich zu einer Art »Basislager« oder »sicherem Hafen«, die dem Kind die nötige Sicherheit gibt, bald von sich aus und auf seine Weise die Welt zu erkunden. Weil es sich dazu immer wieder von seiner Mutter oder seinem Vater »trennen muss«, etwa wenn es im Zimmer loskrabbelt, um nach einem Spielzeug zu suchen oder sich später auf dem Spielplatz kurz von ihnen entfernt, muss es ihnen, wenn es noch sehr klein ist, unbedingt vertrauen können, sie bei seiner Rückkehr dort wieder vorzufinden, wo es sie verlassen hat. Und entsprechend freudig empfangen zu werden – das berühmte »offene Fenster«, von dem in der Geschichte von Peter Pan so oft die Rede ist.

Jeder kann beobachten, wie sich ein kleines Kind dabei zunächst ein paar Male ängstlich umdreht, bevor es den Abstand zu seiner Mutter immer mehr vergrößert bis dahin, dass es sie *nicht mehr sieht*. Um das aber auszuhalten zu können, muss es ein Bild von seinen Eltern verinnerlicht haben, das ihm bedeutet, ihnen unbedingt vertrauen zu können – ansonsten gerät es, zumindest, wenn es noch sehr jung ist, sofort in Panik. Später wird sich das Kind, auch ohne sich umzuschauen, immer weiter von seinen Eltern entfernen und dann irgendwann aufmachen, die Welt ganz für sich allein zu erforschen – bis hin zu dem Zeitpunkt, an dem es erwachsen geworden ist. Psychologen sprechen bei dieser Art von gelingender Bindung von *Urvertrauen* in die jeweilige Bezugsperson, ein Vertrauen, das sich im Laufe der weiteren Entwicklung des Kindes auch auf andere Menschen, die eine Beziehung zu ihm eingehen, überträgt.

Wenn aber Kindern, und jetzt sind wir wieder bei Peter Pan und seinen »verlorenen Jungen«, diese Art von sicherer Bindung an ihre Eltern nur ungenügend gelingt oder, im schlimmsten Fall, ganz fehlt, geht das ihnen angeborene Vertrauen in die Welt der Eltern und Erwachsenen verloren. Und manche wie Peter Pan fassen dann den Entschluss, sie dafür zu hassen und gar nicht erst erwachsen werden zu wollen.

Fürsorgliche Eltern: Unterschiedliche Bindungstypen

Dass eine gelingende frühkindliche Bindung und damit eine feste Verankerung in der liebevollen elterlichen Zuwendung sich positiv auf unser zukünftiges Leben auswirken, leuchtet unmittelbar ein. Und selbstverständlich scheint es auch, dass die allermeisten Eltern von Anfang an genau dieses Ziel verfolgen: ihrem Kind eine solche sichere Basis zu schaffen, die ihm optimale Bedingungen für seine weitere Entwicklung bietet, sodass es als Erwachsener über hinreichende Ressourcen verfügt, sein Leben selbstständig zu bestehen, auch wenn der Weg einmal wegen unvermeidlicher Enttäuschungen, Rückschläge oder Zukunftsängste steinig und unübersichtlich wird. Allerdings bekommen Eltern dafür keine Patentrezepte in die Hand gedrückt, und obwohl so ziemlich alle Eltern ihren Kindern eine solche sichere Ausgangsbasis verschaffen wollen, gelingt es den einen besser und den anderen schlechter. Das hat damit zu tun, dass alle Eltern auch ihre *eigene Bindungsgeschichte* mit sich herumschleppen, und sich ihr Leben, wie das ihrer Kinder, nicht hundertprozentig vorhersagen lässt. Schwierigkeiten und Krisen können ja nicht nur bei Kindern, sondern auch bei Erwachsenen auftauchen, seien es Krankheit, psychische Probleme, Scheidung oder der Tod eines nahen Angehörigen. Deswegen sollte es bei der Frage, ob das Kind sein Leben unter günstigen oder weniger günstigen Umständen begonnen hat, *niemals* um Schuldzuweisungen gehen. Denn bis auf wenige Eltern, die meistens selbst traumatische Erfahrungen erlebt haben, lieben *alle* Mütter und Väter ihre Kinder und tun das in ihren Augen beste, um ihnen den Weg in eine gute Zukunft zu ermöglichen.

Womit aber hat es dann zu tun, dass Bindungsprozesse gelingen oder in manchen Fällen auch schiefgehen können? Genau dies war die Ausgangsfrage der Bindungsforscherin Mary Ainsworth und ihrer Forschungstätigkeit mit etwa einjährigen Kindern und ihren Müttern, die sie als Ethnologin nach Uganda führte.

Bei ihren Beobachtungen stellte sie zunächst, ebenso wie andere Bindungsforscher fest, dass die Kleinsten nach ihrer Geburt keineswegs nur passiv auf irgendwelche Bindungsangebote ihrer Eltern warteten, also nur dann zurücklächelten, wenn man sie anstrahlte oder zufrieden glucksten, wenn man sie auf den Arm nahm. Die meisten von ihnen nahmen schon kurz nach ihrer Geburt *selbst* eine aktive Rolle ein, die Bindung zu ihrer Mutter oder den nächsten Bezugspersonen zu »organisieren«. Sie lächelten sie *von sich aus* an, gaben ihnen Zeichen, sich mit ihnen zu beschäftigen. Sie suchten sie aktiv, wenn sie ihre Nähe brauchten.

Ebenfalls stellte Mary Ainsworth fest, dass die meisten dieser Allerkleinsten kein Problem damit hatten, sich räumlich für kurze Zeit von ihrer Mutter zu entfernen und neugierig die Welt zu erkunden, um dann zurückzukehren in der sicheren Annahme, dass die Mutter oder eine andere Bezugsperson noch dort war, wo sie sie verlassen hatten.

Umgekehrt fand sie aber auch heraus, dass es Kinder gab, die sich *nicht* trauten, ihre Mütter – und wenn auch nur für kurze Zeit – zu verlassen, Kinder, die sofort weinten oder Angst bekamen, wenn ihre Mütter sich abwandten, die Zeichen von Unsicherheit zeigten, wenn ihre Mütter den Blickkontakt zu ihnen unterbrachen. Kurzum, sie stellte fest, dass man eine gute oder schlechte Bindung offensichtlich daran erkennen kann, wie Kinder auf die *Trennung* von ihren Müttern reagieren. Und aus diesen Überlegungen und weil man die Stärke von Bindungen nicht einfach »messen« kann wie die Körpertemperatur oder das Gewicht, entwickelte sie einen bahnbrechenden Test, mit dessen Hilfe sich zeigen sollte, ob Kinder über eine gute oder weniger gute Bindungsgeschichte verfügten.

In diesem Test, den sie »Fremde Situation« nannte, ging es darum, wie ein etwa einjähriges Kind, das zusammen mit einer Versuchsleiterin, seiner Mutter und einer ihm fremden Person in einem Raum sitzt und mit seinem Spielzeug beschäftigt ist, auf die Trennung von seiner Mutter reagiert. Wie reagiert es, wenn die fremde Person erstmals den Raum betritt; welche Reaktionen zeigt es, wenn seine Mutter den Raum für kurze Zeit verlässt und es allein mit der Fremden und der Versuchsleiterin zurückbleibt; und welches Verhalten zeigt es, wenn die Mutter wieder zurückkommt? Aus den jeweiligen Reaktionen ließen sich, zusammen mit der Auswertung ausführlicher Interviews mit den Müttern, mithilfe von Fragebögen und Hausbesuchen insgesamt vier »Bindungstypen« ermitteln: eine *sichere Bindung*, eine *unsicher-vermeidende* Bindung, eine *unsicher-ambivalente* Bindung und eine *desorganisierte Bindung*, auf die ich an dieser Stelle nicht näher eingehe, da sie selten ist und zumeist bei schwer traumatisierten Kindern auftritt. Es handelt sich dabei um eine offensichtliche Bindungsstörung, bei der das Verhalten der Kinder für Außenstehende nur schwer nachvollziehbar ist und es professioneller Hilfe und Unterstützung bedarf.

Um uns mit diesen Bindungsmustern bekannt zu machen, fasse ich die Reaktionen der Kinder in dem klassischen Experiment »Fremde Situation«, das später mehrfach von anderen Beziehungsforschern wiederholt wurde und zu ähnlichen Resultaten führte, im Folgenden zusammen, und auch das Verhalten der Mütter in den Monaten nach ihrer Geburt. Daran anschließend stelle ich mögliche Auswirkungen der beobachteten Bindungstypen auf das zukünftige Leben der Kinder vor, die im Zusammenhang mit dem Thema dieses Buches am meisten interessieren und auf die ich später, wenn es um gelingendes Erwachsenwerden geht, wieder zurückkommen werde.

Vorab möchte ich jedoch betonen, dass es sich bei den neben der »sicheren Bindung« beschriebenen Bindungstypen mit Ausnahme der »desorganisierten Bindung« um keine »krankhaften« Bindungs*störungen* handelt, sondern zunächst einmal nur um unterschiedliche *Bindungsmuster*, aus denen sich später beim Heranwachsen des Kindes ein ganz bestimmter Zugang zur Welt ergibt. Auch lassen sich diese unterschiedlichen Bindungsmuster nicht immer klar unterscheiden, hier gibt es fließende Übergänge und auch Überschneidungen.[3]

Der »Fremde Situation«-Test

Hauptkennzeichen einer *sicheren Bindungsqualität*:
- Ist die Mutter im Raum, erforscht das Kind neugierig seine Umwelt.
- Bleibt die Mutter trotz Rufens weg, erstirbt seine Erkundungslust. Das Kind vermisst sie und zeigt es.
- Kehrt die Mutter zurück, sucht das Kind ihre Nähe.
- Nach kurzem Trösten kann es sein Spiel fortsetzen.
- *Das Verhalten der Mutter in den Monaten nach der Geburt*: Sie suchte gleich, nachdem das Kind auf die Welt gekommen war, die emotionale Nähe des Kindes, beobachtete feinfühlig sein Verhalten und antwortete auf seine Signale.

Unsicher-vermeidendes Bindungsmuster:
- Die Kinder zeigen eine Art Pseudounabhängigkeit von der Mutter. Sie meiden auffällig jeden Kontakt mit ihr und beschäftigen sich fast ausschließlich mit dem im Raum befindlichen Spielzeug.
- Verlässt die Mutter den Raum, lässt das Kind kaum Trennungsleid erkennen, es weint nicht, solange noch jemand bei ihm ist und vermeidet, wenn seine Mutter zurückkommt, ihr gegenüber irgendwelche Gefühle, weder Ablehnung noch Freude, zu zeigen.
- *Das Verhalten der Mutter in den Monaten nach der Geburt*: Die Mutter reagierte, oft aus Angst, ihr Kind

zu verwöhnen, nur unzureichend auf seine Signale oder ging manchmal überhaupt nicht auf den Bindungswunsch ihres Kindes ein; manche Mutter zeigte eine regelrechte Aversion, ihrerseits gefühlvoll auf die Gefühle ihres Kindes einzugehen. Wünsche nach Zärtlichkeit und enger Zuneigung wurden, wenn überhaupt, nur sporadisch und kurz erfüllt.

Unsicher-ambivalentes Bindungsmuster:
- Die Kinder verhalten sich widersprüchlich: Mal klammern sie sich ängstlich an die Mutter, wenn die fremde Person den Raum betritt, ein andermal scheint es ihnen nichts auszumachen.
- Die Kinder wirken, wenn ihre Mutter den Raum verlässt, massiv verunsichert, sie weinen, laufen oder krabbeln zur Tür, wenn sie den Raum verlässt.
- Bei Wiederkehr der Bezugsperson zeigen sie abwechselnd ein anklammerndes oder aggressiv-abweisendes Verhalten.
- Die Kinder sind hyperaufmerksam, sie verfolgen jede Bewegung der Mutter, ob sie ein Zeichen für eine Trennungsabsicht verrät. Sie scheinen in einer neuen Umgebung ständig Angst davor zu haben, die Bindungsperson zu verlieren.
- *Verhalten der Mutter in den Monaten nach der Geburt*: Die Mutter geht auf den Wunsch des Kindes nach Bindung von Situation zu Situation ganz unterschiedlich ein, oft beantwortet sie die Gesten des Kindes übertrieben theatralisch, dramatisch, dann wieder reagiert sie eher kühl und distanziert. Ihr Verhalten ist also widersprüchlich und ambivalent, und vor allem: es ist für das Kind unvorhersehbar.

Was die Auswirkungen der unterschiedlichen Bindungsmuster betrifft, ergibt sich folgendes Bild:

Sicher gebundene Kinder reagieren mit Zuversicht und Hoffnung, dass sie ihr Leben erfolgreich bestehen können. Sie zeigen Vertrauen in sich selbst, glauben fest daran, auch erreichen zu können, was sie sich vornehmen. Die nächsten Bezugspersonen, in den meisten Fällen ihre Eltern, empfinden sie als »sicheren Hafen«, von dem aus sie selbstbewusst ihren Weg ins Leben beschreiten können. Die sichere Bindung dient ihnen zudem in belastenden Situationen als *Schutzfaktor*. Die Kinder sind mit zunehmendem Alter in der Lage, sich, wenn nötig, auch einmal Hilfe von außen zu holen, sie zeigen Mut und Neugierde, Beziehungen auch zu anderen Kindern einzugehen, zeigen Empathie, d. h. sie können sich in andere einfühlen und Rückschläge und Enttäuschungen gut bewältigen.

Kinder mit einer unsicher vermeidenden Bindung haben die Erfahrung gemacht, ihre Gefühle nur wenig gespiegelt zu bekommen, denn ihre nächsten Bezugspersonen waren eher distanziert und gefühlsabweisend. Sie entwickeln deswegen kaum oder gar keine Zuversicht, dass ihnen mit emotionaler Wärme begegnet wird oder man ihnen Hilfe zukommen lässt, wenn sie sie brauchen. Dadurch wirken sie häufig distanziert und haben später Schwierigkeiten, in ihren Beziehungen Gefühle zu zeigen oder sie zuzugeben. Andererseits sind sie in der Schule und in ihrer Ausbildungszeit oft ausgesprochen selbstständig, wissen, was sie wollen, und versuchen, mit den anstehenden Aufgaben allein fertig zu werden.

Kinder mit einer unsicher-ambivalenten Bindung haben die Erfahrung gemacht, emotional oft übertrieben und manchmal übergriffig angenommen, dann aber wieder abgewiesen worden zu sein, ohne dass sie dafür bei der Bezugsperson Gründe ausmachen konnten. In der Folge sind sie sich unsicher, ob ihre Eltern gerade ansprechbar sind, vor allem aber wissen sie nicht, wie sie auf ihre Suche nach Nähe und Unterstützung reagieren werden. Weil sie ihren Bezugspersonen diesbezüglich nie wirklich über den Weg trauen, sind sie erkennbar anfällig für Trennungsängste und zeigen sich oft übervorsichtig bei der Erkundung der Welt. Derart unsicher gebundene Kinder lassen später schnell Anzeichen von Hilflosigkeit und Rückzug bei der Bewältigung von Aufgaben erkennen. Auf der anderen Seite werden sie als Kinder beschrieben, die in der Schule oft übermäßige Aufmerksamkeit auf sich ziehen wollen, die oft angespannt, impulsiv und leicht frustrierbar wirken oder passiv und hilflos. Ihre Unsicherheit und Ambivalenz zeigt sich, worauf wir noch zurückkommen werden, auch beim Erwachsenwerden.

Schon der Übersicht zu den drei unterschiedlichen Bindungsmustern konnten wir entnehmen, dass es als Voraussetzung für eine »sichere Bindung«, in der sich das Kind von seinen Eltern aufgehoben und sicher fühlt, besonders einer *beidseitig* zugewandten Beziehung von Kind und Bezugsperson bedarf. Man könnte dies auch als ein *Resonanzverhältnis* beschreiben, das von beiden Seiten aktiv zum Klingen gebracht wird. Mary Ainsworth beschrieb dieses Verhalten in ihrem Konzept der »Feinfühligkeit«. Solcherart Feinfühligkeit spielt für sie, erforscht durch Interviews, Hausbesuche und Fragebögen, die bedeutendste Rolle im Bindungsgeschehen. Bis heute haben Bindungsforscher in aller Welt vor allem über Videomitschnitte von Eltern-Kind-Interaktion dokumentiert, wie wichtig Feinfühligkeit ist und wie sie sich entwickelt: Feinfühligkeit drückt sich kurz nach der Geburt und in den folgenden Monaten über Berührung, Blickkontakt, Gesten, Gesichtsausdruck und mit zunehmendem Alter des Kleinkindes natürlich auch über die Sprache aus. Sie sorgt für eine sichere Bindung und ermöglicht auch die spätere »Beziehungskompetenz« des

Kindes und Jugendlichen. Für gelingendes Erwachsenwerden stellt ihre Erfahrung als Kind einen wichtigen Baustein dar.[4]

Letzteres, nämlich ein Verhalten, das auf *Anerkennung des Gegenübers* und seiner Handlungsabsichten beruht, spielt im Prozess des Heranwachsens, in der Pubertät und dann auch beim Erwachsenwerden eine besonders bedeutende Rolle, weswegen ich es im folgenden Abschnitt noch einmal gesondert unter die Lupe nehmen will.

Bindung, Selbstwirksamkeit und Anerkennung

Wie hängen das Fürsorgeverhalten der Eltern und das sichere Gefühl des Kindes, zu erreichen, was es möchte – Psychologen sprechen hier vom Konzept der »Selbstwirksamkeit« – miteinander zusammen? Und was bedeutet dieser Prozess für das existenzielle Bedürfnis, vom Anderen anerkannt zu werden? Wir betrachten diesen Sachverhalt noch einmal genauer, da beim gelingenden Erwachsenwerden, beginnend mit der Pubertät, das Gefühl, in seiner ganz eigenen Art *bedingungslos* anerkannt und entsprechend für sein Handeln respektiert zu werden, eine zentrale Rolle spielt. Solcherlei bedingungslose Anerkennung, das sei an dieser Stelle vorab betont, hat nichts damit zu tun, jederzeit den Willen eines Kindes zu akzeptieren. Es geht vielmehr darum, dass sich das Kind auch bei Zurückweisung zunächst als das Kind, das es ist, akzeptiert fühlt und insofern die Zurückweisung auf eine bestimmte Handlung von sich bezieht und nicht auf sich als ganze Person. Letzteres kann, besonders, wenn es noch klein ist, ein vernichtendes Gefühl bei ihm auslösen.

Wie schon erwähnt, kommt es bereits kurz nach der Geburt zu einem intensiven Austauschprozess zwischen dem Säugling und seinen nächsten Bezugspersonen. Dieser Prozess setzt sich über die kommenden Jahre hinweg fort. Dabei sucht das Kind mit seinen Aktionen immer wieder nicht nur die Nähe von Mutter und Vater, sondern registriert auch, wie diese auf seine Absichten reagieren: indem sie ihm zum Beispiel, wenn es seine Arme ausstreckt, einen Ball zuwerfen oder, wenn es Anzeichen von Angst zeigt, sich ihm zuwenden und es trösten. Beim Gegenüber auf solcherart Resonanz zu stoßen – diese Absicht bzw. Hoffnung haben natürlich nicht nur Kinder. Auch als Erwachsene wünschen wir uns, dass unsere Handlungsabsichten beim anderen etwas bewirken und entsprechend erwidert werden.

Natürlich machen wir Erwachsenen dabei die Erfahrung, dass dies keinesfalls immer der Fall ist, und sind deswegen auch manchmal entsprechend enttäuscht. Aber wir können uns mit unserem persönlichen Erfahrungshintergrund über die Gründe klarwerden, die dazu geführt haben, mit unserer

Handlung »abgewiesen« worden zu sein. Vielleicht war der andere ja gerade zu sehr mit sich selbst beschäftigt und verstand nicht, was wir von ihm wollten, vielleicht hatte er nur schlechte Laune und wollte nicht gestört werden, usw.

Kinder, insbesondere kleine Kinder aber können das Verhalten ihrer Bezugsperson aufgrund mangelnder Erfahrung häufig noch nicht genau einschätzen. Machen sie nun immer wieder, besonders in den ersten fünf Jahren, die Erfahrung, dass sie beim anderen nicht ankommen, verlieren sie nach und nach das Vertrauen in sich selbst, etwas bewirken zu können, und ziehen sich entweder resigniert zurück oder versuchen auf aggressive Weise, Aufmerksamkeit zu bekommen. Ein solcher »Griff ins Leere«[6] lässt sie oft unsicher und mit einem Gefühl von Machtlosigkeit zurück. Er hindert sie im späteren Leben daran, von sich aus die Initiative zu ergreifen. Sie haben Schwierigkeiten, auf andere zuzugehen, sich ihnen gegenüber durchzusetzen, Probleme selbstständig zu lösen und ihr Leben insgesamt eigenständig zu organisieren.

Eng mit diesem Gefühl, mit seinen Handlungsabsichten zum anderen nicht durchzudringen, ist also das Gefühl, nicht anerkannt zu werden. Das Gefühl, insgesamt nicht anerkannt zu sein, entsteht in der frühen Kindheit dann, wenn das Kind wiederholt dafür abgelehnt wird, dass es so ist, wie es ist.

Kein Kind kommt genau so auf die Welt, wie es sich seine Eltern vorgestellt und manchmal auch gewünscht haben. Noch sind wir – zum Glück – nicht so weit, uns maßgeschneiderte Babys zuzulegen. So gibt es eher ängstliche Kinder, draufgängerische, leise, laute, dicke, dünne, schöne, weniger schöne, zärtliche, manchmal störrische, offene und schüchterne Kinder, und immer mischen sich Anlagen mit elterlichem Erziehungsstil und sozialen Umwelteinflüssen, wobei es müßig ist, darüber zu spekulieren, was mehr ins Gewicht fällt, das eine oder das andere. Entscheidend ist aber, dass wir sie zunächst so anerkennen, *wie sie sind*. Was nicht heißt, dass wir sie einfach so hinnehmen mit allem, was sie gerade tun. Wichtig ist nur, dass sich das Kind, *bevor wir erzieherisch eingreifen*, so, wie es ist, akzeptiert fühlt. Dass es, wenn wir es maßregeln, zwischen dem konkreten Verhalten, das wir missbilligen, und seiner ganzen Person, die nach wie vor anerkannt, akzeptiert und geliebt wird, unterscheiden kann. Es gibt – besonders für das kleine Kind – keine schlimmere Erfahrung, als dafür abgelehnt zu werden, wie es ist – für das Kind fühlt es sich an wie ein kleiner psychischer Tod. Kinder, die diese Erfahrung immer wieder machen, fühlen sich in ihrer Haut buchstäblich nicht mehr wohl und entwickeln mit zunehmendem Alter ernsthafte psychische Probleme.

Eng mit dem Akt der Annahme oder des Respekts für die Integrität eines Kindes ist der Akt der *Zurückweisung* verknüpft. Während des Heranwachsens und im Laufe des Lebens überhaupt wird es viele Situationen geben, in denen wir uns zurückgewiesen fühlen, weil es ganz einfach nicht möglich ist, eine Beziehung zu haben, in der die Bedürfnisse aller beteiligten Personen jederzeit erfüllt werden können. Das ist im Übrigen auch nicht wünschenswert, denn selbst, wenn wir oft nach Harmonie streben, sind doch Unterschiedlichkeit und Konflikte die Triebkräfte, die Dynamik und Entwicklung in die verschiedenen Gemeinschaften einbringen, die wir bilden.

Aber halten wir uns trotzdem kurz damit auf, wie sich das Muster herausbildet, bei dem aus Zurückweisung das Gefühl existenzieller Bedrohung entsteht, auch weil es im Prozess des Erwachsenwerdens später eine große Rolle spielt – und im Übrigen bei uns Eltern auch, wie nämlich wir selbst auf Zurückweisung, zum Beispiel durch unsere Kinder(!), reagieren.

Erlebt ein Kind Zurückweisung, fühlt es sich zunächst oft nicht verstanden, ist enttäuscht oder erlebt dabei inneren Schmerz, der sich in seinem Gehirn übrigens an genau derselben Stelle abspielt, wie beim Hinzufügen äußerer Schmerzen. Wobei sich Zurückweisung nicht immer vermeiden lässt und zu einer gesunden Entwicklung des Kindes durchaus dazugehört. Die Erfahrung, nicht alles zu erreichen, was man im Augenblick will, nicht immer die Aufmerksamkeit der anderen auf sich ziehen zu können, ist nicht nur unausweichlich, sondern für den weiteren Lebensweg auch nützlich. Sie führt nämlich auch dazu, sich in den anderen hineinzuversetzen und *seine* Gefühlslage zu befragen, warum er so handelt, und dies auch zu akzeptieren. Vielleicht war er nur schlecht gelaunt oder von etwas anderem abgelenkt, vielleicht hatte er Kummer oder war krank. Es ist also gar nicht die Zurückweisung an sich, die diese Erfahrung sowohl für Kinder wie später auch für Erwachsene existenziell so bedrohlich werden lässt, sondern die Art und Weise, wie die Umgebung gegenüber dem spontanen Schmerz des Kindes reagiert, wenn es sich zurückgewiesen fühlt.

Entscheidend ist, dass man die schmerzhafte Reaktion zunächst anerkennt und das Kind darin ernst nimmt. Das heißt nicht, dass das Kind danach bekommt, was es will. Sondern dass seine aus der Zurückweisung resultierenden Schmerzen und seine Traurigkeit anerkannt und angenommen werden. Dass ihm gesagt und bedeutet wird: »Ich verstehe dich, dass du so und so reagierst, ich würde es wahrscheinlich ebenso tun wie du jetzt und habe Mitleid mit dir. Also warten wir erst einmal ab, bis du nicht mehr traurig oder wütend bist, wozu du ein Recht hast, und sprechen dann noch einmal darüber.« Auch hier geht es nicht darum, am Ende nachzugeben, sondern dass sich das Kind mit seiner Reaktion zunächst einmal nur *verstanden*, d. h. akzeptiert fühlt.

Kinder sind soziale Wesen:
Das angeborene Mitgefühl

Am Anfang dieses Kapitels habe ich davon gesprochen, dass Kinder im Gegensatz zu früheren Auffassungen als soziale Wesen auf die Welt kommen. Ich will diesen Gedanken zum Schluss dieses Kapitels noch einmal aufnehmen und es dann mit einem berühmten Beispiel aus der Welt der Literatur zu Ende führen.

Bis weit in die 70er Jahre des letzten Jahrhunderts überwog die Vorstellung, dass das Kind quasi als »asoziales« Wesen auf die Welt kommt. So gingen die damals vorherrschenden Vorstellungen der freudschen Psychoanalyse davon aus, dass das Kind bei seiner Geburt mehr oder weniger triebgesteuert agiert und es der besonderen Initiative seiner Bezugspersonen bedürfe, es gleichsam »sozialverträglich« zu machen. In die gleiche Richtung führte auch ein anderer entwicklungspsychologischer Ansatz, dass das Kind quasi als »tabula rasa«, als unbeschriebenes Blatt, sein Leben beginnt, und man es mithilfe von Lob und Tadel auf den für es richtigen Weg bringen müsste. Beide Ansätze gelten heute als wissenschaftlich überholt.

Tatsächlich kommt das Kind nicht nur mit dem angeborenen Bedürfnis nach Bindung auf die Welt, sondern auch als ein hochkompetentes Wesen, das, wie wir gesehen haben, diesen Bindungsprozess zunehmend entscheidend mitorganisiert. Dabei inszeniert es sein soziales Handeln aber nicht nur als wirksam, sondern auch als *wertvoll*, indem es beabsichtigt, über sein Verhalten eine *positive* Resonanz beim Gegenüber zu erzeugen: »Mutter mag mich gerne, deswegen geht sie auf mich ein.« Dazu muss das Kind schon früh lernen, sich selbst auch in eine andere Person und ihre Stimmungslage hinein zu fühlen, was schon Säuglinge erwiesenermaßen früh können. Bereits nach einigen Monaten erkennen sie an Gestik und Mimik von Mutter der Vater oder eines Geschwisters, ob die Lage für sie günstig ist, vom anderen etwas zu wollen oder ob es besser ist, damit noch ein wenig abzuwarten. Dabei beschränkt sich ihr Einfühlungsvermögen keinesfalls nur darauf, aus den daraus gewonnenen Erkenntnissen für sich einen Nutzen zu ziehen. Tatsächlich lernen auch schon sehr kleine Kinder zu *verstehen*, was in einem anderen gerade vorgeht, d. h., auch sie können sich in die Stimmungslage eines anderen, wenn man so will, *fürsorglich einfühlen.*

So bietet schon ein Zweijähriger seiner Mutter spontan seinen Teddy an, wenn sie traurig ist. Auch Kinder in einer Krabbelgruppe, aber erst recht die im Kindergartenalter, versuchen oft spontan, einem anderen, dem es gerade nicht so gut geht, zu helfen oder ihn zu trösten. Solches Einfühlungsvermögen zeigen kleine Kinder aber nicht nur dann, wenn es einem anderen vor ihren Augen offensichtlich schlechtgeht. Sie zeigen es auch, wenn es um sie ungerecht zugeht. Wird zum Beispiel eine Süßigkeit ungerecht verteilt, geben kleine Kinder gerne von sich aus dem anderen etwas ab, wie jede Erzieherin weiß.

Bereits bei 18 Monate alten Babys führt solches »Mitfühlen« dazu, jemand anderem zu helfen, wie Studien des Max-Planck-Instituts in Leipzig zeigten.[7] Bei einem Versuch beobachteten die Kleinen einen ihnen unbekannten Erwachsenen, dem es partout nicht gelang, einen Schrank zu öffnen, weil er keine Hand frei hatte. Die Kleinen liefen oder krabbelten herbei und versuchten tatsächlich, ihm behilflich zu sein, ohne dass man sie dazu aufforderte. Mit drei Jahren können Kinder darüber hinaus bereits darüber entscheiden, ob jemand ihre Hilfe »verdient« hat. So ließen sie einem Erwachsenen keine Hilfe zukommen, wenn sie beobachtet hatten, dass dieser zuvor einer anderen Person geschadet hatte oder auch nur den Versuch dazu unternommen hatte.

Ein spektakuläres Experiment an der Yale University in den USA ergab sogar, dass schon Babys ab dem sechsten Monat (!) »moralische« Urteile fällen können und in der Lage sind, sich in einen Sachverhalt hineinzuversetzen, der diese Fähigkeit von ihnen verlangt. So wurde Babys zwischen sechs und zehn Monaten wiederholt ein Puppenspiel gezeigt. Ein roter Ball versucht darin, einen Hügel zu erklimmen und wird dabei zuweilen von einem »lieben« gelben Dreieck unterstützt, das ihm hilft, indem es ihn von hinten anschiebt. Abwechselnd dazu wird der rote Ball aber immer wieder von einem »bösen« blauen Quadrat den Berg heruntergeschubst. Nach sechs Durchläufen wurden den Babys verschiedenfarbige Spielzeuge hingelegt, woraufhin sie eines auswählten. Eine überwältigende Mehrheit (etwa 80 Prozent) wählte ein gelbes Spielzeug– die Farbe der hilfreichen Figur![8]

In diesem Zusammenhang sollte uns bedenklich stimmen, dass viele Kinder ab dem Schulalter häufig von ihrer empathischen, mitfühlenden Art lassen. Denn wir Erwachsenen und die von uns geschaffenen Institutionen wie die Schule sind häufig nicht die besten Vorbilder, wenn es darum geht, den Kindern eine Welt zu zeigen, die von Mitgefühl und Anteilnahme geprägt ist.

Ein »Klassiker«, in dem es ebenfalls um die »soziale Kompetenz« eines Kindes geht, um Bindung, Liebe und Mitgefühl, und der es wohl durch die anrührend fürsorgliche Art seines Protagonisten zu Weltruhm brachte, ist zweifellos die Geschichte vom »kleinen Prinzen«, die der belgische Schriftsteller Antoine de Saint-Exupéry 1943, kurz vor Ende des 2. Weltkriegs, veröffentlichte, als sich langsam herausstellte, wozu Erwachsene offensichtlich fähig sind.[9]

Die Geschichte vom »kleinen Prinzen«

Spricht man heute von einem »kleinen Prinzen« und meint damit ein Kind oder einen Jugendlichen, denken die meisten von uns spontan an ein verwöhntes Gör, dem von seinen Eltern alles hinterhergetragen wird. Man denkt an ein Kind, das Mutter und Vater befiehlt, was sie zu tun haben, und einen Schreianfall bekommt, wenn es nicht sofort das kriegt, was es will. Dabei ist der kleine Prinz in der gleichnamigen Erzählung von Antoine de Saint-Exupéry das genaue Gegenteil eines solch gruseligen Tyrannen. Sein überaus freundliches Wesen bezaubert als literarische Fiktion bis heute viele Erwachsene. Vielleicht weil er uns, im Gegensatz zu einschlägigen Elternratgebern, mehr darüber verrät, aus welchem Stoff unsere Kinder wirklich sind, wenn sie auf die Welt kommen und man sie entsprechend gastfreundlich behandelt.

Auch diese Geschichte beginnt mit einem Paukenschlag: »Alle großen Leute sind einmal Kinder gewesen (aber nur wenige erinnern sich daran)«, heißt es zu Beginn des Buches.[10] Der Erzähler meint damit, dass derartige Erinnerungslücken wohl damit zu tun haben, was aus ihnen als Erwachsene später einmal wurde. Sich nicht an seine Kindheit zu erinnern, hat eben viel damit zu tun, dass die Erwachsenen, wie wir sie in der Geschichte vom kleinen Prinzen näher kennenlernen, alles vergessen haben, was das Empfinden und Denken von Kindern ausmacht: ihr Zugewandtsein zur Welt, ihre Freundlichkeit, Kreativität, Empathie, ihre Liebe und Aufopferungsbereitschaft. Es geht dem Erzähler nicht nur um die Beschwörung »unschuldiger Kindheit«, nicht nur darum, die Kindheit zu mythologisieren und sie als »goldenes Zeitalter« hinzustellen, genau wie wir Erwachsene es so gerne tun, wenn wir uns im »Modus des Verlusts«[11] an sie zurückerinnern und oft im

Nachhinein verklären. Hätte der Autor des »kleinen Prinzen« die Geschichte dermaßen verklärend erzählt, hätte sein Buch sicherlich nicht den Weltruhm erlangt, den es bis heute besitzt. Es geht darin eben nicht nur darum, den Erwachsenen den Spiegel vorzuhalten. Vielmehr hat das Buch in seinem Kern damit zu tun, wie wir eine authentische Beziehung zum anderen herstellen können und dieser zu uns. Mit anderen Worten, auch in dieser Erzählung geht es um *Bindung,* genauer darum, wie Empathie, Liebe und Verantwortung *aus der Beziehung zu einem anderen* heraus zustande kommen.

Auch dieses Buch hat wie im Falle von »Peter Pan« unzählige Theaterstücke, Musicals und Verfilmungen[12] nach sich gezogen, bei denen das Augenmerk – publikumswirksam – immer wieder auf das reizende unschuldige Wesen des kleinen Prinzen gelegt wurde. Übersehen wird dabei, dass diese Geschichte, die Reise des kleinen Prinzen von seinem Planeten mit den vielen Zwischenstationen auf die Erde, den Übergang von der Kindheit hin zum Erwachsenwerden beschreibt. Und so besitzt auch diese Erzählung einen Subtext, der viel mit dem Thema unseres Buches zu tun hat und den wir uns im Folgenden etwas genauer ansehen wollen.

Ähnlich wie in der Geschichte von Peter Pan kommen auch hier die Erwachsenen zunächst nicht besonders gut weg: »Ich bin viel mit Erwachsenen umgegangen«, so der Icherzähler schon ganz am Anfang des Buches, »und habe Gelegenheit gehabt, sie ganz aus der Nähe zu betrachten. Das hat meiner Meinung über sie nicht besonders gut getan.«[13] Und er schließt keineswegs aus, im Laufe seines Lebens selbst so wie diese geworden zu sein: »Ich gleiche doch wohl schon eher den großen Leuten. Ich musste ja im Laufe der Zeit älter werden«.[14] Womit er uns »Älterwerden« als keine besonders gute Eigenschaft vorstellt, sondern eher resigniert feststellt, dass mit dem Erreichen dieses Stadiums einiges gelaufen ist – und dies nicht zum Besten.

Wozu solches »Älterwerden« führen kann, zeigen uns dann auch die Erwachsenen, denen der kleine Prinz exemplarisch auf den verschiedenen Planeten begegnet, die er einem nach dem anderen besucht, bevor er auf der Erde landet. Es geht ihnen allein um Macht, um Bewunderung und materiellen Reichtum.

Hinzu kommt, dass ihnen der kleine Prinz kein echtes Gegenüber ist und er ihnen nur als Stichwortgeber dienen soll, dass sie, mit einem Wort, völlig beziehungsunfähig, man könnte auch sagen, *bindungsunfähig* sind.

Und so findet der »kleine Prinz« denn die erwachsenen Bewohner der Planeten, denen er auf seiner Reise zur Erde begegnet, »sehr sonderbar« oder »ungewöhnlich«[15] – bis auf einen, nämlich den Laternenanzünder, der zwar vollkommen zwanghaft seiner Arbeit nachgeht, dessen Tätigkeit jedoch wenigstens einen Sinn macht, indem sie anderen nützt. Entsprechend mild fällt das Urteil des kleinen Prinzen aus: »Er ist der einzige, den ich nicht lächerlich finde. Das kommt vielleicht daher, weil er sich mit anderen Dingen beschäftigt statt mit sich selbst.«[16]

Insgesamt jedoch bleibt das Urteil über die Erwachsenen aus Sicht des kleinen Prinzen, der »über die ernsthaften Dinge völlig anders als die großen Leute dachte«[17], vernichtend: Ihr Tun ist egoistisch und lächerlich, sie leben in einer von ihnen selbst geschaffenen Scheinwelt, sind ohne Erinnerungen und haben vergessen, worauf es im Leben wirklich ankommt. Und dies gelte keinesfalls nur für die, die der kleine Prinz unterwegs getroffen hat, sondern für nahezu alle Menschen.[18] In ihrer Mehrheit seien sie sich alle gleich, egozentrisch, gewalttätig, wurzellos, sie hätten nie Zeit und keine Freunde.

Im Gegensatz zu der so beschriebenen übergroßen Mehrheit der Erwachsenen aber vereint der kleine Prinz – ganz im

Gegensatz zum Peter Pan – genau jene Eigenschaften in sich, die den Erwachsenen bei ihrem Älterwerden nach Ansicht des Autors später so sehr abhandengekommen sind, nämlich für sich und andere Verantwortung zu übernehmen. Schon auf seinem eigenen Planeten war beim kleinen Prinzen diese Fähigkeit auf eine kindliche Art vorhanden, als er sich rührend um seine Vulkane, besonders aber um seine Pflanze kümmerte. Und dennoch musste er erst noch seine lange Reise zur Erde antreten, also erwachsen werden, um zu verstehen, worin Liebe und Verantwortung sich vom Egoismus unterscheiden: Der kleine Prinz lernt, worauf es beim Erwachsenwerden wirklich ankommt.

Was dies betrifft, kommt seiner Begegnung mit einem Fuchs die Schlüsselrolle zu, in der es vor allem darum geht, wie sich zwischen Menschen das herstellt, was die Beziehungsforscher »Bindung« nennen: »Wenn du einen Freund haben willst, zähme mich«, sagt der Fuchs zum kleinen Prinzen und erklärt ihm, was er damit meint: »Zähmen, das ist eine in Vergessenheit geratene Sache [...] Es bedeutet, sich vertraut machen.«[19] Außerdem sagt der Fuchs: »Noch bist du für mich nichts als ein kleiner Junge, der hunderttausend kleinen Jungen gleicht. Ich brauche dich nicht, und du brauchst mich ebenso wenig. Ich bin für dich nur ein Fuchs, der hunderttausend Füchsen gleicht. Aber wenn du mich zähmst, werden wir einander brauchen. Du wirst für mich einzig sein in der Welt. Ich werde für dich einzig sein in der Welt ...«[20] – »Ich beginne zu verstehen«, sagt der kleine Prinz. »Es gibt eine Blume, ... ich glaube, sie hat mich gezähmt.«[21] Hier spricht der kleine Prinz die Beziehung zu seiner Blume an, um die er sich während seiner langen Reise, die ein Jahr andauert, immer wieder sorgt. Eine Blume, die ihn »gezähmt hat«, mit anderen Worten, die ihn sich vertraut gemacht hat, um mit ihm eine einzigartige Bindung eingehen zu können. Er deutet damit an, woraus das

Verantwortungsgefühl für einen anderen resultiert, weil solcherart Zuwendung nicht nur Vertrauen in den anderen und darüber hinaus eine gegenseitige Vertrautheit schafft, sondern ebenso bedeutet, sich für den anderen auch *verantwortlich* zu fühlen. Der Fuchs sagt es ihm direkt: »Du bist zeitlebens für das verantwortlich, was du dir vertraut gemacht hast.«[22]

Der kleine Prinz beginnt durch dieses Gespräch langsam zu verstehen, dass sich eine empathische Beziehung zum anderen nur darüber entwickeln kann, dass man sich gegenseitig »vertraut« macht, dass sich die Menschen überhaupt nur durch ihre Beziehung zu anderen Menschen voneinander unterscheiden. Nur die Beziehung zu jemand anderem macht unsere Einzigartigkeit aus, denn dadurch, dass wir uns den anderen »vertraut machen«, nimmt er für uns Gestalt an, wird Subjekt statt einfach nur Objekt, wird einzigartig und unverwechselbar. Solches Vertrauen in den anderen ist denn auch die Voraussetzung, Liebe zu empfangen: »... wenn du mich zähmst«, sagt der Fuchs zum kleinen Prinzen, »wird mein Leben wie durchsonnt sein. Ich werde den Klang deines Schrittes kennen, der sich von allen anderen unterscheidet«.[23] Und der kleine Prinz versteht, was ihn die Begegnung mit dem Fuchs alles lehrt und was sie auch mit der Beziehung zu seiner Rose zu tun hat, für die er bereits als Kind Verantwortung übernahm, indem er versuchte, sie zu schützen. Zu Beginn seiner Reise hatte er noch nicht gewusst, dass sie ihn liebte und er sich deswegen so rührend um sie kümmerte – und er sie auch liebte, auf seine kindliche Art. Am Ende der Geschichte nimmt er dann, erwachsen geworden, sein Leben in Kauf, um zu ihr zurückzukehren – aus Liebe *und* Verantwortungsgefühl.

Die Voraussetzung für eine echte, verantwortungsvolle und dauerhafte Beziehung zu einem anderen ist also die Schaffung einer uneigennützigen und empathischen Bindung, die nur dann zustande kommen kann, wenn man sich in der

Beziehung zum anderen nicht nur von Äußerlichkeiten und den eigenen Absichten leiten lässt, sondern seinen unmittelbaren Gefühlen vertraut: »Man sieht nur mit dem Herzen gut. Das Wesentliche ist für die Augen unsichtbar.«[24]

Daran, dass sich eine solch empathische Sicht der Dinge im Erwachsenenleben aufrechterhalten lässt, äußert der Erzähler der Geschichte selbst eher Zweifel. »Nur Kinder drücken ihre Nasen gegen die Fensterscheiben«[25], heißt es an anderer Stelle der Geschichte. Mit anderen Worten: Nur Kinder sind offen für das Neue und Unbekannte. Das betrifft auch die Treue: »Nur die Kinder wissen, wohin sie wollen. [...] Sie wenden ihre Zeit an eine Puppe aus Stoff-Fetzen, und die Puppe wird ihnen sehr wertvoll, und wenn man sie ihnen wegnimmt, weinen sie.«

Mit dem kleinen Prinzen erleben wir also *eine Gegenfigur* zu Peter Pan. Wir erleben auch ein Kind, das uns Erwachsenen den Spiegel vor Augen hält, indem es uns zeigt, was wir waren, *bevor* wir älter und Erwachsene wurden. Keine Vögel, wie in der Geschichte von James M. Barrie, die nach Lust und Laune in der Luft herumschwirren, sondern bereits verantwortungsvolle Wesen mit der Fähigkeit, den anderen zu sehen, ihn zu verstehen und zu lieben.

Am Ende der Geschichte geht es, genau wie in der Geschichte von Peter Pan, für den Erzähler der Geschichte und den kleinen Prinzen darum, wieder nach Hause zu fliegen. Der Pilot, dem der kleine Prinz nach einer Notlandung mit dem Flugzeug in der Wüste begegnet ist, hat seine Maschine repariert und der kleine Prinz freut sich mit ihm, dass er nun wieder nach Hause kommt.[26] Auch er werde jetzt wieder auf seinen Planeten zurückkehren, und er fügt, fast schwermütig, hinzu: »Das ist viel weiter [...] Das ist viel schwieriger [...]« Er will auch nach Hause, vor allem aber zu seiner Blume, die er liebt und für die er Verantwortung trägt.

7. Pubertät: Auf der Suche nach sich selbst

»Ich war der Vogel Albatros. Selten mit den Füßen am Boden.
Viel öfter da oben. Es war die Zeit, als alles begann, anders zu werden.
Es war die Zeit, als mir meine Kindheit abhandenkam.
Und ich wusste nicht, was kommen sollte.«[1]

Ein Gespenst geht um in deutschen Wohnstuben und anderswo. Es ist das Gespenst der Pubertät. Kinder – oder besser: *Monster* –, die jetzt anfangen, völlig auszuticken, junge Menschen, die halt- und willenlos in erste sexuelle Eskapaden eintauchen, Halbirre, zu allem fähig, aber zu nichts nutze.

So viel Aufhebens wurde nicht immer um diese Lebensphase gemacht. Noch vor 50 Jahren bestand das Hauptproblem für Eltern pubertierender Kinder mehr oder weniger darin, ihren fortpflanzungsfähigen Nachwuchs jetzt irgendwie darüber aufklären zu müssen, woher die Kinder kommen und wie man sie macht – um Schlimmeres zu verhindern. Der Rest wurde mit strengen Auflagen, Drohungen und schlimmstenfalls Strafen geregelt. Als sich in den 1970er Jahren aber anfingen, Sitten und Moralvorstellungen zu lockern und das Gehorsamsprogramm nicht mehr zog, ist für manche das vielzitierte Chaos in die Kinderzimmer eingekehrt. Und Verlage wie Zeitschriften kamen auf die Idee, dass man damit Eltern, deren Kinder in die Pubertät kommen, gehörig Angst einjagen und mit der Furcht vor dem heraufziehenden Chaos viel Geld verdienen kann. Der mediale Hype um die Pubertät nahm seinen Anfang und hält bis heute ungebrochen an.

»Irgendwann«, so lesen wir 2016 im Ankündigungstext des kurzen Romans und Bestsellers von Jan Weiler mit dem bezeichnenden Titel »Das Pubertier«, »mutieren die Kinder in rasender Geschwindigkeit von fröhlichen, neugierigen und nett anzuschauenden Mädchen und Jungen zu muffeligen, maulfaulen und hysterischen ›Pubertieren‹. Aus rosigen Kindergesichtern werden Pickelplantagen. Nasen, Beine und Hinterteile wachsen in beängstigendem Tempo. Stimmen klingen wie verstimmte Dudelsäcke, aber die Kommunikation scheint ohnehin phasenweise unmöglich, denn das Hirn ist wegen Umbaus vorübergehend geschlossen.«[2]

Noch drastischer als dieser Tiervergleich klingt das im Begleittext zum Ratgeber von Helmut Schüman »Der Pubertist. Überlebenshandbuch für Eltern«: »Und letztlich sind sie groß, die lieben Kleinen, und der Pubertist ist geboren. Es beginnt eine schaurige Zeit – für die Eltern. Was macht man, wenn die Kinder alles vergessen, was sie gelernt hatten? Wenn das Pubertistenzimmer nur noch auf Stelzen zu betreten ist, mit Gasmaske und Augen, die nichts mehr schrecken kann? Oder wenn der Sprössling eine Mitpubertistin heimbringt, die Tür schließt und nicht mehr gestört werden möchte? Tief durchatmen und die Nerven bewahren – manchmal hilft Pädagogik, selten Strenge. Fein- und hintersinnige Tricks retten den einen oder anderen Tag, doch meist ist ein gesunder Stoizismus angeraten und die Hoffnung, dass die Hormonattacke des Nachwuchses irgendwann nachlässt.«[3]

Das klingt nicht nur wie Kriegsberichterstattung, das soll sich auch so lesen. Stellen wir uns einmal vor, man würde die aufgezählten Eigenschaften – selbst wie hier mit einem ironisierenden Unterton – einer fremden Ethnie zuschreiben, so, wie es in beiden Zitaten mit Bezug auf Jugendliche geschieht, die in die Pubertät kommen oder sich gerade in ihr befinden. Ohne Strafandrohung ginge das wohl nicht ab …

Ich werde einen anderen Blick auf die Pubertät werfen. Denn die Lebensphase der Pubertät muss für die Eltern und die nähere Umgebung unserer Kinder keinesfalls zum Schreckensszenario werden. Es steht nämlich fest: So gut wie *jede* Pubertät nimmt ein gutes Ende – es gibt *keinerlei* Statistiken oder empirische Nachweise, dass es sich für Kinder und Eltern insgesamt um eine *bedrohliche* Lebensphase mit ungewissem Ausgang handelt, vor der Eltern Angst haben müssen. In den allermeisten Fällen gehen sowohl die Jugendlichen als auch ihre Eltern *gestärkt* aus ihr hervor, und ihre Kinder haben einen großen Schritt in Richtung Selbstständigkeit hinter sich gebracht.

Kontrollverlust und Ängste

Dass die Pubertät für alle Beteiligten stressig sein kann und nicht immer nur Festtagsstimmung verbreitet, räume ich gerne ein. Und dass Elternratgeber, die absichtlich übertreiben und die dramatischen Folgen der Pubertät beschwören, bei den meisten Eltern tatsächlich einen wunden Punkt berühren, auch. Aber um genau welchen wunden Punkt handelt es sich hierbei? Aus meiner Sicht ist der ganze Hype um die Pubertät nur deswegen möglich, weil die Pubertät bei den Eltern auf eine ihrer größten Schwachstellen trifft, nämlich auf ihre Angst vor *Kontrollverlust,* den diese Zeit hinsichtlich ihrer Kinder unweigerlich mit sich bringt. Denn im Gegensatz zu früher, als die Kinder noch jünger und damit auch ein gutes Stück abhängiger von ihren Eltern waren, werden die Jugendlichen in ihrer Pubertätszeit immer selbstständiger und unabhängiger. Und vor allem: Nun bestehen die »Pubertiere« darauf, beides auch ausleben zu dürfen. Nach und nach gehen sie zu ihren Eltern auf *wohlwollende Distanz,* wie ich es nennen würde, auch deshalb, um sich besser von ihnen abgrenzen und um später eigenständiger leben zu können. Denn genau das ist schließlich der Sinn der ganzen pubertären Verwandlung, demnächst auf eigenen Füßen zu stehen, um das Leben allein und auf sich gestellt in Angriff nehmen zu können.

Dass die Eltern einen Kontrollverlust erfahren, hat keineswegs damit zu tun, dass die pubertierenden Kinder völlig »außer Rand und Band« geraten. Eltern können das Verhalten ihrer Kinder lediglich nicht mehr dadurch steuern, dass sie jetzt, wo sich deren Aufenthaltsradius immer mehr erweitert, ständig beobachten können, was sie gerade tun. Alles hängt nun davon ab, wie die Eltern mit diesem *Machtverlust* umgehen: ob sie ihren Kindern zugewandt bleiben und ihnen vertrauen und zutrauen, zunehmend für sich selbst Verantwortung zu übernehmen, oder ob sie sie weiterhin kontrollieren wollen. Gewiss ist nur, dass sie den Kampf, sie weiterhin unter ihrer Kontrolle zu behalten, verlieren werden, denn es ist normal, dass Jugendliche nach Abgrenzung und Selbstständigkeit streben. Die meisten Eltern wissen darum und auch, dass es so gut ist.

Eine solche Lebensphase hatten die Eltern mit ihren Kindern übrigens schon einmal erlebt, nämlich als die noch klein waren und ebenfalls lernen mussten, »Nein« zu sagen. Psychologen erfanden für diesen ersten Versuch, sich vom Willen der Eltern abzugrenzen und das eigene Ich genauer zu erkunden, das etwas abfällige Wort »Trotzphase«. Auch diese Phase wird bis heute häufig, ganz ähnlich wie die Pubertät, überdramatisiert. Der Mechanismus ist derselbe, denn auch hier wird mit der Angst der Eltern gespielt, dass ihnen ihre Kinder völlig *außer Kontrolle* geraten. Und wie immer bei Katastrophenmeldungen aus dem Reich der Erziehung besitzt auch das übertrieben negativ beschriebene Bild der »Trotzphase« einen wahren Kern. Einen »Trotzanfall« ihres Kindes vor den Augen aller anderen im Supermarkt oder vollbesetzten Zugabteil zu erleben ist für die Eltern wahrlich kein Zuckerschlecken! Doch auch dieser Zeitabschnitt der ersten Selbstfindung wird völlig schadlos an Kind und Eltern vorübergehen, und beide werden gestärkt aus ihm hervorgehen, wenn niemand versucht, das Verhalten des Kindes auf Teufel komm raus zum Stillstand zu bringen. Es geht nicht darum, alles zu akzeptieren, was das Kind tut oder nicht tut, sondern darum, ihm sein Verständnis dafür zu zeigen, dass es größer und selbstständiger werden will, statt es, zum Beispiel vor aller Augen, zu entwerten und zu beschämen. Das Kind fordert seine Eltern umgekehrt durch sein Verhalten geradezu heraus, ihm Grenzen zu setzen. Das Kind will den Widerstand der Eltern spüren. Fühlt es sich dabei angenommen und spürt, dass sein Wille, immer selbstständiger zu werden, nicht gebrochen werden soll, dann gelingt ihm ein großer Schritt in Richtung Selbstständigkeit.

Vieles davon erinnert tatsächlich an die Pubertätszeit, in der erstaunlich ähnliche Prozesse in der Beziehung zwischen Kindern und Eltern ablaufen, nur mit dem Unterschied, dass die Kleinen in ihrer »Trotzphase« von uns Eltern buchstäblich besser »in den Griff« zu bekommen waren. Mehr oder weniger völlig abhängig von uns hatten sie, wenn es zum Konflikt kam, kaum Mittel, sich zu wehren. Sie saßen schlichtweg am kürzeren Hebel – und mussten sich, wenn es hart auf hart kam, fügen.

In der Pubertät aber ist das anders. Hier treten uns Jugendliche entgegen, die in materieller Hinsicht zwar immer noch von uns abhängig sind, ansonsten ihr Leben aber durchaus unabhängig von uns gestalten können. Ihr Verstand bewegt sich mehr oder weniger auf unserer Höhe, ihre Beobachtungsgabe ist (auch was das Verhalten ihrer Eltern betrifft!) scharf und ausgeprägt. Entsprechend zugespitzt sprechen sie Wahrheiten aus oder setzen sich argumentativ mit uns auseinan-

156

der. Darüber hinaus verlegen sie ihre Freizeitaktivitäten zunehmend in Gebiete, zu denen Erwachsene und Eltern keinen Zugang mehr haben, was den Eindruck des Kontrollverlusts noch einmal verstärkt.

Gerade die Freizeit bekommt in ihrem Leben auch deshalb ein anderes Gewicht, weil sie sich darin, bevorzugt am Wochenende, endlich frei bewegen können. Zudem sind in dieser Lebensphase weniger die Eltern als die Freundinnen und Freunde angesagt. Sie spielen – manchmal auch als Vorbilder – eine bedeutende Rolle, was vorübergehend ebenfalls zu Spannungen führen kann, wenn es aus den Augen der Eltern »die falschen« sind.

Überhaupt ist den Jugendlichen in diesem Lebensabschnitt, in dem es manche Geheimnisse vor den Eltern zu verbergen gilt, weil es darum geht, ein Gefühl für ein *eigenes Leben* zu entwickeln, nichts so verhasst wie Kontrolle. Die ständig geschlossene Tür, der Rückzug ins eigene Bett, am besten gänzlich unter die Bettdecke, der erschrockene Blick, wenn man »ihr« Zimmer ohne Vorwarnung betritt – eine der größten Sünden, die man in dieser Zeit begehen kann –, legen davon deutlich Zeugnis ab. Und in Zeiten ständiger digitaler Überwachung via Smartphone erklingt den Eltern bei ihren verzweifelten Anrufen, wo sie gerade stecken, häufig eine sanfte Stimme, dass ihr Kind den Anruf gerade nicht annehmen kann.

Kontrollverlust erzeugt also Ängste – und zwar, was häufig übersehen wird, auf *beiden* Seiten.

Da sind zunächst die ganz natürlichen und oft auch berechtigten Sorgen der Eltern, dass ihrem Kind etwas zustoßen könnte, wenn es sich jetzt nach und nach immer selbstständiger auf den Weg macht. Auch wenn die Gefahren dabei häufig überschätzt werden, hier meldet sich einfach ihr *Beschützerinstinkt.* Es das Kind wissen zu lassen, ist keine Sünde, denn

157

es fühlt sich dadurch angenommen und in gewisser Hinsicht auch tatsächlich beschützt. Es merkt, dass sich seine Eltern noch Sorgen um sein Befinden machen – freilich ohne wieder in alte Kontrollmechanismen zu verfallen und Machtansprüche zu stellen. Geht man vorsichtig und zurückhaltend mit seinem »Beschützerinstinkt« um, lernen die Jugendlichen übrigens ganz nebenbei, was es bedeutet, sich einem anderen gegenüber *verantwortlich zu fühlen*. Keine schlechte Erfahrung, wie wir es aus der Geschichte vom »kleinen Prinzen« wissen.

Auf der anderen Seite begleitet auch die Kinder wie bei jedem Aufbruch in ihrer Entwicklung, ob Trotzphase oder Pubertät, die oft unausgesprochene Angst, in Situationen, die neu für sie sind, die Kontrolle über sich selbst zu verlieren. Schreit das kleine Kind aus dieser Furcht, von seinen Gefühlen hinweggerissen zu werden, immer lauter, äußert sich die Angst vor Kontrollverlust bei Jugendlichen eher in vorübergehenden panikartigen Zuständen und Selbstzweifeln. Auch die Angst, beim immer Selbstständigerwerden seine Eltern dabei zu »verlieren« kann hinzutreten, insbesondere, wenn das Band zu ihnen nur locker geknüpft ist. Jedes selbstständige Handeln kann also vorübergehend Ängste heraufbeschwören, wenn es sich auf einem Terrain abspielt, auf dem die Jugendlichen bislang noch keine Erfahrung sammeln konnten. Das gilt für die erste Übernachtung im Landschulheim ebenso wie für ihre ersten sexuellen Erfahrungen sowie für manchen nächtlichen Nachhauseweg, wenn der letzte Bus oder die letzte Bahn verpasst wurde ...

Trost durch Rituale

Die Zeit der unmittelbaren Abhängigkeit von den ersten Bezugspersonen dauert bei den Menschen lange, im Vergleich zu anderen Spezies sogar sehr lange. Natürlich gibt es die Sagen und Erzählungen über sogenannte Wolfskinder, die angeblich allein im Wald aufwuchsen. Das alles sind aber eher Mythen als wahrheitsgetreue Schilderungen. Auf der anderen Seite finden sich autobiografische Schilderungen und Berichte über Kinder in Kriegszeiten, die es tatsächlich schafften, mit etwa sieben oder acht Jahren eine Weile allein und ohne ihre Eltern zu leben, wobei sie aber immer noch auf die vorübergehende Hilfe von Erwachsenen angewiesen blieben. Generell lässt sich sagen, dass ein Kind erst mit etwa zehn oder elf Jahren so selbstständig und unabhängig von seinen Bezugspersonen geworden ist, dass es aus eigener Kraft nicht nur überleben kann, wenn man es an einem Ort ohne größere äußere Gefahren aussetzt, sondern sein Leben auch halbwegs »vernünftig« organisieren.

Nicht von ungefähr fällt dieser Zeitpunkt, sich als Kind auch allein in der Welt durchschlagen zu können, mit dem Eintritt in die Pubertät zusammen. Aber ähnlich, wie wir es schon für den Prozess des Erwachsenwerdens angesprochen haben, hat sich der Zeitpunkt, allein und ohne die Hilfe der Eltern auszukommen, auch für die Pubertierenden immer weiter nach hinten verschoben. So war es im Mittelalter noch selbstverständlich, dass Kinder aus höheren Ständen bereits mit sieben oder acht Jahren einem Ritter zur »Ausbildung« übergeben wurden und für alle anderen ihre Lehrjahre begannen. Mit dreizehn oder vierzehn Jahren folgten dann für die meisten Jugendlichen die »Wanderjahre«, eine Art Initiationsreise auf dem Weg ins Erwachsenwerden, die mit dem Meisterbrief und der anschließenden Gründung einer Familie abgeschlossen wurde. Das Lied »Hänschen klein«, wie es heute noch in fast jeder Kita gesungen wird, zeugt von dieser Zeit und auch, wie sehr die Eltern schon damals unter dem Abschied von ihren Kindern gelitten haben: »Aber Mutter weinet sehr, hat ja nun kein Hänschen mehr ...«. Und auch das »Hänschen« wird nicht nur »wohlgemut« in die Welt hinausgestapft sein, auch dieser Jugendliche wird sich dann und wann in der Fremde nach seinem Zuhause gesehnt haben, bevor er sich, wie in dieser Zeit üblich, in relativ kurzer Zeit ein eigenes schaffte. Jeder Aufbruch bedeutet eben auch einen Verlust – und zwar für alle Beteiligten!

Heutzutage werden unsere Kinder mit vierzehn Jahren nicht mehr vor die Tür gesetzt. Einem siebenjährigen Kind so etwas anzutun käme einem Straftatbestand gleich. Initiationsrituale, die vom Abschied von der Kindheit und Übergang ins Erwachsenenalter zeugen, haben sich aber erhalten: Religiöse Feste wie Konfirmation, Firmung, Bar-Mizwa, aber auch weltliche Feiern wie seinerzeit die Jugendweihe. Die damit unterschiedlich verbundenen Praktiken laufen alle darauf hinaus, einen Zeitpunkt feierlich zu begehen, an dem unsere Kinder ganz offensichtlich an der Schwelle zu einem neuen Lebensabschnitt stehen und anfangen, Abschied von ihren Eltern zu nehmen. Die Zeit des *gegenseitigen* Loslassens beginnt. Und sie fällt in fast allen Kulturen mit der Geschlechtsreife und Suche nach einer eigenen Identität zusammen.

Das Ende der Kindheit: Sexualität und Identitätssuche

Fragt man ein 5- oder 7-jähriges Kind danach, wer es ist, wird es spontan mit seinem Namen antworten: »Ich heiße Sophie.« – »Ich bin der Max!« Nicht, weil man dem Kind diese Antwort nahegelegt hätte, sondern weil das Kind noch ganz eins ist mit sich selbst: »Ich bin, der ich bin.« Punkt, basta! Wenn man dem Kind daraufhin die Frage stellen würde: »Aber wer bist du noch?«, würde es einen erstaunt ansehen und die Frage nicht verstehen. »Ich bin ich – wer sonst?« Natürlich können sich 5-, 7- oder 9-Jährige vorstellen, was sie *später* einmal sein wollen – Rennfahrer, Fußballweltmeisterin, Balletttänzerin, Lokomotivführer. Aber sie bleiben dabei, wer sie sind und werden dadurch nicht »anders«.

Stellt man einem 15-Jährigen oder einer 17-Jährigen die Frage »Wer bist du?«, wird kein Name mehr aufgesagt, sondern die Antwort wird eher lauten: »Wer ich bin? Hm, so genau weiß ich es im Moment auch nicht.« Schulterzucken eben.

Was genau ist da passiert – woher kommt diese Verunsicherung? Früher waren sie noch felsenfest davon überzeugt, der zu sein, der sie zu sein glaubten. Woran ist also das Identitätsgefühl von Pubertierenden zerbrochen?

Der Grund hat natürlich mit genau den Veränderungen zu tun, die der Pubertierende gerade durchmacht. In gewisser Hinsicht könnte man sogar davon sprechen, dass mit dem Eintritt in die Pubertät die Uhr noch einmal zurück auf null gestellt wird. Ganz so, als käme man noch einmal auf die Welt. Natürlich nicht im wörtlichen Sinn, denn man ist ja schon da. Und genau das ist das Problem: Man ist schon da – aber als wer?

Die wohl bedeutendste Rolle im Rahmen der Verwandlung vom Kind hin zum Erwachsenen spielt in der Pubertät der plötzliche, und für die meisten zumindest von seinem Zeitpunkt her immer noch überraschende Eintritt der Geschlechtsreife. Die erste Periode und der erste Samenerguss kommen spürbar aus dem Nichts. Nicht, dass man sie nicht erwartet und darüber Bescheid gewusst hätte – Freundinnen und Freunde haben ganz offen darüber gesprochen, als es bei ihnen so weit war. Den Rest, den man an Informationen braucht, holt man sich aus dem Netz und eher nicht von den Eltern, die man bei Fragen dieser Art sowieso versucht, möglichst auf Distanz zu halten. Wobei das Verunsichernde nicht die Tatsache ist, jetzt theoretisch ein Kind zu bekommen oder ein solches »machen« zu können. Diese Frage stellt sich für die meisten Pubertierenden erst in 15 oder 20 Jahren – oder noch später! Kommt man mit elf oder zwölf Jahren in die Pubertät, was heutzutage keine Seltenheit ist, können also bequem noch einmal 25 Jahre dazukommen, ehe man sich endgültig damit befassen muss, wozu die Evolution die Pubertät eigentlich in Gang gesetzt hat. Noch vor nicht allzu langer Zeit bemaß sich nach dieser Zeitspanne der Wechsel einer ganzen Generation!

Begleitend zu den körperlichen Veränderungen stellen sich Gefühle ein, die nun wirklich neu sind. Wesen, von denen man sich bislang lieber ferngehalten und auch meilenweit entfernt gefühlt hatte, gewinnen magisch an Anziehungskraft. Wie mit ihnen umgehen? Wie die eigenen Gefühle, auch das sexuelle Begehren, in Schach halten? Wann ist der richtige Zeitpunkt, »es zu machen« – und gibt es einen solchen denn überhaupt? Was ist erlaubt, was nicht? Wer bin ich, wenn ich anfange, zu lieben? Bin ich noch ich selbst? Und wenn nicht, wer dann?

Das alles passiert zu einer Zeit, in der das eigene Gehirn noch einmal zur Großbaustelle wird, in der alte Verbindungen unterbrochen und neue gebahnt und geschaffen werden. Wie komme ich da raus? Wer werde ich sein, wenn das alles abgeschlossen ist? Noch dieselbe, noch derselbe? Muss ich alles noch einmal von vorne lernen?

Ein entschiedenes Nein. Denn auch, wenn sich manche im Laufe ihrer Pubertät fühlen, als würde ihr Leben jetzt noch einmal ganz von vorne anfangen, es stimmt so nicht. Die Festplatte mit all den auf ihr gespeicherten Erfahrungen aus der frühen Kindheit bleibt intakt. Ein Kind mit guten Bindungserfahrungen, ein Kind, das sich schon lange vor der Pubertät mit seinen Bedürfnissen angenommen fühlte, das seine Umgebung in der Gewissheit erkundete, einen sicheren Zufluchtort zu haben, das die Erfahrung gemacht hat, dass die Fragen, die es gestellt hat, ehrlich beantwortet wurden, ein solches Kind schafft es, ohne Schaden zu nehmen, durch diese Zeit zu kommen. Und Eltern, die wissen, dass sie ihre Kinder eines Tages nicht mehr kontrollieren können, schaffen damit, dass ihre Kinder ihnen auch weiterhin bedingungslos vertrauen können, die optimalen Voraussetzungen, auch ohne ihre Aufsicht zurechtzukommen: einfach deswegen, weil ihre Kinder sie weiter in ihrem Herzen tragen und sich an ihrer inneren Stimme orientieren werden. Sie brauchen gar nicht ständig darüber Bescheid zu wissen, wo sich ihre Kinder befinden und was sie gerade tun. Langsam daran gewöhnen müssen sie sich ohnehin.

Deswegen sind Panikmache oder gar eine Dämonisierung der Pubertät keine guten Ratgeber. Stattdessen sollten Eltern ihre Kinder dabei unterstützen, neues Terrain zu erobern und die Tür zum Erwachsenwerden möglichst weit zusammen mit ihnen aufstoßen. Dazu gehört auch ein respektvolles Voneinander-Abschied-Nehmen.

Abschied von den Eltern

Neben dem plötzlichen Einbruch der Sexualität ins Leben tritt in der Pubertät ein zweites wesentliches Merkmal hinzu, nämlich dass sich die bislang vorhandene, in der frühen Kindheit fast vollständige Abhängigkeit von den Eltern langsam abschwächt. Jetzt, mit Eintritt in die Pubertät, verlieren die Eltern diesen Nimbus als unmittelbare und existenziell *notwendige* Bezugspersonen. Was nicht bedeutet, dass sie ihren Kindern egal werden. Ganz im Gegenteil, in vielerlei Hinsicht braucht es sie noch, sodass die Abgrenzung von ihnen auch für die Heranwachsenden eine schwierige Gratwanderung bedeutet, nämlich Nähe einzufordern, wenn sie ihre Eltern benötigen und gleichzeitig Distanz herzustellen, wenn sie etwas allein bewältigen oder regeln wollen. Häufig ergibt sich daraus ein abrupter Wechsel zwischen einem solchen Nähebedürfnis einerseits und dem Wunsch nach Abgrenzung andererseits. Nichts zeigt das deutlicher als die Jugendlichen selbst, wenn sie, eben noch wütend, die Tür zu ihrem Zimmer hinter sich zuknallen und eine Stunde später wieder zum Kuscheln auftauchen.

Der Abschied von den Eltern findet in einer Lebensphase statt, die den Jugendlichen ein geradezu euphorisches Gefühl von Aufbruch vermittelt, denn vieles von dem, was man jetzt für sich entdeckt, ist noch vollkommen unbekannt. Diese Begeisterung für alles Neue macht es für die Jugendlichen einfacher, und Eltern sollten diese Entdeckerlust unbedingt bei ihnen unterstützen. Hinzu kommt, dass in dieser Lebensphase meistens die erste Liebesbeziehung entsteht und mit ihr die kindliche Liebe zu den Eltern in gewisser Hinsicht durch die Liebe zu einem anderen Menschen außerhalb der Familie »gebrochen« wird. Fernab von Schule und Elternhaus stellt sich dann das Gefühl ein, vielleicht das einzige Mal im Leben, dass diese Welt nur einem allein gehört – diese Welt, in der zwei Wesen für einen Augenblick ineinander verschmelzen können. Das in der Pubertätszeit so häufig und gern in Liebesdingen vom Gehirn ausgeschüttete Dopamin wird zur Droge, von der man gar nicht mehr lassen will. Es gibt sie gratis, und sie ist völlig unschädlich.

Pubertätskrisen

Befreit man die Pubertät von ihrem schlechten Image, fällt es einfacher, die Probleme zu benennen, die sich in dieser Lebensphase ergeben können. Denn die intensive Beschäftigung mit dem eigenen Ich, die Wahrnehmung und intensive Beobachtung der Veränderungen am eigenen Körper und die damit einhergehende Entdeckung der eigenen Sexualität führen zunächst zu so etwas wie einer »Leerstelle« zwischen dem, was war und dem, was kommt. Und in den Hohlraum, der hier entsteht, nisten sich manchmal gerne Ängste und depressive Verstimmungen ein, die in den meisten Fällen »harmlos« und vorübergehend sind. Allerdings sollten Eltern sie gut im Blick behalten, denn man weiß, dass 50 Prozent der wirklich schwerwiegenden psychischen Störungen und Krankheiten im Alter ab 14 Jahren beginnen.[4] Auch exzessiver Alkoholgenuss oder der Konsum anderer, aber illegaler Drogen findet in diesen Gefühlen von innerer Leere ihren Ausgangspunkt, daneben kommt es häufig zu einem über ein vertretbares Maß hinaus risikobehafteten Freizeitverhalten.

Und da, wo sich so viel neues Leben auftut, mischen sich in die eigenen Gedanken eben manchmal auch unbestimmte Ängste ein, einmal sterben zu müssen, das Wissen darum, dass dieses Dasein im Hier und Jetzt irgendwann für immer aufhört. Und manche der jungen Leute entdecken in dieser Lebensphase die heilsamen Seiten von Religion und Spiritualität.

Die Entdeckerfreuden von Liebe, Sex und Freiheit, die Selbstfindung und Abgrenzung von den Eltern können also besonders in dieser Lebensphase, wenn alles neu und unbekannt auf einen zukommt, von – zumeist sporadischen – existenziellen Krisen begleitet sein. Existenziell fühlen sie sich deswegen an, weil der Jugendliche sein ganzes Ich betroffen und in Gefahr sieht. Die Frage nach der eigenen Identität stellt sich in dieser »Übergangsphase« ja auch dem Kind, das weiterhin in der Psyche des Pubertierenden existiert und jetzt buchstäblich in Auflösung begriffen ist. Dieses schwindende kindliche Ich setzt entsprechende Ängste frei: Was ist, wenn ich mich in diesem Wandlungsprozess am Ende nicht wiederfinde, so wie ich einmal war? Was ist, wenn ich nicht mehr so beschützt und geliebt werde wie zu der Zeit, als ich noch ein Kind war?

Nicht von ungefähr fangen viele junge Leute in diesem Alter *von sich aus* an, Musik zu machen, zu malen und zu dichten, um ihre Ängste und Unsicherheit darin auszudrücken und eine Antwort auf dieses »Wer bin ich?« zu finden. Krisen dieser Art sind in der Pubertät also normal und sollten nicht als »Krankheit« angesehen und behandelt werden. Oft setzen sie bei den Betroffenen sogar ungewöhnlich kreative Prozesse frei, die ihnen auch als Erwachsene helfen können, Krisen ganz anderer Art zu überwinden. Noch einmal: Nachweislich kommen nahezu alle Jugendlichen gut und unbeschadet durch diese Zeit der Selbstfindung und stehen am Ende mit einem Erfahrungsschatz da, der ihr Leben bereichert.

Generation Selfie

Ein Dauerbrenner bei den Konflikten mit den Pubertierenden sind mit Sicherheit die digitalen Medien. Aber auch hier sollte man moralisch zunächst einmal abrüsten: Unserer Jugend droht weder die digitale Demenz noch die komplette Verblödung, nur weil sie, wie noch keine Generation vorher, ständig an ihrem Smartphone rumfummelt. Statt den Untergang des Abendlandes und des sozialen Lebens zu beschwören, müssen sich Eltern eben daran gewöhnen, dass für diese »digital natives« ein paar Daumenbewegungen genügen, um die Eltern mit ihrem mühsam erworbenen Wissen in den Schatten zu stellen. Zudem bietet das Internet mit seinen sozialen Netzwerken durchaus eine Sphäre, in der Jugendliche nicht ständig über die Eltern stolpern müssen, einen Raum, in dem sich

selbstständig kommunizieren lässt. Denn auch wenn Smartphones heutzutage den Eltern passable Kontrollmöglichkeiten ihres Nachwuchses an die Hand geben, kann man sich als »digital native« der elterlichen Kontrolle leicht entziehen. Da sind zum einen die Inhalte, die Filme, die Serien, die Musik, die man sich beschaffen kann, ohne vorher fragen und sich vor jemandem rechtfertigen zu müssen. Aber auch die Verabredungen mit Freunden und Freundinnen und die Bekanntgabe der Orte, an denen man sich trifft, müssen nicht mehr lautstark über das »Haustelefon« erfolgen, sodass jeder mitbekommt, mit wem man gerade redet oder sich verabredet. In einer Welt, die junge Menschen aus ihrer Sicht ohnehin viel zu stark kontrolliert, schafft das Netz neue Freiheitsspielräume, die natürlich genutzt werden wollen. Mit Flucht aus der Realität hat dies alles noch nichts zu tun. Für die Jugendlichen, die sich heute in ihrer Pubertätszeit befinden, gilt die Trennung von »real« und »virtuell« sowieso nicht mehr: beide Welten gehen ineinander über und sind untrennbar.

Uneinigkeit herrscht unter Fachleuten darüber, ob und inwiefern das ständige Unterwegssein in den sozialen Netzwerken dem Mitgefühl für andere schadet. Während Howard Gardner, ein bekannter Professor für Erziehungswissenschaften an der Harvard University, der seit längerem darüber forscht, welche Wirkung das Netz auf seine Nutzer hat, sich dahingehend äußert, dass es den heutigen Jugendlichen tatsächlich schwerer falle, sich in andere einzufühlen, kennt seine jüngere Kollegin Katie Davis »keine Studie, die so eine Aussage unterstützt«. Einig sind sich aber beide darin, dass das Internet und der ständige Aufenthalt in ihm eine bedeutende Rolle dabei spielt, »wie Kinder und Teenager heute ihre Identität bilden, wie sie Beziehungen aufbauen und pflegen und wie sich ihre Kreativität entwickelt«.[5] Was da genau geschieht und vor allem, welche Folgen es für später hat, weiß noch niemand genau – dafür bedarf es Langzeitstudien, die es noch nicht gibt, weil das Phänomen, dass Kinder und Jugendliche heutzutage ständig online sind, selbst noch zu neu ist.

Unbestreitbar wird das Netz aber dann zu einer Gefahr, wenn der Aufenthalt in ihm zum mehr oder weniger vollständigen *Ersatz* von menschlichen Beziehungen führt. Wenn es zum einzig verbliebenen Rückzugsort wird, um damit soziale Beziehungen zu *ersetzen* und dabei vorhandene soziale Beziehungen nach und nach aufgegeben werden. In einigen Fällen passiert das, aber es hat mit dem Netz selbst nichts zu tun. Sondern mit etwas, das vorher schon schiefgegangen ist. Wenn das Netz zum einzigen »Gesprächspartner« wird, hat das in den meisten Fällen mit der Erfahrung von mangelnder Anerkennung und daraus resultierender Selbstabwertung zu tun. Daraus entsteht häufig, was Psychologen »Sozialangst« nennen, aus der heraus das Virtuelle das Wirkliche nicht ergänzt, sondern aus der Angst heraus, in realen Begegnungen nicht angenommen zu werden, ersetzt. Manchmal vollständig. *Das Computerproblem und der ständige Aufenthalt im Netz gehen immer zurück auf ein Beziehungsproblem.*

Leben in der Komfortzone

Trotz aller die Pubertät begleitenden Konflikte halten sich pubertierende Kinder nachweislich immer noch gerne an einem Ort auf, wo sich elterliche Arme hin und wieder einmal zum Trost um sie ausbreiten, wo sich der Kühlschrank wie von selbst nachzufüllen scheint und wo sich das Bett wie von selbst macht. Wohl keine Generation vor ihnen kann den Verbleib im Elternhaus mit der selbstständigen Erkundung der Welt um sich herum so gut vereinbaren, wie die heutigen

Pubertierenden. Freundin oder Freund im Bett plus Backup-Funktion der Eltern – ein geradezu paradiesischer Zustand.

Davon geben auch die neuesten Jugendstudien Auskunft. So schreibt der Jugendforscher Klaus Hurrelmann über die Generation Y: »Mit ihren Eltern leben die Ypsiloner in Symbiose. 90 Prozent der in der Shell Jugendstudie Befragten sind voll mit den Umgangsformen im Elternhaus einverstanden, 73 Prozent wollen sogar später ihre eigenen Kinder genauso erziehen, wie sie von ihren Eltern erzogen worden sind.«[6] Und die »Zeit-Vermächtnis-Studie« kam auf der Grundlage ihrer repräsentativen Umfrage zum Ergebnis, dass der »Krieg der Generationen« endgültig vorbei ist und die Gefahr im Gegenteil darin bestehe, dass es zwischen der Elterngeneration und der ihrer Kinder überhaupt keinen Unterschied mehr geben würde: »Die Alten ticken wie die Jungen und die Jungen ticken wie die Alten.«[7]

Wenn es zu Konflikten kommt, werden keine Schlachten mehr geschlagen, die wie früher nur Sieger und Besiegte kennen. Stattdessen geht es um Harmloseres: ein bisschen zu laute Musik, ein bisschen zu bunte Haare, ein bisschen zu kurze Röcke, ein bisschen zu wagemutige Spiele, ein bisschen zu viel Party, ein bisschen zu unaufgeräumte Zimmer, ein bisschen zu schlechte Schulnoten. Ein bisschen zu viel Generation Selfie.

Von solcherlei Einwänden lassen sich die Pubertierenden aber nur selten beeindrucken. Ihr Leben spielt sich fast immer im Hier und Jetzt ab, rasche Veränderungen inbegriffen. Völlig auf sich konzentriert scheint für sie die Zeit niemals stillzustehen, und sogar der Alltag birgt immer wieder Überaschendes. Enttäuschungen und Niederlagen erweisen sich meistens als vorübergehend und nicht endgültig und können, häufig unter Zuhilfenahme von Freundinnen und Freunden, aber oft auch noch von den Eltern, schnell überwunden werden. Manchmal scheint alles schwierig und kompliziert, dann wieder ganz einfach. Phasen von Trauer, Wut und Glück können in Sekundenschnelle aufeinander folgen, aber das Leben verläuft, zwischen den Leitplanken von Schule und Elternhaus, weiterhin nach einem kontinuierlichen Schema ab. Die immer wiederkehrenden Rituale, das Wieder-zu-Hause-Ankommen und Freundlich-empfangen-Werden, oder der unvermeidliche Streit darüber, wieviel Freiheit man herausschlagen kann, verschaffen am Ende in einer mehr und mehr unübersichtlichen Welt Sicherheit und Orientierung. Von da aus betrachtet ist die Pubertät wirklich nur *der Vorwaschgang* zu dem, was anschließend auf unsere Kinder und Jugendlichen zukommt, wenn sie sich endgültig von den Eltern trennen müssen, um erwachsen zu werden und statt häuslicher Dielen nach und nach *eigenen Boden* unter die Füße zu bekommen.

Das Ende der Pubertät

Mit etwa 18 Jahren neigt sich die Pubertät ihrem Ende zu. Die Hirnströme verlaufen wieder in halbwegs verlässlichen Bahnen, die Liebeshormone haben sich – zumeist auf hohem Niveau – eingependelt. Erste sexuelle Erfahrungen liegen hinter einem, Liebesbeziehungen, oft sporadisch, kamen und gingen, und nur wenige starten schon zu zweit in das Abenteuer, erwachsen zu werden.

Für die meisten kündigt sich jetzt das Ende ihrer Schulzeit an, und damit auch das Ende des ungeliebten permanenten Leistungsdrucks und der damit einhergehenden Bevormundung und Kontrolle, auch von elterlicher Seite. Für viele der jungen Leute tut sich deswegen zunächst ein Reich der Freiheit auf – einige nutzen es, sich jetzt von allen äußeren Zwängen zu befreien und sich davonzumachen, und dies, wenn möglich, möglichst weit weg. Weil sie wissen, dass die Chance, diese Welt auf einer Reise allein oder mit Freunden zu erkunden, später nicht so schnell wiederkommen wird.

Auch mit dem Abschied von den Eltern wird es jetzt ernst. Bei vielen dauert es noch, bevor sie diesen Schritt auch räumlich vollziehen. Sie warten auf das Freiwerden eines Ausbildungs- oder Studienplatzes oder wollen sich, zumindest vorerst, die Miete in einer ihnen fremden Stadt sparen, planen ein »soziales Jahr«, und manche sind von ihrer Entwicklung auch einfach noch nicht so weit, sich endgültig von ihren Eltern abzunabeln. Denn nach wie vor bietet der Verbleib im Elternhaus eben nicht nur materielle Vorteile, sondern auch immer ein »Heimatgefühl«, das einem die Angst vor der Fremde nimmt.

Am Ende der Pubertät vermitteln die meisten Eltern ihren Kindern, dass sie sich weiterhin bei ihnen aufgehoben fühlen können. Gerade mit Blick auf die bevorstehende Zeit des Erwachsenwerdens ist das eine nicht zu unterschätzende Ressource. Sie liefert den Hintergrund dafür, sich langsam immer mehr von ihnen zu lösen und selbstständig zu machen. Der unmittelbare Bezug zwischen den Eltern und ihren Kindern, wie er sich schon kurz nach der Geburt herstellte, das stets wechselseitige Verhältnis, das die Kinder in die Lage versetzt, sich langsam einen eigenen Ort in der Welt zu schaffen, lockert sich. Setzten die Eltern in der Kindheit und auch noch zu Beginn der Pubertät die Impulse, sich das Leben zu erobern, indem sie eine Atmosphäre von Liebe, Geborgenheit, Sicherheit, Bestätigung und Respekt schafften, begegnet man sich am Ende der Pubertät auf Augenhöhe, was etwas anderes ist, als zu Partnern zu werden, denen man das Eltern-Kind-Verhältnis nicht mehr anmerkt. Dies ist eine Illusion, und wenn Eltern glauben, sich unabhängig von ihrem Alter als Kumpel ihrer Kinder zu geben, wirkt das nur wenig authentisch oder manchmal, gerade auch aus dem Blickwinkel der Kinder heraus, etwas lächerlich. Sich jetzt »auf Augenhöhe« zu begegnen meint zunächst, dass sich zwei Menschen begegnen, die sich gegenseitig für das, was sie sind, respektieren. Und das war, verglichen mit früher, nicht immer so und darf durchaus – mit einigem Stolz auf beiden Seiten – als Fortschritt bezeichnet werden.

Im Verhältnis zueinander bleiben Eltern immer Eltern und Kinder immer Kinder – ein Leben lang. Jede und jeder von uns macht diese Erfahrung, gewollt oder ungewollt. Aber Eltern müssen zum Ende der Pubertät nach und nach ihre Rolle als »Erzieher« aufgeben. Zum einen einfach deswegen, weil ihre Kinder, jetzt volljährig geworden, sich elterlichem Druck nicht mehr beugen müssen. Zum anderen aber auch, weil Eltern jetzt loslassen müssen, um ihren Kindern den Weg in ihre Selbstständigkeit nicht zu versperren. Erziehen wie früher geht also nicht mehr. Aber das Ende von Erziehung im Sinne direkter Einflussnahme bedeutet noch lange nicht, dass Eltern auf ihre Kinder keinen Einfluss mehr haben. Ob im positiven oder negativen Sinn – Eltern bleiben gerade in der Zeit, wenn die Pubertät sich ihrem Ende zuneigt und darüber hinaus, immer noch *Vorbilder* für ihre Kinder, die es oft gar nicht bemerken und schon gar nicht zugeben würden. Zum Teil, weil sie zu sehr mit sich selbst beschäftigt sind, zum Teil, weil gerade in dieser Lebensphase der Abnabelung von den Eltern nichts ferner liegt, als sich mit ihnen, zumindest offen, zu identifizieren. Die Vorbildfunktion der Eltern wirkt oft heimlich, im Stillen. Das eigene Leben kann sich zunächst sogar wie ein Gegenentwurf zu ihren Ansichten entwickeln, wenn man genau das tut, von dem man glaubt, dass es die eigenen Eltern *nie gemacht* hätten. Erst im späteren Leben nehmen wir die Vorbildfunktion unserer Eltern häufig bewusster wahr: Wie auch immer wir unser Dasein gestaltet haben, das elterliche

Vorbild läuft immer wie ein roter Faden mitten durch unser Leben hindurch – im Guten wie im Schlechten.

Das Ende der Pubertät kündigt die Zeit des Erwachsenwerdens an. Klare Konturen der eigenen Identität zeichnen sich bereits ab. Noch immer ist man mit der Frage »Wer bin ich?« beschäftigt, aber ihr fehlt jetzt ein Stück Unbeschwertheit. Diese hat sich in der Pubertätszeit darin ausgedrückt, immer wieder neue Rollen auszuprobieren und eine neue (körperliche) Gestalt annehmen zu können. Manchen gelingt es, diese kreativen Fähigkeiten mit in ihr Erwachsenwerden hineinzunehmen. Aber im Übergang zum Erwachsenwerden werden die Zeiten erst einmal entschieden härter, und der Experimentierlust werden Grenzen gesetzt. Entscheidungen stehen an, der sichere Rahmen, den Schule und Elternhaus gebildet haben, fällt weg. Wie einem, jetzt allein auf sich gestellt, das Erwachsenwerden dennoch gut gelingt und welche Qualitäten dabei hilfreich sein können, darum geht es im folgenden Kapitel.

8. Fünf Schlüsselqualifikationen für ein gelingendes Erwachsenwerden

>»Resonanz ist die Grundsehnsucht nach einer Welt,
>die einem antwortet. Und die in jedem Menschen angelegt ist,
>weil wir Beziehungsmenschen sind. Wenn diese Sehnsucht
>eingelöst wird, weil jemand aufgeht in einem bestimmten
>Bereich, führt er ein gelungenes Leben.«

Hartmut Rosa[1]

Der Übergang von der Pubertät in die Lebensphase des Erwachsenwerdens, die wir im ersten Teil des Buches auch die »Odysseusjahre« genannt haben, erfolgt nicht plötzlich und abrupt. Sicherlich, die Schaltungen im Gehirn funktionieren wieder geregelter, plötzliche Fehlzündungen und entsprechende Stimmungsschwankungen werden seltener, und zum Ende der Pubertätszeit fühlen sich die meisten in ihrem Leben deutlich sicherer und stabiler. Was auch notwendig ist, denn jetzt kommt es zu einem weiteren bedeutenden Einschnitt in ihrem Leben.

Mit dem *Ende der Pubertätszeit* endet für die meisten auch ihre Schulzeit. Damit werden die Jugendlichen aus einer Alltagsroutine entlassen, die ihr Leben bislang maßgeblich bestimmt hat. Was sie vor eine völlig neue Entwicklungsaufgabe stellt, nämlich den Übergang von einem mehr oder weniger behüteten Leben hin zu einem selbstständigen Dasein zu meistern. Und somit gerät mit Beendigung der Pubertätszeit in den Blick, womit man sich bislang noch kaum ernsthaft beschäftigt hat, und die Frage nach der Identität und dem »Wer bin ich?« erweitert sich nun um das »Wohin?«. Ausgehend vom Hier und Jetzt, in dem ich lebe, stellen sich mit Nachdruck noch andere Fragen: »Was mache ich da eigentlich?« – »Was sind meine Ziele?« – »Welchen Platz im Leben möchte ich später einmal einnehmen?«

Beim Übergang von der Pubertät hin zum Erwachsenwerden müssen sie noch nicht alle endgültig beantwortet werden. Auch bleibt die Suche nach dem Neuen und Unvorhergesehenen bestehen. Aber es stehen jetzt auch die ersten mit ihnen verbundene *Entscheidungen* und damit einhergehende Fragen an sich selbst an, die einem bisher die Schulpflicht und sie begleitende Vorgaben der Eltern abgenommen haben.

Auch hier sind die Übergänge fließend. Die einen lassen sich damit noch Zeit, etwa, mit welchem Studienfach oder welcher Ausbildung sie beginnen möchten, andere wissen schon vor dem Schulabschluss ganz genau, was sie wollen und nehmen ihre Ausbildung zügig in Angriff. Wieder andere verweigern sich dieser Frage zunächst ganz – sofort nach Beendigung der Schulzeit die Frage nach dem »Wohin« zu stellen erscheint ihnen spießig oder noch nicht altersangemessen. Sie wollen noch eine Weile nur im Hier und Jetzt leben, schwirren weiter wie ein bunter Vogel durch die Partynächte, machen die Nacht zum Tag und den Tag zur Nacht. Aber irgendwann werden die meisten die Frage danach, was sie aus ihrem Leben machen wollen, nicht mehr los, spätestens mit Mitte zwanzig ist es soweit.

Auch die Zeit *nach* der Pubertät ist zu Beginn immer noch stark geprägt von den intensiven Gefühlen im Umgang mit dem Neuen, mit dem, was in das etwas langweilige vorpubertäre Leben so plötzlich einbrach. Von den meisten wurde es als derart spannend und die eigene Lebenswelt bereichernd erlebt, dass sie es jetzt nicht sofort wieder an eine neue Alltagsroutine abgeben wollen. Aber je länger die Phase des Heranwachsens andauert und sich Ausbildung oder Studium ihrem Ende nähern, kommt man um einige wesentliche Entscheidungen, die mit einem ersten *Plan* für ein zukünftiges Leben verknüpft sind, nicht mehr herum. Gesellschaftlicher Anspruch und nachlassende elterliche Finanzströme helfen einem dabei auf die Sprünge. Mit etwa 30 Jahren sollte eine Lösung gefunden sein – und sich damit eine spannende und unbedingt bereichernde Lebensphase ihrem Ende zuneigen.

Nach dem »Vorwaschgang« Pubertät erwartet damit die Jugendlichen in der Zeit, in der sie erwachsen werden, wenn man so will, der »Hauptwaschgang«, und am Ende werden sie noch einmal kräftig durchgeschleudert, bevor sie merken, jetzt erwachsen geworden zu sein.

Ausgehend von ihrer Beschreibung der Generation Y, also den zwischen 1985 und 2000 Geborenen, und den gesellschaftlichen Rahmenbedingungen, die sich ihnen bieten, fassen Klaus Hurrelmann und Erik Albrecht die Fähigkeit zu gelingendem Erwachsenwerden wie folgt zusammen:

»Nur wer Offenheit und Brüche, unklare Ausgänge und überraschende Wendungen wegstecken kann, ist sozial überlebensfähig und kann mit der neuen Ungewissheit umgehen. Dazu gehört irgendein funktionierendes Lebenskonzept, eine Vorstellung davon, wie man ein sinnvolles Leben gestalten kann, ohne auf die traditionellen Bestandteile einer bürgerlichen Existenz zurückgreifen zu können wie noch ihre Eltern. Auf ausgetretenen Pfaden früherer Generationen hinterherzutrotten – sei es im Arbeitsleben, in der Familie, bei der Freizeitgestaltung oder in der Politik – ist für die Generation Y keine Alternative. Zu stark hat sich dafür unsere Gesellschaft verändert.«[2]

Beschäftigen wir uns also im Folgenden damit, welcher psychischen Ressourcen es bedarf, den Übertritt ins Erwachsenenleben mit all den eben beschriebenen Herausforderungen und Unsicherheiten am besten zu meistern. Dazu werde ich an die im sechsten Kapitel dargestellten *Resonanzerfahrungen* anknüpfen, die unverzichtbar sind, damit junge Leute gut durch ihre »Odysseusjahre« kommen. Sie tragen wesentlich dazu bei, in dieser Lebensphase mit der neu formatierten Selbstständigkeit sicher und flexibel umgehen zu können, das Alleinsein ohne ständigen elterlichen Beistand produktiv umzusetzen, sich in der neu erfahrenen Unübersichtlichkeit in Ausbildung und an der Universität zu behaupten, sich mit seinen Lebenszielen durchzusetzen und Rückschläge bei der Berufsfindung positiv verarbeiten zu können. Sie sind hilfreich auch dort, wo persönliche Konflikte und Probleme in privaten Beziehungen das eigene Selbst schwächen; nötig, um nicht mit Angst, Panik oder Rückzug unter Zuhilfenahme von Drogen zu reagieren. Sie sind wesentlich beteiligt, wenn es um folgende Eigenschaften geht, die eine zentrale Rolle dabei spielen, wie und unter welchen Umständen man gut erwachsen wird. Es ist gut, …

- über die innere Überzeugung zu verfügen, wertvoll zu sein (Selbstwertgefühl),
- daran zu glauben, etwas trotz aller Hindernisse schaffen zu können (Selbstwirksamkeit, Lebensoptimismus),
- sich anderen mit dem, was man selbst möchte und für gut hält, mitteilen zu können (Kommunikationsfähigkeit),
- über Selbstkontrolle zu verfügen (Selbstdisziplin),
- seinem Leben langfristig ein sinnvolles Ziel zu geben (Sinnfindung).

Diese Eigenschaften sind nicht angeboren, sondern entwickeln sich *das ganze Leben lang*. Sie lassen sich aber leider auch nicht so einfach lernen, wie man sich ein bestimmtes Wissen aneignet. Stattdessen sind sie eng mit dem dynamischen Prozess verknüpft, wie sich die eigene Persönlichkeit seit der Geburt im beständigen Austausch mit den wichtigsten Bezugspersonen entwickelt hat und auch weiterhin abhängig von der Gestaltung sozialer Beziehungen, die das Leben der jungen Menschen *aktuell* prägen.

Das Fundament, das in der frühen Kindheit gelegt wird, haben wir im vorletzten Kapitel ausführlich beschrieben. Hinzu kommen nach und nach immer neue und gewichtige »Player« beim Aufbau selbstständiger Haltungen und eigenständiger Gefühle: Lehrerinnen und Lehrer, Mentoren oder die »Peergroup«, also die etwa gleichaltrigen Freundinnen und Freunde. Was bedeutet, dass mit zunehmendem Alter ihrer Kinder Eltern für die Herausbildung der Schlüsselqualifikationen keineswegs allein verantwortlich sind. Eine immer größere Rolle spielen *selbst gemachte* Erfahrungen mit Lehrern in der Schule, die die Entwicklung eines Kindes oder eines Jugendlichen fördern und seine Neugierde und seinen Lerneifer unterstützen oder hemmen können; Erfahrungen, die dem Kind das Gefühl vermitteln, anerkannt und akzeptiert zu sein, wie es ist; oder die Erfahrungen im Umgang mit Gleichaltrigen. Und manchmal sind es Mentoren wie Großeltern, ein älteres Geschwister bis hin zum libanesischen Schuhmacher um die Ecke, der eigentlich einmal Arzt war, die dem Kind und Jugendlichen auf seinem Weg hin zum Erwachsenen das Gefühl geben, nicht nur bezogen auf seine Schulleistungen etwas wert zu sein.

Die Eltern sind in das Leben ihrer Kinder, je älter sie werden, nicht mehr so direkt involviert wie früher; aber sie bleiben die aus der Ferne immer noch gut sichtbaren Leuchttürme, an denen man sich orientiert, besonders wenn das Schiff auf hoher See ins Schlingern gerät und dabei manchmal unterzugehen droht.

Wenn ich im Folgenden auf die eben vorgestellten fünf Eigenschaften »Selbstwert«, »Selbstwirksamkeit«, »Kommunikationsfähigkeit«, »Selbstkontrolle« und »Sinnfindung« näher eingehe, heißt das nicht, dass jede und jeder über alle diese Qualitäten auf »allerhöchstem« Niveau verfügen muss. Auch hier ergeben sich von einem jungen Menschen zum anderen ganz unterschiedliche Profile – der eine legt mehr Wert darauf, sein Leben möglichst autonom zu meistern, beim anderen steht das Streben nach Selbstdisziplin und beruflichem Erfolg im Vordergrund; wieder andere folgen ethisch und moralisch begründeten Idealen, die sie in ihrem Leben zusammen mit anderen Menschen verwirklichen wollen. Dennoch bieten alle diese fünf Eigenschaften eine gute Basis dafür, die Jahre, in denen man langsam erwachsen wird, gut hinter sich zu bringen. Sehen wir sie uns also im Folgenden einmal näher an.

Selbstwertgefühl:
»Ich fühle mich wertvoll.«

Zur Ausbildung eines positiven Selbstwertgefühls auch im Erwachsenenalter ist, wie an vielen Stellen dieses Buches und besonders im sechsten Kapitel betont, die Entstehung einer guten Bindung in der Kindheit die allerbeste Voraussetzung. Wenn sich das Kind von Geburt an bedingungslos angenommen fühlt und mit seinen Bedürfnissen, Gesten und später Worten nicht »ins Leere« greift, sondern auf positive Resonanz stößt, hat es bereits einen Meilenstein zu gelingendem Erwachsenwerden zurückgelegt. Es geht dabei um die Erfahrung, vom Anderen gehört, gesehen und gespürt zu werden, um Feinfühligkeit und um Verlässlichkeit. All das hilft, die Angst vor Trennung zu überwinden und sich später selbstständig und ohne die Eltern auf den Weg ins Leben aufmachen zu können. Über solcherart »Urvertrauen« in die mir nächsten Bezugspersonen baut sich nach und nach das eigene Selbstwertgefühl auf. Dabei setze ich mein Vertrauen aber nicht nur zunehmend in eine andere Person, sondern ich spüre auch, dass diese ihr Vertrauen *in mich* setzt, weil sie mich annimmt, entsprechend auf meine Signale reagiert und selbst gute Signale aussendet. Aus sich allein heraus kann sich niemand wertvoll fühlen – dies wäre eine narzisstische Eigenliebe, die keinen Adressaten kennt außer sich selbst. Es bedarf dazu immer eines anderen – der dabei aber keinesfalls perfekt sein muss. Denn gerade auch die Erfahrung, das Vertrauen eines anderen *suchen zu müssen*, wenn das Kleinkind nach seiner Mutter oder seinem Vater Ausschau hält und diese oder dieser nicht sofort auf der Bildfläche erscheint, gehört zu den vertrauensbildenden Maßnahmen. Nämlich dann, wenn sich das Kind dabei sicher sein kann, ihn oder sie zu finden, bevor seine Angst vor Verlust das Vertrauen in die Präsenz des anderen besiegt.

Das Gefühl zu entwickeln, wertvoll zu sein, entwickelt sich also zu Beginn des Lebens immer vermittels eines anderen, der es gut mit mir meint, weil ich etwas für ihn bedeute. Zu dem ich, wenn ich ihn brauche, deswegen auch immer wieder zurückkehren kann.

Es ist wie mit dem »geöffneten Fenster« aus der Geschichte von Peter Pan. Peter fühlte sich, als er bei seiner Heimkehr nach Hause das Fenster geschlossen vorfand und in den Armen seiner Mutter ein anderes Kind sah, nicht nur abgelehnt und zurückgestoßen, er fand nicht nur sein unerschütterliches Vertrauen in sie enttäuscht, sondern sich selbst auch nicht mehr »wert genug«, um eingelassen zu werden. Noch schlimmer: Ein anderes Kind war offensichtlich wertvoller geworden als er selbst. So fühlte er sich nicht nur ungeliebt, sondern dazu auch noch austauschbar. Auch deswegen fing er an, die Erwachsenen zu hassen und ihre Welt abzulehnen – doch sein Wunsch, für einen anderen wertvoll zu sein, blieb bestehen.

Elterliche Kritik und das Setzen vernünftiger Grenzen sind auch in der späteren Kindheit und im Jugendalter kein Tabu, solange sie nicht den Selbstwert des Kindes herabsetzen. Ein Lächerlichmachen vor anderen, ein zynischer Umgang mit ihm und das Verlangen von blindem Gehorsam schwächen das Gefühl, etwas für sich und andere »wert« zu sein. Auch Trennungen und Scheidungen können das Selbstwertgefühl eines Kindes untergraben, etwa wenn es sich selbst für die Trennung seiner Eltern »schuldig« fühlt oder die Eltern sich vor seinen Augen gegenseitig schlechtmachen und das Kind negative Eigenschaften, die bei einem Elternteil angeprangert wurden, auf sich bezieht.

Kinder und Jugendliche müssen in ihrer Entwicklung keinesfalls ständig vor Kritik und Konflikten geschützt werden. Ganz im Gegenteil. Kinder, die bei Konflikten, sei es in der Familie oder in der Schule oder mit Gleichaltrigen, die Erfahrung gemacht haben, dass man sie trotz vorhandener Meinungsunterschiede akzeptiert, fühlen sich auch später, wenn sie selbst in Auseinandersetzungen oder unter Kritik geraten, nicht gleich in ihrem Selbstwertgefühl bedroht. Kinder und Jugendliche müssen, um ihr Selbstwertgefühl zu stärken, in ihrem Elternhaus die Erfahrung machen, trotz abweichender Meinung oder Zurückweisung für ihre wichtigsten Bezugspersonen weiterhin einen »Wert« zu besitzen, um später mit Ablehnung, Niederlagen und Lebenskrisen fertig werden zu können. In diesem Fall bildet das gute Selbstwertgefühl die Basis für ein gesundes Selbstbewusstsein. Man lässt sich nicht sofort aus der Bahn werfen bzw. entmutigen, wenn sich äußere Hindernisse, etwa beim Studium, in der Ausbildung und später bei der Berufsfindung, vor einem auftürmen. Ein solches angemessenes Selbstwertgefühl bewahrt beim Erwachsenwerden vor Rückschlägen aller Art, weil der Betreffende das Scheitern beim Erreichen eines Ziels nicht automatisch mit seiner »unfähigen«, »wertlosen« oder »schwachen« Person kurzschließt, sondern sich, vielleicht nach einer Phase vorübergehenden Rückzugs, wieder aufrappelt mit dem Gefühl, es trotz aller Schwierigkeiten dennoch schaffen (oder sich umorientieren) zu können. Hier spielt die Erfahrung, von Kindesbeinen das Vertrauen anderer gespürt zu haben, eine Schlüsselrolle. Auch der in manchen Situationen kritische Blick auf das eigene Verhalten wird von einem guten Selbstwertgefühl gestützt, indem ein solcher Blick auf sich selbst zugelassen werden kann, ohne sich dabei gleich schwach und inkompetent zu fühlen. Ein mutiger, manchmal selbstkritischer und selbstbewusster Weg ins Erwachsenwerden ist also eng mit einem guten Selbstwertgefühl verknüpft.

Jugendliche ohne Selbstachtung werden es später beim Erwachsenwerden in jedem Fall schwerer haben, und laufen Gefahr, von Zuneigung und dem Lob anderer Menschen abhängig zu werden; sie sind verführbarer, weil andere ihr mangelndes Selbstwertgefühl und ihre damit verbundene Schwäche für sich ausnutzen, um sie für ihre Zwecke zu instrumentalisieren. Drogenkonsum und politischer Fundamentalismus finden meistens in dem ausgeprägten Gefühl, nichts wert zu sein, ihren Ausgangspunkt. Dabei wird das Gefühl der inneren Leere mit Rausch und Betäubung kompensiert, bzw. mit Größenfantasien – manchmal findet auch beides zusammen statt.

Selbstwirksamkeit und Lebensoptimismus: »Ich schaffe es!«

Eng mit einem guten Selbstwertgefühl verknüpft ist das Gefühl von Selbstwirksamkeit, also das Gefühl, mit seinen Handlungen auch etwas bewirken zu können. Daran zu glauben, dass sich die Ziele, die man sich steckt, auch erreichen lassen.

Ein Mensch, der davon überzeugt ist, mit seinen Handlungen etwas bewirken zu können, muss aber bereits früher, und dies immer wieder, die Erfahrung gemacht haben, dass er mit seinen Handlungen tatsächlich erreichen konnte, was er wollte.

Auch diese Eigenschaft gründet auf wechselseitig erfahrenen Beziehungen in der frühesten Kindheit, auf der Erfahrung, dass eine eigene Geste oder Handlung in der Außenwelt zum Erfolg geführt hat. Sei es, weil die Bezugsperson auf meine Geste, auf mein Lächeln, auf meine ausgestreckten Arme oder meine Worte wie »Ich habe Angst« positiv reagiert hat. Sei es, weil ich im Umgang mit Gegenständen etwas bewirken konnte, was meinen Intentionen entsprach. Dass mich die Mutter, als ich sie rief, in den Arm nahm oder der Turm aus Bauklötzen nach zig Versuchen, ihn aufzubauen, endlich nicht mehr zusammenfiel.

In der Schule, in der Ausbildung oder im Studium ist dieses Lebensgefühl und die damit eng verbundene optimistische Lebenseinstellung, »es zu schaffen«, ebenso bedeutend wie für alle anderen Situationen, in denen es in der Phase des Erwachsenwerdens darum geht, nach und nach für sich zukunftsweisende Entscheidungen zu fällen. Ohne den festen Glauben an sich selbst und an das eigene Durchsetzungsvermögen stellen sich schnell Gefühle von Ohnmacht und Hilflosigkeit ein, die das gesamte Erleben beeinträchtigen und Ängste und sogar Depressionen erzeugen können.

Wenn ihre Bemühungen nicht zum Erfolg führen, sind junge Leute schnell entmutigt und schreiben den Misserfolg weniger der Situation zu, die im Moment vielleicht wirklich zu kompliziert oder schwierig war, um sie zu meistern, sondern sich selbst. Und während in der Pubertät mancher persönliche Misserfolg noch leichter weggesteckt oder schnell »vergessen« werden kann, weil die Auswirkungen existenziell weniger bedeutend sind und das Scheitern häufig nur »für den Augenblick« erlebt wird, wiegt die Erfahrung, etwas nicht nach vorne bewegen zu können, in der Lebensphase des Erwachsenwerdens wesentlicher schwerer. Was nicht nur damit zu tun hat, dass einem irgendwann die Zeit wegläuft, sondern Fehler und Misserfolge auch nicht mehr so leicht »outgesourced« werden können, wie in der Pubertät, in der die Schuld gerne bei anderen – zum Beispiel »den Erwachsenen«, »der Schule«, »den Lehrern« gesucht wird. Das hilft auf Dauer freilich nicht weiter, es beruhigt im besten Fall kurzfristig das eigene schlechte Gewissen.

Dagegen führt die Einstellung, dass am persönlichen Misserfolg immer die »anderen« schuld sind, spätestens in der Lebensphase des Erwachsenwerdens in eine echte Sackgasse, weil man sich vor bestimmten Anforderungen, die das Leben jetzt stellt, einfach nicht mehr herumdrücken kann. Eine andauernde »Opferhaltung« bringt, etwa bei der Bewältigung des Studiums oder der Berufsfindung, auf Dauer einfach keinen Erfolg mit sich. Auch dies unterscheidet die Phase des Erwachsenwerdens von der Pubertät, in der man noch Zeit genug für Selbstmitleid hatte, sich von anderen ungerecht behandelt zu fühlen und ihnen die Schuld für alles in die Schuhe zu schieben.

Das Gefühl für die eigene Selbstwirksamkeit ist auch deswegen so wichtig, um im Falle eines Scheiterns nicht gleich aufzugeben. Daran zu glauben, »es zu schaffen«, setzt beharrliche Kräfte frei und macht unabhängig vom Urteil anderer: Im Vordergrund stehe erst einmal ich und das, was ich erreichen will und auch erreichen kann. Insofern trägt dieses Gefühl, selbstwirksam zu sein, auch dazu bei, sich nach und nach aus der Abhängigkeit von den eigenen Eltern und anderen »Vorgesetzten« zu lösen und den *eigenen* Weg selbstständig weiter voranzuschreiten.

Kommunikationsfähigkeit:
»Ich kann mich mitteilen.«

Ebenso elementar ist die Fähigkeit, sich anderen gegenüber mit dem, was in einem vorgeht bzw. mit dem, was man will, *mitteilen* zu können. Und auch diese Fähigkeit hat viel damit zu tun, dass meinem Wunsch nach Kommunikation schon als Kleinkind feinfühlig begegnet wurde und meinen Gesten und späteren Worten ein entsprechender »Wert« beigemessen wurde. Worte, die ins Leere gehen und unbeantwortet bleiben, führen zu Sprachlosigkeit und ebenfalls zu starken Ohnmachtsgefühlen.

Die Fähigkeit, mit anderen authentisch kommunizieren zu können, spielt in der Lebensphase des Erwachsenwerdens besonders dann eine Rolle, wenn es darum geht, anderen seinen *eigenen Standpunkt* zu erklären und ihm dabei die eigenen Gefühle und die damit zusammenhängenden Lebensziele zu erklären. Denn im Gegensatz zu früher und im Unterschied zu den Beziehungen in der Familie und zu Freunden, ja, auch zu manchem Lehrer in der Schule, finden die Begegnungen mit denen, die jetzt über den weiteren Lebenslauf mitentscheiden, in keinem geschützten Raum mehr, sondern »auf Augenhöhe« statt. Weswegen es umgekehrt auch immer wichtiger wird, den anderen in seiner Stimmungslage und mit seinen Absichten zu verstehen. Auch hier handelt es sich um einen Lernvorgang, den jedes Kind schon früh vollzieht, wenn es merkt, dass seine Mutter oder sein Vater im Moment nicht besonders gut »ansprechbar« ist. Dann zieht sich das Kind für eine Weile vorsichtig zurück. Kommt es dann kurze Zeit später wieder zu einem guten Kontakt, lernt das Kind ganz nebenbei, die gerade vorhandene Stimmung und damit verbundene Reaktion des Gegenübers nicht immer auf sich und die eigenen Handlungen zu beziehen.

Solcherart Kommunikationsfähigkeit, *sich Gehör zu verschaffen*, gehört also unbedingt zum Erwachsenwerden. Es handelt sich um ein elementares Vermögen und hat viel mit dem Prozess der Anerkennung zu tun, auf den wir oben eingegangen sind. Mit seinen Worten ins Leere zu greifen, wenn auf das eigene Bedürfnis nach Kommunikation nicht eingegangen wird, kann tatsächlich wie Folter wirken – Eltern oder Vorgesetzte, die »aus Strafe« die Kommunikation verweigern, und sei es auch nur für einen Tag, wissen um die bedrohliche Wirkung ihres Schweigens. Das Bedürfnis nach Kommunikation ist dem Menschen eingeschrieben, und Kinder und Jugendliche, die die Erfahrung gemacht haben, »nicht gehört zu werden«, leiden darunter ein Leben lang. Einige Psychoanalytiker wie die berühmte französische Kinderpsychoanalytikerin Françoise Dolto[3] gehen so weit zu sagen, dass erst die an uns gerichtete Sprache unser Selbst formt, dass der Prozess der Anerkennung eines Menschen »als Mensch« überwiegend sprachlich erfolgt.

Ob man diesem durchaus plausiblen Gedanken folgt oder nicht – auf jeden Fall ist das Bedürfnis, sich mit Worten dem anderen anzuvertrauen und seinen Worten vertrauen zu können, elementar.

Das Beschriebene unterscheidet sich im Übrigen auch von dem, was häufig »soziale Kompetenz« genannt wird, die meistens eher mit einem bestimmten Zweck verbunden ist, den jemand auf geschickte Weise versucht zu erreichen. Sozial kompetent zu sein, hat sicherlich auch damit zu tun, sich in einen anderen einfühlen zu können, um ihn zu verstehen, aber vorwiegend geht es darum, seine eigenen Ansprüche anmelden und anderen gegenüber auch durchsetzen zu können. Vertrauenswürdigkeit bzw. die Fähigkeit, Vertrauen aufzubauen, ist also nicht dasselbe wie soziale Kompetenz.

Im Erwachsenenleben wird man um die soziale Kompetenz nicht immer herumkommen. Sie ist nötig. Sie bringt aber in ihrer Anwendung immer auch eine gewisse Kälte dem anderen gegenüber mit sich. Umso wichtiger ist es, sich das Zutrauen in seine eigene Kommunikationsfähigkeit zu bewahren und weiterhin auch seinem »Bauchgefühl« nachgeben zu können, besonders wenn es darum geht, persönliche Krisen zu bewältigen und dabei authentisch zu sich selbst zu stehen. Sich mitteilen zu können beugt der Verhärtung von psychischen Konflikten vor und bedeutet etwas anderes, als seine soziale Kompetenz zum Einsatz zu bringen, die sich in der zwischenmenschlichen Kommunikation schnell von den Gefühlen dafür, was einem selbst guttut, abkoppeln kann.

Selbstkontrolle: »Ich weiß, was ich tue.«

In der Phase des Erwachsenwerdens nehmen vernünftiges Denken und Handeln, Planung und eine damit verbundene Selbstkontrolle des eigenen Tuns gegenüber früheren Lebensabschnitten einen immer bedeutenderen Platz ein. Die Bedingungen dafür, dass sie in dieser Zeit und nach dem Ende der Pubertät bevorzugt »zum Einsatz« kommen sind auch deswegen so gut, weil der dafür notwendige »Umbau« des Gehirns jetzt weitgehend abgeschlossen ist.

Dass zwischen der Pubertät und dem Beginn der Phase des Erwachsenwerdens substanzielle und systematische Veränderungen in der Gehirnanatomie vor sich gehen, wurde schon mehrfach angesprochen. Ohne eine solche neurowissenschaftliche Perspektive an dieser Stelle vertiefen zu wollen, möchte ich dennoch zumindest kurz auf einen bedeutenden Vorgang näher eingehen, der für das Verständnis von Selbstkontrolle und damit verbundener Selbstdisziplin bedeutend ist, weil die Voraussetzung dafür, sich und seine Gefühle in der Zeit des Erwachsenwerdens immer besser kontrollieren zu können.

Etwas vereinfacht gesagt liegt zwischen der Reifung und Aktivierung von Gehirnarealen, die unsere Emotionen und Gefühlsimpulse auslösen, und der Reifung von Gehirnarealen, die uns erlauben, diese besser zu kontrollieren, eine gewisse zeitliche Verzögerung. So dominiert das limbische System, das für unsere Gefühle und unser Triebverhalten zuständig ist, besonders am Anfang und in der Mitte der Pubertätszeit deutlich die vom präfrontalen Kortex gesteuerten Funktionen, wie Entscheidungen zu treffen, Probleme zu lösen oder planerisch tätig zu sein. Insofern ist der Übergang von der Pubertät zur Phase des Erwachsenwerdens auch davon geprägt, wie und in welchem Ausmaß diese beiden Bereiche später einmal »zusammenarbeiten« und vor allem, wer von beiden das Sagen hat.

Mit dem Ende der Pubertätszeit können, wie die Hirnforschung gezeigt hat, die unsere Gefühle auslösenden und steuernden Gehirnareale nach und nach vom präfrontalen Kortex immer besser kontrolliert werden. Und genau darin liegt, wie der amerikanische Neurowissenschaftler Laurence Steinberg betont, eine enorme Chance für den Lebensabschnitt ab dem achtzehnten oder zwanzigsten Lebensjahr.[4]

Denn dadurch, dass die in der Pubertät noch labile Impulskontrolle über die vom präfrontalen Kortex gesteuerten exekutiven Funktionen zunehmend gestärkt wird, eröffnet sich zunehmend die Möglichkeit, seine Gefühle und spontanen Gefühlsimpulse dem eigenen Denken und damit *vernünftigem Handeln* unterzuordnen. Ein Vorgang, den auch die Psychoanalytikerin und Ärztin Annette Streeck-Fischer betont, wenn sie die Bedeutung des Übergangs von der Pubertät zum Erwachsenwerden damit in Verbindung bringt, »dass erst im Alter von 22 bis 23 Jahren die vorderen Areale des Gehirns in ihrer Reifung abgeschlossen sind.«[5] Was bedeute, »dass bestimmte Fähigkeiten von Erwachsenen, wie zielgerichtetes und planvolles Handeln, erst in diesem Alter ausgebildet sind, das man nicht unbedingt mit der Pubertät in Verbindung bringt.« Und genau diese Fähigkeiten sind eine, und da sind sich der Neurowissenschaftler Steinberg und die Psychiaterin Streeck-Fischer mit der bereits mehrfach zitierten Philosophin Susan Neiman einig, ganz wesentliche Voraussetzung dafür, um erwachsen zu werden. Denn es geht dabei um nicht mehr und nicht weniger als um die *menschliche Vernunft,* die darauf angewiesen ist, dass wir von unseren spontanen, besonders den archaischen Gefühlen wie Wut und Angst, absehen können. Und noch ein anderes zentrales Kriterium dafür, erwachsen zu werden, wird davon berührt, nämlich die Fähigkeit, Verantwortung zu übernehmen, für sich und andere. Ohne eine unsere spontanen Gefühle einhegende Vernunft wäre dies nicht möglich.

Selbstkontrolle im Sinne von »Ich weiß, was ich tue« bedeutet jedoch nicht, dabei die eigenen Gefühle gänzlich aufzugeben und auch keine »Selbstdisziplin« in dem Sinne, sich stets dem anzupassen, was gerade von mir verlangt wird. Zu wissen, was man tut, bedeutet vielmehr, Chancen und Risiken des eigenen Handelns unabhängig von dem, was man gerade im Augenblick fühlt, besser kritisch abwägen zu können, womit auch zusammenhängt, wieder mehr auf seine eigene körperliche Unversehrtheit zu achten und ein Gefühl für sich selbst und andere über den Augenblick hinaus zu entwickeln. Dass unser Gehirn uns genau zu dem Zeitpunkt, an dem von uns immer mehr Eigenverantwortung verlangt wird, dieses »Geschenk« macht, sollten wir also nutzen, bildet es doch auch die Voraussetzung zu moralischem Handeln, mit dem wir uns im nächsten Kapitel noch einmal ausführlicher beschäftigen werden.

Allerdings fällt auch die Fähigkeit zur »Selbstkontrolle« nicht einfach vom Himmel. Schon in der frühen Kindheit und auch später bedarf es dazu der selbstständigen Erkundung der Umwelt, bei der man lernt, immer besser auf sich selbst aufzupassen und dabei das eigene Verhalten, auch anhand von negativen Folgen, die es mit sich bringen kann, immer erfolgreicher zu steuern. Wiederum sind der »sichere Hafen« oder das »geöffnete Fenster« dabei die beste Voraussetzung dafür, sich zuzutrauen, einen eigenen Weg einzuschlagen und dabei entsprechende eigene Erfahrungen zu machen. Denn bereits in diesem Zusammenhang lernt ein Kind früh, sich und seine spontanen Impulse besser zu kontrollieren. Verlässlichkeit und Regeln, die seine physische und psychische Unversehrtheit schützen, bilden dazu den geeigneten Rahmen. Im Gegensatz lässt *übertriebene Kontrolle* ein Kind ängstlich werden und raubt ihm die eigenen Erfahrungen, die es machen muss, um die Konsequenzen impulsiven oder »unüberlegten« Handelns zu spüren und sie entsprechend in seine weiteren Verhaltensmuster einzubauen. Während in der Pubertätszeit das Ausmaß an Selbstkontrolle beim »Umbau« des Gehirns also erwiesenermaßen zurückgeht, kehrt es zum Ende dieser Lebensphase und zu Beginn des Erwachsenwerdens langsam wieder zurück. Positive Erfahrungen wie Erfolgserlebnisse in Ausbildung und Studium oder während der Berufsfindung stärken dabei vernünftiges Handeln, das einen ganz bestimmten Plan dann auch deshalb verfolgt, weil es Erfolg damit hatte. Ein Handeln, mit dem ich mich auch, ohne fremdgesteuert zu sein, gefühls- und verstandesmäßig identifizieren kann, womit wir bei der letzten Schlüsselqualifikation angekommen sind, damit das Erwachsenwerden gelingt, nämlich im eigenen Tun auch *einen Sinn* zu sehen.

Sinnfindung:
»Ich bin ich.«

Dass die Suche nach Sinn nicht nur unser Denken und Handeln positiv beeinflusst, sondern dass eine erfüllte Sinnsuche im Leben eine wichtige Ressource für Gesundheit und Wohlbefinden darstellt, gilt heute in der Wissenschaft als unbestrittene Tatsache.[6] Der eigenen Tätigkeit einen Sinn zuzuschreiben und sie erfolgreich zu beenden, stärkt alle anderen Schlüsselqualifikationen zu gelingendem Erwachsenwerden. Jedoch wird über Sinnfindung eher selten bis überhaupt nicht gesprochen. Das Gefühl, etwas aus eigener Sicht Sinnvolles zu tun, unterstützt nachweislich unser Immunsystem, es wirkt gegen Ängste und Depressionen und führt allgemein zu mehr Selbstzufriedenheit.[7]

Eng verknüpft mit der »Sinnfrage« ist auch das »Kohärenzgefühl«, nämlich die Fähigkeit, das, was um uns geschieht, ausreichend verstehen und auch beeinflussen zu können. Der Gesundheitsforscher Aaron Antonovsky sieht es als Garanten physischer und psychischer Gesundheit und verknüpft es ebenfalls mit der Sinnhaftigkeit unseres Tuns.[8] Und der Arzt und Psychotherapeut Eckhard Schiffer sieht in ihm geradezu eine Erwachsenenversion des kindlichen Urvertrauens in die Welt, nämlich im sozialen Austausch mit anderen, die ich verstehe und die mich verstehen, die Welt positiv beeinflussen zu können.[9]

Wohl für keinen Lebensabschnitt ist das Gefühl für die Sinnhaftigkeit meines Tuns von so großer Bedeutung wie für eine Lebensphase, in der sich bestimmte Zukunftsweichen im Leben stellen. Die Fähigkeit, in der Lebensphase des Erwachsenwerdens Entscheidungen zu treffen, die mit einem persönlichen Sinn verknüpft sind, vermitteln bei der Erreichung von Lebenszielen das Gefühl, authentisch gehandelt zu haben und stützen das Gefühl persönlicher Integrität – das Sinnhafte zu tun wird zum Lebenskompass. »Ein Mensch ohne Lebensziel ist wie ein Schiff ohne Ruder«, das wusste schon der schottische Philosoph Thomas Carlyle. Mit andern Worten: Das Schiff, das den sicheren Hafen der Familie verlässt, braucht auf seiner Fahrt ein sinnvolles Ziel – andernfalls verirrt es sich in einem Meer unendlicher Möglichkeiten, verliert zunehmend seinen Kurs, und geht im schlimmsten Fall unter.

Die Frage, ob das, was ich tue, für mich auch Sinn macht, berührt beides: Das »Wohin«, also die Richtung, die ich meinem Leben geben will, und die eigene Identitätsfindung: »Wer bin ich?«. Hat man das Gefühl, es sei sowieso egal, was man macht, es zähle sowieso nicht, verliert man nicht nur den eigenen Lebenshorizont aus dem Blick, sondern fühlt sich leer und nicht authentisch.

Darüber hinaus führt uns die Frage nach dem Sinn des eigenen Handelns über kurzfristig zu erreichende Ziele hinaus, und damit weg von einer Kultur, in der nur das »Event«, nur der Augenblick zählen. »Was ist langfristig wichtig für mich?« – »Was hat für mich eine Bedeutung, die über den Tag hinausreicht?« – »Warum trachte ich danach, es zu Ende zu bringen, obwohl es anstrengend ist und Opfer von mir verlangt?« Ohne die Suche nach dem Sinn meines Tuns sind alle diese Fragen, die sich in der Pubertät so noch nicht stellen, buchstäblich sinnlos – ich brauche sie mir erst gar nicht zu stellen, wenn mir egal ist, ob das, was ich tue, für mich Sinn macht oder nicht.

In einer breit angelegten wissenschaftlichen Studie hat der US-amerikanische Entwicklungspsychologe William Damon mithilfe von Interviews 1 200 Jugendliche und junge Erwachsene im Alter von 12 bis 26 Jahren befragt, ob sie schon ein Lebensziel verfolgen und wenn, welchen Sinn sie damit verbinden würden. Abschließend konnte er anhand ihrer Antworten in einer späteren Befragung herausfinden, wie gut es ihnen gelang, die Lebensphase des Erwachsenwerdens in Angriff zu nehmen.[10] Die Interviewten sollten zunächst angeben, ob überhaupt, und wenn, auf welchem Gebiet sie für sich ein Lebensziel gefunden hätten. Anschließend wurde die Thematik entlang ihrer Antworten entsprechend vertieft: Warum glaubten sie, sei das Ziel, das sie für sich angaben, für sie so wichtig?

Unter den Befragten kristallisierten sich insgesamt vier Gruppen heraus[11]:

* Die *disengaged* waren jene, die noch überhaupt nicht daran dachten, ihrem Leben einen Sinn zu geben, der über den Tag hinausreicht. Früher einmal hätte man sie als »Null-Bock-Generation« bezeichnet. Sie taten nichts, was etwas über ihre Lebensziele ausgesagt hätte. Viele von ihnen wollten nur ihren augenblicklichen Spaß im Leben, andere wiederum wirkten mehr apathisch und ausdruckslos.
* Die *dreamers* reklamierten durchaus Lebensziele für sich, die aber mit ihrer eigenen Wirklichkeit, in der sie lebten, nichts zu tun hatten. Ihre Vorstellungen waren in der Regel völlig unrealistisch, zum Beispiel später einmal ein berühmter Popstar zu werden, eine weltberühmte Erfinderin, Nobelpreisträger, usw.
* Die *dabblers*, womit die »Sprunghaften« gemeint sind, engagierten sich häufig in sinnvollen Tätigkeiten, die sie aber oft wechselten. Heute traten sie einer Gruppe bei, die sich für den Tierschutz engagierte, morgen arbeiteten sie für die Erhaltung der Umwelt, dann wieder beschäftigten sie sich intensiv mit verschiedenen Programmiersprachen, um später ein IT-Unternehmen zu gründen.
* Die *purposeful* hingegen waren die Jugendlichen, die sich schon früh ganz bewusst längerfristige Lebensziele gesetzt

hatten, die ihrem Leben einen Sinn geben sollten. Sie engagierten sich bereits über längere Zeit in einer für sie bedeutungsvollen Tätigkeit und verfolgten dabei vorwiegend nichtmaterielle Ziele. So gaben sie an, etwas tun zu wollen, was sie glücklich und zufrieden mit ihrem Leben macht, an längerfristigen Projekten festhalten zu wollen, dabei Verantwortung zu übernehmen und weniger sich, sondern die sinnvolle Aufgabe in den Vordergrund zu stellen.

William Damon stellte abschließend fest, dass etwa ein Viertel der von ihm befragten Jugendlichen so dachten wie diese »purposeful« – also diejenigen, die sich für ein für sie *sinnvolles* Lebensziel entschieden hatten – und dass unter ihnen genau diejenigen waren, die bei einer erneuten Befragung zwei Jahre später bislang am besten durch ihr Leben gekommen waren. Er fragte sie auch, was für sie ausschlaggebend gewesen war, dass sie ihre Lebensziele so gut formulieren und sich mit ihnen identifizieren konnten. Dazu einige von den jungen Leuten genannte Gründe:

1. Inspirierende Kontakte zu Menschen außerhalb des unmittelbaren Familienzusammenhangs.
2. Die Beobachtung von Menschen, die mit ihrer Arbeit etwas Sinnvolles vollbrachten.
3. Die Einsicht darin, dass man etwas in der Welt bewirken und verändern kann.
4. Die weitere Einsicht, dass sie selbst etwas dazu beitragen können.
5. Sich mit einem Ziel zu identifizieren und beharrlich an ihm festzuhalten.
6. Unterstützung vonseiten der Familie.
7. Die Bereitschaft und Möglichkeit, sich die zur Verfolgung eines sinnvollen Ziels nötigen Fähigkeiten anzueignen.
8. Optimismus und Selbstvertrauen.[12]

Diese Jugendlichen und jungen Erwachsenen wurden also zu Hause von ihrer Familie in ihrem Bestreben nach sinnerfüllter Selbstständigkeit unterstützt und waren ihrerseits in der Lage, auch über den familiären Tellerrand hinauszublicken und für die Interessen, die sie verfolgten, mit anderen für sie wichtigen Menschen (Mentoren) und Vorbildern Kontakt aufzunehmen. Und sie verfügten dabei genau über jene Eigenschaften, auf die ich bereits eingegangen bin: ein hohes Selbstwertgefühl, ein ausgeprägtes Gefühl von Selbstwirksamkeit, über eine authentische Kommunikationsfähigkeit und das Vermögen, sich beharrlich auf seine Ziele zu konzentrieren und sie auch über den Tag hinaus zu verfolgen. Die Vermutung, dass alle diese Schlüsselqualifikationen zu einem gelingenden Erwachsenwerden beitragen, fand also auch in den Untersuchungen von William Damon ihre Bestätigung.

9. Was man sonst noch braucht

»Man sollte sich ab und zu die Zeit nehmen, fernab von allem,
was der Rest der Welt tut oder auch nicht, über das
nachzudenken, was im Leben wirklich Bedeutung hat.«

Anna Rosina, 15 Jahre alt

Im letzten Kapitel habe ich fünf Schlüsselqualifikationen vorgestellt, die den jungen Leuten quasi wie *Instrumente* dabei dienlich sein können, ihre Zeit des Erwachsenwerdens gut zu bestehen. Der gekonnte Einsatz dieser fünf Schlüsselqualifikationen führt jedoch nicht immer zu moralisch-ethisch vertretbaren Resultaten. Ebenso, wie ich mithilfe der Schlüsselqualifikationen etwas für die Schwachen in der Gesellschaft tun kann, kann ich die aufgeführten Eigenschaften auch dazu benutzen, eine schlagkräftige Waffe zu erfinden. Ich kann sogar die Entwicklung einer Waffe als sinnvolle Tat verkaufen, indem ich sage, dass es sonst jemand anderes tun würde, dass genau diese Waffe einen Krieg früher beenden und damit weitere Opfer vermeiden kann. Auch ethisch fragwürdige Haltungen können Antworten auf die Sinnfrage geben.

Betrachtet man es von einem gänzlich neutralen Standpunkt, ist sowohl dem, der sich einer Hilfsorganisation für Flüchtlinge anschließt, als auch dem, der sich am Bau einer mörderischen Waffe beteiligt, das Erwachsenwerden durchaus gelungen. Ich werde nun bei der Betrachtung der Faktoren, die das Erwachsenwerden positiv beeinflussen und unterstützen, das Wagnis eingehen, den neutralen Beobachterposten ein Stück weit aufzugeben, um die Frage nach den *zusätzlichen Kriterien* zu stellen, die ein gelungenes Erwachsenwerden ausmachen.

Dabei soll es aber nicht darum gehen, das Ziel des Erwachsenwerdens nur noch mit moralischen Prinzipien oder Vorschriften zu verknüpfen. Denn gelingendes Erwachsenwerden hat zunächst einmal, wie wir gesehen haben, nichts mit »richtig« und »falsch« zu tun, sondern damit, bestimmte Entwicklungsaufgaben wie zum Beispiel die Ablösung von den Eltern oder die Fähigkeit zu selbstständigem Handeln erfolgreich zu bewältigen. Auf der anderen Seite aber existieren in unserer Gesellschaft durchaus auch *normative Vorstellungen* darüber, was einen »guten« Erwachsenen ausmacht, an die wir mit weitergehenden Überlegungen anknüpfen können.

So wird dem Erwachsenenstatus neben den immer wieder aufgeführten soziologischen Kriterien, einen Beruf gefunden und eine Familie gegründet zu haben, in erster Linie das Vermögen zugeschrieben, *Verantwortung* zu übernehmen. In der von mir spontan durchgeführten Umfrage, was sie darunter verstehen, »erwachsen zu sein« (siehe Seite 28ff.), wurde von fast jeder und jedem, unabhängig vom Lebensalter, genau dieses Kriterium angeführt. Aber was genau ist gemeint, wenn wir davon sprechen, dass »Verantwortung zu übernehmen«, ein so besonderes Kennzeichen für einen erwachsenen Menschen ist?

Gegenüber »äußeren« Kriterien für das Erwachsensein – finanzielle Unabhängigkeit, Beruf, Familie – verbindet sich mit dem Kriterium der »Verantwortung« eine *innere Wertehaltung*, die darauf abzielt, sich in die Lage eines anderen hineinversetzen und für ihn, beispielsweise als Kind, sorgen zu können. Hier wird die *sinnvolle* Lebensführung, auf die wir im letzten Kapitel eingegangen sind, um den *wohlwollenden Bezug* auf andere Menschen erweitert. Nicht länger geht es darum, in einer Handlung nur *für sich selbst* einen Sinn zu sehen, sondern sie am Wohlergehen des anderen auszurichten, bis hin zum Dienst an einer ganzen Gesellschaft.

Suchen wir darüber hinaus nach weiteren Anhaltspunkten, die für ein gelungenes Erwachsensein stehen, besteht ebenfalls weitgehend Einigkeit darüber, dass es in unserer Gesellschaft zur anerkannten Würde des Einzelnen gehört, sein Handeln ohne äußeren Zwang selbst bestimmen zu dürfen, wozu es der Freiheit bedarf, im gesetzlichen Rahmen so sein zu dürfen, wie man will. Auch dazu bedarf es bestimmter persönlicher Ressourcen und Fähigkeiten, von denen ich in diesem Abschnitt einige näher vorstellen werde, wie zum Beispiel das Recht, »Nein« sagen zu dürfen, Fehler zu machen oder sich die Zeit zu nehmen, die man braucht, um über eine verantwortliche Übernahme von Lebenszielen nachzudenken.

Wenn ich also im Folgenden *Empathiefähigkeit, Verantwortung* und die *Freiheit, man selbst zu sein* als weitere »Kriterien« für ein gelingendes Erwachsenwerden anführe, halte ich dies insofern für vertretbar, als darüber in unserer Gesellschaft ein breiter Konsens herrscht. Diese Kriterien orientieren sich so dicht am allgemein anerkannten Wertekanon unserer Gesellschaft, dass wir sie mit einigem Recht zu den Kriterien gelingenden Erwachsenwerdens dazurechnen können, ob die Werte sich nun an Glauben und Religion ausrichten oder an unserer Verfassung.

Empathie

Unter Empathie verstehen wir in der Regel die Fähigkeit, sich in das Schicksal eines anderen Menschen einfühlen zu können, um ihn und seine Handlungsintentionen besser zu verstehen. Aus dieser Fähigkeit, einen anderen »zu verstehen«, wird häufig ein wohlwollender Bezug zu ihm hergeleitet, also es gut mit ihm zu meinen. Auch hier handelt es sich um einen Vorgang, der tief in der feinfühligen Beziehung zwischen dem

Kind und seinen ersten Bezugspersonen verwurzelt ist. Denn nur jemand, der die Erfahrung gemacht hat, mit seiner ganzen Person verstanden worden zu sein und sich dabei geliebt und angenommen fühlen konnte, lernt aus dieser Erfahrung heraus, auch den anderen zu »sehen«.

Dieser Prozess *gegenseitiger Anerkennung,* auf den wir bereits an anderer Stelle eingegangen sind (siehe Seite 140ff.), hat viel mit der Bereitschaft zu tun, sich in die Art und Weise, wie jemand anderes denkt und handelt, einfühlen zu können. Dazu gehört übrigens auch, sich in jemanden hineinversetzen zu können, der *anders* fühlt und denkt als wir und in den wir nicht nur unser eigenes Verständnis von seiner Lage hineinprojizieren: »Empathie bedarf des Wissens um die eigene Unwissenheit.«[1] Dies gelingt umso mehr, je weniger der eigene Blick auf einen selbst gerichtet und somit genügend Raum vorhanden ist, auch den anderen in seiner eigenen und nicht nur ihm zugeschriebenen Identität wahrzunehmen. Damit ist uns Empathie also keineswegs von Geburt an einfach so mitgegeben, sondern muss, von Generation zu Generation, weitergegeben und immer wieder neu erlernt werden. Anders gesagt: Sie ist Teil unserer Kulturwerdung.[2]

Verantwortung

Wie wir es bei den jungen Leuten direkt beobachten können und neurowissenschaftliche Studien gezeigt haben, ist der Übergang von der Pubertät zur Lebensphase des Erwachsenwerdens auch dadurch gekennzeichnet, dass sich der Spielraum unseres Handelns darüber erweitert, dass wir zunehmend in der Lage sind, unsere Gefühle zu kontrollieren. Einem planvollen Handeln kommt damit mehr Gewicht zu. Insofern ist die Suche nach der eigenen Identität und mit ihr verbundener Lebensziele nicht mehr so stark auf einen selbst und das, was gerade in einem vorgeht, fixiert. Solches Absehen von der eigenen Gefühlslage ist aber eine Voraussetzung unter mehreren, Verantwortung nicht nur für sich, sondern auch für andere zu suchen und sie längerfristig zu übernehmen. Ein solches Verantwortungsgefühl erfordert damit eine mit der Bewältigung anderer Entwicklungsaufgaben verknüpfte persönliche Reife, wie sie in der Regel am Ende des Prozesses, erwachsen zu werden, erreicht ist. Auch hier passen geleistete Entwicklungsschritte, die Übernahme einer neuen Sichtweise auf die Welt und eine dazugehörige Praxis, zum Beispiel eine Familie zu gründen, gut zusammen.

Jedoch stellt sich die Fähigkeit zur Übernahme von Verantwortung nicht automatisch ein, sondern muss immer wieder dadurch geübt werden, dass Kinder und Jugendliche mit zunehmendem Alter lernen, für bestimmte Aufgaben und Lebensbereiche nach und nach eine altersgemäße eigene Verantwortung zu übernehmen. Ein guter Ort dafür ist immer noch die Familie, in der man dem Alter des Kindes entsprechend ganz zwanglos darüber spricht, was es bedeutet und welch hohes Gut es ist, für andere Verantwortung zu übernehmen. Das kann schon mit dem Vorlesen von Gute-Nacht-Geschichten beginnen, denn gerade die Kleinen sind sehr bereit, sich in einen anderen und sein Schicksal einzufühlen. Später kommen gemeinsame Gespräche über alles, was um einen herum geschieht und unser Verantwortungsgefühl anspricht, hinzu. Die Schule, die weniger die Verantwortung für andere als das Resultat des eigenen Bemühens in der Konkurrenz zu anderen belohnt, vermittelt ein solches Verantwortungsgefühl nur bedingt. Verantwortung für etwas zu übernehmen, wir haben es in der Geschichte vom »Kleinen Prinzen« gesehen, ist aber ein von unmittelbarer äußerlicher Belohnung weitgehend abgekoppelter Prozess, und dies auch deswegen, weil das Resultat der Übernahme von Verantwortung nicht immer gleich sichtbar wird – die lang andauernde Betreuung und Erziehung von Kindern sind dafür ein sehr gutes Beispiel.

Vielen jungen Leuten kommt die Übernahme derartiger Verantwortung in der Lebensphase des Erwachsenwerdens, besonders wenn sie versuchen, das Leben *im Augenblick* noch möglichst lange zu genießen, spießig und langweilig vor. Und tatsächlich gehört es *auch* zum Ablösungsprozess von den Eltern, eine Weile ohne das Gefühl leben zu dürfen, stets für andere Verantwortung tragen zu müssen. Spätestens aber mit Eintritt in den Beruf und der Gründung einer Familie bedarf es der Herausbildung eines solchen Verantwortungsgefühls auch für andere – sei es als Mitarbeiter in einem Team, in öffentlichen Funktionen oder eben auch als Mutter und Vater. In der frühen Kindheit werden für solcherart Verantwortungsgefühl gute Voraussetzungen geschaffen, die in der Pubertät eher wieder in den Hintergrund geraten, wenn der Blick ganz auf das eigene Selbst gerichtet ist. Zum Ende der Pubertät und dann in der Phase des Erwachsenwerdens kehrt es zurück, auch daran abzulesen, dass sich viele junge Leute nach ihrer Schulzeit zunächst für *soziale Aufgaben* interessieren, auch, wenn sie, außer dem Gefühl, endlich einmal wirklich gebraucht zu werden, nicht immer den eigenen Bedürfnissen entsprechen und dienen. Hier gehen die Übernahme von Verantwortung und das Gefühl, etwas Sinnvolles zu tun, eine gute Verbindung ein. Empathie und Verantwortungsgefühl bereichern als zwei Seiten derselben Medaille das Leben. *Bedingungen*, um erwachsen zu werden, sind sie, sieht man von normativen gesellschaftlichen Vorstellungen, die freilich nicht überall den Ton angeben, einmal ab, jedoch leider nicht.

Die Freiheit, man selbst zu sein

Wenn man am Ende seines Weges, erwachsen zu werden, angekommen ist, hat man sich im besten Fall mehr oder weniger vollständig aus der Abhängigkeit vom Elternhaus befreit und ist bereit, jetzt für sich selbst und andere Verantwortung zu übernehmen.

Zeitgleich damit steht für die meisten auch die Übernahme bestimmter gesellschaftlicher Rollen und, oft damit verbunden, der Übergang hin zu einer mehr oder weniger geregelten Berufstätigkeit an. Womit man sich nach Jahren relativer Freiheit erneut äußeren Zwängen unterwerfen muss. In dieser Zeit, in welcher der soziale Anpassungsdruck wieder stark zunimmt, kommt der Fähigkeit, man selbst zu bleiben, immer größere Bedeutung zu, und zwar auch als eine Ressource, dem eingeschlagenen Lebensweg zu vertrauen. Genauer gesagt geht es dabei um das Recht,

- Nein sagen zu dürfen,
- Fehler zu machen und zu scheitern,
- Zeit zu haben,
- eine andere oder ein anderer zu sein,
- anderswo zu sein,
- traurig zu sein,
- glücklich zu sein.

Vom Recht, Nein sagen zu dürfen

Wir haben in diesem Buch schon an anderer Stelle betont, wie wichtig es für das Kind und den Jugendlichen ist, manchmal auch Nein sagen zu dürfen. Sich dem Willen eines anderen nicht blind zu unterwerfen zeugt schon beim Kind von innerer Stärke und gleichzeitig von der Gewissheit, trotzdem gut aufgehoben zu bleiben. »Nein« sagen zu können ist sicherlich eines der bedeutendsten zusätzlichen Kriterien, wirklich erwachsen geworden zu sein. Davon zeugt im Übrigen die Fülle der vorhandenen Ratgeberliteratur zu diesem Thema, und auch die entsprechenden Fallbeispiele aus psychologischer Beratung und Therapie geben Aufschluss darüber, was passiert, wenn einem schon als Kind das »Nein sagen« systematisch verwehrt und abgewöhnt wurde. Eine Folge ist, sich im Erwachsenenalter nur schlecht oder gar nicht gegenüber übertriebenen Ansprüchen anderer zu wehren – sei es in der Beziehung oder am Arbeitsplatz, bis hin zu frühzeitigem Burnout, aber auch zur Entwicklung von Depressionen.[3]

Das »Nein sagen« sollte man also schon in der frühen Kindheit gelernt haben, wo es auf die allerbesten Vorrausetzungen trifft, weil das kleine Kind schließlich von sich aus immer selbstständiger werden will, um sich nach und nach aus der völligen Abhängigkeit von seinen Eltern zu befreien. Insofern ist ihm sein Autonomiestreben geradezu angeboren, und alles hängt in der Folge davon ab, wie seine nächsten Bezugspersonen damit umgehen, ob sie seinen Selbstständigkeitsprozess mit Wohlwollen begleiten und unterstützen oder ihn einschränken. In diesem Zusammenhang geht es nicht darum, Kindern keine vernünftigen Regeln auf ihren Lebensweg mitzugeben, sondern sie schon früh darin zu unterstützen, dass sie ihre eigene kleine Persönlichkeit entwickeln. Nein sagen zu können hat also viel damit zu tun, die eigene Integrität zu bewahren. Das führt als Erwachsener zu einem selbstbewussten Lebensgefühl.

Umgekehrt ist die Fähigkeit, Nein zu sagen, aber auch eng verknüpft, ja geradezu die Voraussetzung dafür, zu etwas Ja zu sagen – d. h. meinem Leben eine Kontur zu geben.

Vom Recht, Fehler machen zu dürfen und zu scheitern

Auch wenn man zu Beginn des Erwachsenseins schon einen langen Weg zurückgelegt hat und sich dabei in vielen Situationen ausprobieren konnte, ist man fortan keinesfalls vor Fehlern gefeit. Zum Beispiel sich bei der Berufswahl einzugestehen, aufs falsche Pferd gesetzt zu haben und deswegen gescheitert zu sein. Ein solches ehrliches Eingeständnis wird nur dann nicht als persönliche Niederlage empfunden, wenn man es im Zusammenhang damit sieht, sich selbst und seinen eigenen Fähigkeiten treu zu bleiben. Es geht dabei um die Wertschätzung seiner selbst, was die beste Voraussetzung ist, sich selbst Fehler eingestehen und aus ihnen lernen zu können. Eine übermäßige Angst vor Fehlern hat einerseits damit zu tun, Angst vor der Macht anderer, zum Beispiel Vorgesetzter, zu haben und entsprechende Konsequenzen tragen zu müssen, aber auch damit, Fehler unabhängig vom Urteil anderer immer nur auf sich selbst und seine eigene »Unfähigkeit« zu beziehen, anstatt die Voraussetzungen in Augenschein zu nehmen, die zu ihnen führten. Das kann mit äußeren Umständen wie Zeitdruck oder mangelnder Einarbeitung ebenso zu tun haben wie mit noch mangelnder Lebenserfahrung. Auch innerlich von der eigenen Aufgabe noch zu wenig überzeugt zu sein oder sich mit einem an sich klugen Gedanken zur falschen Zeit am falschen Ort zu befinden, gehören dazu.

Die Angst, Fehler zu machen und an ihnen zu scheitern, stammt aus einer in unserer Gesellschaft vorherrschenden Fehler-»Unkultur«, die den Fehler immer nur der Schwäche des Einzelnen deklariert, statt auch das Potenzial zu sehen, das gerade in Fehlern steckt. Schließlich gehören diese dazu. Fehler passieren, wenn man etwas Neues wagt, und es macht Sinn, sich nicht immer nur im Altbewährten zu bewegen. Man kann aus Fehlern lernen, wenn man ihr Entstehen in Augenschein nimmt, ohne Vorhaltungen und Vorwürfe sich selbst oder anderen Menschen gegenüber.

Eine große Rolle bei der Angst vor Fehlern und deren Überinterpretation, so als ginge es dabei geradezu um »Tod oder Leben«, also die Angst vor der Vernichtung der eigenen Existenz, spielt die Beschämung, die manches Kind oder mancher Jugendliche zu Hause, aber besonders auch in seiner Schulzeit erfahren hat, wenn er etwas »falsch« gemacht hat. Geschieht dies zudem noch öffentlich und vor anderen, entwickelt sich daraus sehr häufig eine defensive und abwartende Haltung. Eigenes Denken und eigene Kreativität werden dann bei sich erst gar nicht zugelassen: Auf diese Weise versucht man, Fehlern aus dem Weg zu gehen. Gerade innovative Startups und Firmen wissen heute, dass Fehler und die Überwindung alter Konzepte uneingeschränkt zusammengehören und dass das eine ohne das andere nicht zu haben ist. Sie kritisieren, dass in der Schule Fehler immer nur als Schwäche gedeutet (und entsprechend schlecht benotet) werden, statt aus ihnen heraus Lernprozesse zu entwickeln und damit Neues hervorzubringen.

Die Vorstellung, Entwicklungsaufgaben, die das Erwachsenwerden mit sich bringt, ohne Fehler bestehen zu können, ist eine Illusion. Und der Versuch, Fehler um jeden Preis zu vermeiden, führt in den meisten Fällen zu bloßem Stillstand und Verharren im Status quo.

Vom Recht, Zeit zu haben

Soziologen wie Hartmut Rosa sprechen schon länger davon, dass wir in einer »Beschleunigungsgesellschaft« leben und in diesem Zusammenhang von einem »gravierenden und sich verschärfenden Zeitnotstand«, bzw. von einer »Zeitkrise« betroffen sind.[4]

Tatsächlich haben wir lange daran geglaubt, durch den Einsatz moderner IT-Technologie immer mehr Zeit einsparen und sie damit für uns selbst verwenden zu können. Im Endeffekt jedoch haben wir die bittere Erfahrung gemacht, dass die zunehmend digitalisierte Organisation unserer Lebenswelt zum genauen Gegenteil geführt hat und unser Leben einem immer schnelleren Takt folgt, in dem wir uns wie fremdgesteuert fühlen und unser Selbst gänzlich zu verschwinden droht. »Dank« der digitalen Medien macht mittlerweile fast jeder von uns, an welchem Ort er sich auch immer gerade befindet, die Erfahrung einer ungeheuren Beschleunigung vorhandener Abläufe, die bis tief ins Privatleben reichen: etwa wenn sich manche im Urlaub oder selbst in der Nacht noch verpflichtet fühlen, eingehende E-Mails zu checken, auch deswegen, weil es von ihnen erwartet wird. Immer und überall stets erreichbar zu sein, auf jede E-Mail sofort zu antworten, digitale Datenbanken, die das Resultat dessen, was man sich erarbeitet hat, kontrollieren, Überwachungs-Apps und ständiges Evaluieren – dies alles trägt dazu bei, dass uns die Zeit zum »Eigenerleben« und zur damit zusammenhängenden *Selbstreflexion* immer mehr abhandenkommt. Was dabei auf der Strecke bleibt, sind aber nicht nur die Muße und das Recht, sich auszuruhen, sondern auch die Zeit, mit dem nötigen Abstand zu äußeren Zwängen darüber nachdenken zu können, ob und wie sinnvoll eigentlich ist, was wir gerade tun. Das führt dazu, dass wir aus Zeitmangel ständig weitermachen, ohne über die Konsequenzen unseres Tuns oder dessen Alternativen nachzudenken.

Viele können den sich ständig beschleunigenden Prozessen innerhalb und außerhalb der beruflichen Sphäre nur noch dadurch Folge leisten, dass ihnen die Inhalte, die sie in immer kürzerer Zeit »produzieren« müssen, immer gleichgültiger werden. Jedes Innehalten stört, und dies umso mehr, wenn es das, was wir gerade tun, droht, infrage zu stellen. Wenn aber zum Erwachsensein als erstrebenswertes Ziel – wie die Philosophin Susan Neiman mit Bezug auf den Philosophen Kant schreibt – auch und besonders die Befreiung aus der eigenen Unmündigkeit gehört, dann gehört zum Erwachsenwerden und Erwachsensein ebenso, sich Zeit zu nehmen, um sich immer wieder darüber zu verständigen, wie sinnvoll die Dinge, die uns momentan beschäftigen, eigentlich sind. Darüber hinaus braucht es aber auch Zeit, um menschliche Beziehungen aufbauen und nachhaltig pflegen zu können und nicht im gut organisierten Alltagschaos zu versinken, das keinen Ansprechpartner mehr kennt, sondern nur noch Menschen, die wie Marionetten einem vorgegebenen Drehbuch folgen und sich dabei im Kreise um sich selbst drehen.

Vom Recht, ein anderer, eine andere zu sein

Die Freiheit, man selbst zu sein, hat auch damit zu tun, sich von anderen unterscheiden zu dürfen – mit seiner sexuellen Orientierung ebenso wie mit seinem gesamten Lebensentwurf. Hinsichtlich des Bekenntnisses zur eigenen sexuellen Orientierung sind dabei in nahezu allen westlichen Gesellschaften in den letzten dreißig Jahren enorme Fortschritte gemacht worden. War es vor noch nicht allzu langer Zeit undenkbar, sich zu einer vom Mainstream abweichenden sexuellen Identität zu bekennen, geht damit heutzutage kaum jemand damit noch ein allzu großes Wagnis ein, auch wenn Homophobie in manchen Winkeln unserer Gesellschaft, meistens unausgesprochen, weiterlebt. Aber die Auffassung, dass die menschliche Sexualität eine Vielzahl an Facetten aufweist und Raum lässt, um mit ihr zu experimentieren, setzt sich, zumindest in der jungen Generation, immer mehr durch. Dafür steht das auch bei uns in der Szene bekannte amerikanische Akronym LGBT, das für eine Gleichstellung von Lesben, Schwulen (engl. »gay«), Bisexuellen und Transgendern plädiert.

Vom Recht, anderswo zu sein

Sich mit seiner sexuellen Identität auseinanderzusetzen beginnt bei den meisten mit fünfzehn, sechzehn Jahren. Es geschieht in einer Lebensphase, in der gerade auch auf diesem Gebiet die Lust, Neues zu erfahren, besonders stark ausgeprägt ist, sodass es in diesem Alter – sowohl bei Jungen wie insbesondere auch bei den Mädchen – durchaus vorkommen kann, sich zu wechselnden sexuellen Identitäten zu bekennen. Dabei geht es immer auch darum, im Einklang mit den eigenen Überzeugungen zu leben – ein Anspruch, der wohl in keiner Lebensphase so nachhaltig vertreten wird, wie in dieser. Das endgültige »Outing« erfolgt dann meistens später, Anfang oder Mitte zwanzig, wenn sich die eigene sexuelle Identität als mehr oder weniger eindeutig herausgestellt hat und der Wunsch nach einer dauerhaften Partnerschaft entsteht.

Gegenüber so viel Liberalität mutet es fast paradox an, dass eine Einstellung, die sich gegen die Spielregeln unserer Leistungsgesellschaft richtet, mancherorts deutlich stärker sanktioniert wird. Denn sich dem Konformitätsdruck, »zu liefern«, entziehen zu wollen, fällt wesentlich schwerer als manch anderes »abweichende« Verhalten, doch gehört das Recht, »anderswo zu sein« als dort, wo es ausschließlich um die »Leistung« geht, auch zum Erwachsenwerden. Gerade hier aber wird deutlich, dass der Druck, ab einem bestimmten Alter die von der Gesellschaft vorgeschriebene Rolle als Erwachsener anzunehmen, trotz einer »Anything-Goes-Ideologie« nach wie vor enorm ist. Zumindest eine Zeit lang »gegen den Strom zu schwimmen« kann aber enorm kreatives Potenzial freisetzen, das sich später im Beruf nutzen lässt, wie viele Beispiele nicht zuletzt aus den Anfängen des Silicon Valley zeigen.

Vom Recht, traurig zu sein

Besorgte Eltern versuchen ihren Kindern oft das Recht zu nehmen, auch einmal traurig zu sein, weil sie es als Angriff auf ihr ständiges Bemühen sehen, für ihre Kinder doch nur das Beste zu wollen und alles dafür zu tun. Das ist verständlich und nachvollziehbar. Man übersieht aber, dass Kinder von uns unabhängige Wesen mit ganz eigenen Gefühlen sind, die nur ihnen gehören und respektiert werden müssen. Ein Kind, das Kummer hat, sollte diesen Kummer ausleben dürfen, indem es ihn für sich ernst nehmen darf und ihn nicht künstlich überspielen muss, sich also nach außen nicht zu verstellen braucht. Dasselbe gilt auch für die, die erwachsen werden und denen es nicht immer einfach fällt, dem Gefühl der Trauer, außer bei erkennbaren äußeren Anlässen, nachzugeben. Sei es, dass man einer verlorengegangenen Beziehung zu einem anderen Menschen nachtrauert, einem Projekt, das sich nicht realisieren ließ oder einer verpassten Gelegenheit, dem eigenen Leben eine Wende zu geben. Oder, dass man sich an manchen Tagen auch einmal »nur« grundlos traurig fühlt. In einem zeitlich streng geregelten Tages- und Lebensverlauf mit entsprechenden Leistungsanforderungen bleibt für das wertvolle, weil ebenfalls kreative Prozesse freisetzende Gefühl des »Traurigseins« dann leider kein Platz mehr. Hinzu kommt, dass wir dem äußeren Anschein nach in einer »Wohlfühlgesellschaft« leben, in der, wie uns die Werbung und viele Medien immer wieder versuchen weiszumachen, für das Gefühl der Trauer kein Platz ist, da es in diesem Zusammenhang nur dysfunktional wirkt. In einer Event-und Spaßkultur wird sie von vielen als störend, als Sand im Getriebe empfunden. Das Recht, traurig zu sein, gehört aber ebenso zum Erwachsensein dazu wie auch das Gegenteil, nämlich glücklich zu sein.

Vom Recht, glücklich zu sein

Jeder Mensch hat das Recht, nach Glück zu streben, so sieht es die amerikanische Verfassung vor. Eine durchaus gelungene Formulierung, denn das Recht, nach Glück zu streben ist ja etwas anderes, als ein Anrecht auf Glück zu haben. Das Recht, nach Glück zu streben, bedeutet vielmehr, dass dafür im Leben genügend Platz sein sollte, und sich nicht alles nur darum dreht, vorgegebene gesellschaftliche Forderungen zu erfüllen, wie zum Beispiel ein Studium oder eine Ausbildung fristgerecht zu beenden, um dann möglichst rasch einem Beruf nachgehen zu können. Nach persönlichem Glück zu suchen ist also in einer streng auf Leistung bedachten Gesellschaft wie der unsrigen gar nicht so selbstverständlich, wie es auf den ersten Blick scheint. Dabei scheint doch das Streben nach Glück eine der wenigen konstanten Eigenschaften im Leben der Menschen zu sein, die allen, unabhängig von ihren jeweiligen Erfahrungen, mitgegeben ist, auch wenn es sich auf ganz unterschiedliche Themen und Lebensbereiche erstrecken kann. So meint der eine, sein Glück nur in menschlichen Beziehungen finden zu können, für den anderen bedeutet höchstes Glück, eine schwierige Arbeit oder ein Lebensprojekt zu Ende zu bringen. Und wiederum andere sehen ihr Glück in materiellem Besitz.

Von solchem Glück, das mehr auf einen lang andauernden Zustand abzielt, unterscheidet sich das Glück, das man nur im Augenblick erfährt, das flüchtig ist und vor allem in unserer Erinnerung weiterlebt. Dieses Glück kommt ohne Bestandsgarantie daher, denn es ist nicht abrufbar, geschweige denn zu kaufen. Man kann nicht einmal versuchen, es für sich herzustellen, denn es entzieht sich meistens der willentlichen Planung. Solche Glücksmomente sind selten und lassen sich, manchem Versprechen »positiver Psychologie« zum Trotz, auch nicht erlernen. Denn solches Glück lässt sich niemandem vermitteln, geschweige denn vorschreiben, es nistet für jeden von uns in ganz unterschiedlichen Nischen, aus denen es nur selten hervorkommt. Solches Glück ist unteilbar. Unteilbar auch in dem Sinne, dass es schwierig ist, es jemandem in dem Augenblick, in dem man es empfindet, überhaupt adäquat mitzuteilen. Nicht ohne Grund heißt es dann, *sprachlos glücklich* zu sein – ein hohes Gut, vielleicht das höchste Gut im Leben eines Menschen, wenn es einen trifft. Und dennoch ist solches Glück zu erfahren auch kein Zufall. Nur wer sich vom Leben angenommen fühlt, dem Leben vertrauen und sich ihm hingeben kann, wird es für sich erleben. Denn zu dieser Art von Glück gehört auch, sich und seine eigene Geschichte zumindest für kurze Zeit aus dem Spiel nehmen zu können, damit nichts Störendes in dieses Glücksempfinden eindringen kann. Tatsächlich gelingt dies auch solchen Menschen, denen ansonsten sämtliche materiellen Voraussetzungen dazu fehlen. »Arm, aber glücklich« ist eine riskante Redewendung, mit der sich leicht Ungleichheit und Ungerechtigkeit verschleiern, ja sogar rechtfertigen lässt. Aber dennoch ist etwas Wahres daran. Denn genau das macht die Empfindung augenblicklichen Glücks aus, dass es nahezu bei jedem und ohne jegliche Voraussetzung eintreten kann.

Das Recht, glücklich zu sein, meint also beides: Auf einen Zustand im Leben hinzuwirken, in dem man sich auf lange Sicht glücklich fühlt, was meistens bedeutet, dass man für längere Zeit eins ist mit sich und dem, was man im Leben erreicht hat. Das Streben nach diesem Zustand, wie es die eingangs zitierte Redewendung in der amerikanischen Verfassung offensichtlich meint, und das einen Vorgang beschreibt, den jede und jeder anders für sich definiert, trägt sicherlich zum gelingenden Erwachsenwerden ebenso bei wie all die anderen angeführten Merkmale. Eine Voraussetzung für gelingendes Erwachsenwerden ist es aber ebenso wenig wie die Fähigkeit, für andere Verantwortung zu übernehmen, sich mit seiner Person von anderen abgrenzen zu können, Zeit im Leben zu haben, und auch traurig sein zu dürfen, wenn einem danach ist.

10. Loslassen oder festhalten?
Die Rolle der Eltern

»Man baut ein Schiff, dass es den Hafen verlässt.«

Lucien, 33 Jahre alt

Als das Kind Kind war,
ging es mit hängenden Armen,
wollte der Bach sei ein Fluss,
der Fluss ein Strom
und diese Pfütze ein Meer.

So lautet die erste Strophe des »Lied vom Kindsein«, das der Schriftsteller Peter Handke für den Film »Der Himmel über Berlin« von Wim Wenders schrieb.[1] Ähnlich wie in dem bereits zitierten »Circle Game« der Songwriterin Joni Mitchell beschreibt auch dieses Lied den Wandel des Kindes zum Erwachsenen.

Am Anfang ist noch alles möglich, alles lässt sich verändern. Man muss nur fest daran glauben, dass sich Bäche in Flüsse und Pfützen in Meere verwandeln können. Auch hat das Kind noch keine festen Gewohnheiten und Absichten wie der Erwachsene. Es lebt nur im Hier und Jetzt. Wird es älter, fängt es an, sich zu fragen, wer es ist und fragt nach dem Zustand der Welt, in der es lebt. Ganz allmählich wird es sich seiner Vergänglichkeit bewusst und schließlich erwachsen – und damit aus dem Paradies seiner kindlichen Vorstellungen über das Leben und den Tod vertrieben.

Als das Kind noch ein Kind war ... Wie gern erinnern sich nahezu alle Eltern an diese Zeit zurück! Denn für die meisten gilt: Es war eine schöne Zeit.

Was waren sie »damals« doch süß, stellen sie dann beim Blättern im Fotoalbum fest, wie herrlich war es, sie zu beobachten, wenn sie eines nach dem anderen lernten, fröhlich, neugierig, selbstbewusst, zielstrebig. Da waren das erste Lächeln, die ersten Schritte, die Freude in ihren Gesichtern, wenn man sie von der Kita abholte, da gab es das erste Mal »woanders« schlafen und die ersten Ausflüge ganz allein. Und Tränen der Anhänglichkeit.

Später begann die Schule, was gebührlich gefeiert wurde, obwohl das Leben für alle jetzt ein bisschen anstrengender wurde. Denn der Druck von außen auf die Kinder nahm zu: fördern und leisten statt spielen und träumen waren plötzlich angesagt. Und für die Eltern begann damit eine Gratwanderung: Was von diesem Druck darf ich an mein Kind weitergeben, und wo muss ich dem – zusammen mit meinem Kind – Einhalt gebieten, um seine Gesundheit, Integrität, seine Neugierde und Lernfreude zu erhalten? Und trotz aller Hindernisse, die zu überwinden waren: Immer Neues lernten die Kinder, entwickelten sich immer weiter, wurden größer, wurden älter, erkundeten ihre Umwelt mit neuem Ernst, stellten neue und andere Fragen und träumten alsbald von dem, was sie in Zukunft einmal alles werden wollten. Mit zwei Jahren, so, wie bei Peter Pan behauptet, war die Kindheit keinesfalls vorüber.

Freunde kamen und gingen, zum Spielen, zum Quatschen, unter ihnen die »beste« Freundin und der »beste« Freund; und wenn diese Freundschaften zerbrachen, herrschte großer Kummer. Die Freizeit ihrer Kinder stellte die Eltern vor neue, andere Probleme, denn immer mehr fraßen sich die digitalen Medien in sie hinein – wieviel davon war erlaubt, wieviel schadete? Statt wie in der eigenen Kindheit schimmerte des Nachts jetzt nicht mehr das Licht einer Taschenlampe durch den Türspalt und verriet nächtliche Lektüre, sondern der bläuliche Schatten digitaler Medien, und kein Buch wurde beim Betreten des Zimmers schnell unters Kopfkissen geschoben, nur das digitale Flimmern erlosch.

Die Kinder kamen in die Pubertät, und alles veränderte sich noch einmal. Die Eltern mussten langsam lernen, wirklich loszulassen – und je länger diese Zeit andauerte, desto mehr ahnten sie, dass ihre Kinder sie eines Tages endgültig verlassen würden. Ein Gedanke, verbunden mit einer Mischung aus ängstlicher Erwartung und Stolz, bis hierher doch ganz gut über die Runden gekommen zu sein.

Und plötzlich wird es dann ernst mit dem Abschiednehmen, denn das Ende der Schulzeit kündigt sich an, und allen Eltern stellt sich die Frage: Wie geht es jetzt weiter? Bleibt mein Kind noch eine Weile zu Hause, oder macht es sich sofort auf den Weg? Vielleicht erst einmal auf Weltreise, mit den Worten: »Ich muss das jetzt machen, denn diese Chance bekomme ich in meinen Leben nie wieder!« Andere wiederum beginnen zielstrebig mit ihrer Ausbildung, und einige haben noch gar keinen Plan. Sie wollen sich von ihrer Schulzeit erst einmal »erholen« und bleiben daheim, um zu »chillen«, wie sie sagen.

Das Leben der Eltern verändert sich. Vorbei die Zeit, als sie zusammen mit ihren Kindern aufgestanden sind, ihnen das Schulbrot mitgaben, Schluss mit der Frage »Wie war es in der Schule?«, auf die meist ein »Gut« hingenuschelt wurde, unabhängig davon, ob es wirklich gut war.

Und wenn die Kinder dann tatsächlich ausziehen: die ganz große Stille. Keine Horden von Jugendlichen fallen mehr ein, gemeinsam den Kühlschrank zu plündern, kein dröhnender Beat mehr aus dem »Kinderzimmer«, der die Nachbarn zum Ausflippen bringt, kein dumpfer Aufschlag der Schultasche im Flur beim Nachhausekommen. Stattdessen: Leere. Die Ruhe *nach* dem Sturm. Und Eltern verwandeln sich in virtuelle Wesen, wenn sich die Kommunikation mit ihren Kindern fortan hauptsächlich über SMS und Whatsapp abspielt.

Bei den Elternratgebern, in die viele vorher immer wieder einmal hineingeschaut hatten, herrscht jetzt die große Flaute. Gab es bislang eigentlich zu jeder Lebensphase und zu wirklich jedem Problem, das sich in der Erziehung auftat, ein passendes Buch mit nützlichen oder auch weniger nützlichen Tipps, herrscht in der Bücherflut an dieser Stelle große Ebbe. Ein Regal mit der Überschrift »Erwachsenwerden« ist nirgendwo in Sichtweite. Wobei doch die meisten Eltern intuitiv wissen, auch nach Gesprächen mit anderen Eltern, die schon ältere »Kinder« haben, dass das Verfallsdatum ihres »Elternseins« noch keinesfalls erreicht ist, sondern nur eine neue Zeitrechnung für sie beginnt. Dass das Leben mit Kindern jetzt andere Spielregeln verlangt als vorher – nur welche? Fest steht: Jetzt kann es nicht mehr darum gehen, ständig um sie herum zu sein und in ihr Alltagsleben hineinzuregieren, zumal sie sich meistens außerhalb ihrer Reichweite befinden. Und dennoch spüren Eltern bei sich weiterhin eine Art Mitverantwortung dafür, dass ihre Kinder, jetzt schon fast erwachsen, ihr Leben möglichst gut in den Griff bekommen. Welche Rolle also spielen sie bei dieser schwierigen Gratwanderung zwischen Loslassen und Festhalten?

Eltern sind keine Freunde

Kaum eine persönliche Beziehung hat sich in den letzten Jahrzehnten so stark verändert wie das Verhältnis zwischen Eltern und ihren Kindern. Nahezu überall herrscht bei uns ein mehr oder weniger entspanntes Verhältnis zwischen Eltern und Kindern, und die bereits zitierte »Vermächtnis-Studie«, die auch zu dieser Fragestellung mehr als 3 000 Personen repräsentativ befragt hat, kommt sogar zu dem Schluss, dass sich die Eltern und ihre Kinder in ihrem Lebensstil und ihrer Lebenseinstellung mehr oder weniger angeglichen haben.[2] Den diese Annäherung unterstützenden Erziehungsstil, an dem sich die jungen Erwachsenen – ganz im Gegensatz zu vorherigen Generationen – sogar *selbst* orientieren wollen, nennen Psychologen »autoritativ«, weil er sich zwischen autoritärem Gehabe einerseits und dem völligen Verzicht auf Erziehung, dem sogenannten Laissez-faire, andererseits, eingependelt hat. Was jedoch nicht gleichbedeutend damit ist, dass sich Eltern und Kinder dadurch als gleichberechtigte Partner im Umgang miteinander sehen. So wird es zu Hause auch heute noch dann und wann ungemütlich, und zwar besonders, wenn es um die Leistungen in der Schule geht. Gute Schulleistungen sind heutzutage *der* »Tauschwert« dafür, dass Kinder und Jugendliche in den Genuss größtmöglicher Freiheiten kommen. Während in nahezu allen anderen Bereichen Entspannung und Lockerheit eingekehrt sind, ein friedliches Miteinanderauskommen, hat sich die Lage hier in den letzten Jahren eher noch verschärft. Denn schon früh wird unseren Kindern, gerade auch über ihre Eltern, der enorme Leistungsdruck, wie er von einer globalisierten Wirtschaft bis in die feinsten Poren unserer Gesellschaft spürbar ist, weitergegeben. Hier kennen die meisten Eltern kein Pardon – aber sonst?

Ich erinnere mich gerne an eine Situation, als zwei meiner Söhne mit ihrer Band ein Benefizkonzert für ein Jugendzentrum spielten. Das Durchschnittsalter des Publikums lag bei geschätzten 15 bis 23 Jahren, es war der erste warme Juniabend im Jahr, die Stimmung unter den Jugendlichen entsprechend ausgelassen. Als wir unsere Kinder vorher fragten, ob sie einverstanden wären, dass wir später einmal vorbeikommen, antworteten sie unisono: »Ja klar, schön, dass ihr kommt.« Eine solche Antwort wäre vor 40 Jahren völlig undenkbar gewesen. Ich selbst wäre damals wahrscheinlich von der Bühne gekippt, wenn ich meine Eltern beim ersten Auftritt unserer Band Ende der 1960er Jahre im Publikum ausgemacht hätte. Stattdessen wurden wir, als wir um Mitternacht dort auftauchten, nicht nur von den eigenen Kindern, sondern auch ihren Freunden auf das herzlichste begrüßt, alle freuten sich, dass wir dabei sein wollten und auch sonst nahm niemand kritisch Notiz von den älteren Herrschaften – wir waren zusammen mit wenigen anderen die einzigen –, die sich dort unter die Jugendlichen gemischt hatten. Ich fürchte, wir selbst hätten unsere Eltern damals hinsichtlich ihres Verbleibens vor die Alternative gestellt: Ihr oder wir. Geschämt für sie hätten wir uns allemal.

Sich für seine Eltern zu schämen gehört natürlich auch heute noch zum Heranwachsen. Das beschränkt sich in den meisten Fällen aber auf die Pubertätszeit, wenn Kinder mit zehn, elf Jahren auf Spaziergängen und Wanderungen anfangen, ihren Eltern gegenüber einen Sicherheitsabstand von mindestens 100 Metern einzulegen, damit möglichst niemand bemerkt, dass sie und die, die da vorneweg marschieren, zusammengehören. Und wenn man sie morgens zur Schule bringt, weil sie wieder einmal verschlafen und ihren Bus verpasst haben, lässt man sie besser ein paar Ecken entfernt vom Haupteingang aussteigen. Wobei man diese Form von Scham nicht allzu persönlich nehmen sollte, denn sie deutet auf eine erste, freilich etwas unbeholfene Art hin, sich langsam von den eigenen Eltern abzugrenzen, was gerade in diesem Alter keine leichte Angelegenheit ist. Und zu Hause, wenn niemand zusieht, möchten die, die draußen schon so erwachsen tun, ja auch dann und wann gerne wieder in den Arm genommen werden und ganz Kind sein.

Parallel zu solchen Zwischenschritten, die Ablösungsprozesse bedeuten, entwickelt sich die Beziehung zwischen Eltern und ihren Kindern heutzutage jedoch meistens ausgesprochen harmonisch. Eltern und Kinder besuchen gemeinsam Rockkonzerte – und nehmen sogar den Opa mit, wenn es Musik aus »seiner« Zeit ist –, Mütter gehen mit ihren Töchtern, (aber zunehmend auch mit ihren modebewussten Söhnen) gemeinsam shoppen, man wählt sich gemeinsam eine DVD für den Abend aus, diskutiert Neuanschaffungen im Haushalt oder bespricht, was es abends zum Essen gibt. Väter holen sich fachkundigen Rat bei ihren Söhnen ein, wenn es um den Kauf einer neuen Gitarre geht, die gemeinsam erworben wird und nicht selten im Zimmer des Sohnes verschwindet, und alles fängt bereits damit an, dass schon verhältnismäßig kleine Kinder ihren Eltern als »digital natives« zeigen, wie man das neu erworbene Smartphone bedient oder den Fernseher programmiert.

Viele nennen diese neue Art von Beziehung zu ihren Kindern »partnerschaftlich« oder sogar »freundschaftlich«, doch beides trifft nicht ganz zu. Denn zumindest bis zum Ende ihrer Schulzeit, also bei den meisten bis zur Erreichung ihres 18. Lebensjahres, handelt es sich um keine gleichberechtigte Beziehung wie die zwischen wirklichen Partnern. Sie mag sich in vielerlei Hinsicht durchaus auf »Augenhöhe« bewegen, aber eben nicht gleichberechtigt, eher *gleichwürdig*, wie es der Familientherapeut Jesper Juul so treffend ausdrückt.[3] Gleichwürdig meint, die Würde und die Integrität des Kindes und Jugendlichen anzuerkennen, und das eigene Verhalten nicht davon abhängig zu machen, dass sich das Kind oder der Jugendliche dem eigenen Willen unterwirft. »Gleichwürdig« meint ein gegenseitiges, respektvolles Verhältnis als Voraussetzung, auch in der Lebensphase des Erwachsenwerdens gut miteinander auszukommen. Dennoch handelt es sich, ob man will oder nicht, zwischen Eltern und Jugendlichen immer auch um ein »Machtverhältnis«, das bis zur Erreichung der Volljährigkeit gesetzlich geregelt ist, aber auch darüber hinaus bestehen bleibt. Es resultiert beim Kind, selbst wenn es erwachsen geworden ist, aus der Erfahrung seiner frühen Abhängigkeit von seinen Eltern, d. h. aus der durchaus positiv empfundenen »Macht« der Eltern, es zu versorgen, es zu trösten, sich bei ihnen sicher und geborgen zu fühlen. Genau dieses »Macht«-Verhältnis nistet sich unausgesprochen in *jede* Eltern-Kind-Beziehung ein – allein der erschrockene Blick eines 17- oder selbst 30-Jährigen auf seine Eltern, bei irgendetwas auf frischer Tat ertappt worden zu sein, und sei es noch so belanglos, spricht Bände.

Und genauso wenig, wie Eltern »Partner« des Kindes sind, verhält es sich auch mit der angeblichen »Freundschaft« zwischen ihnen und ihren Kindern.

Manche Eltern bemühen dieses Wort gerne, um sich jünger zu machen, als sie sind. Etwa wenn eine Mutter von ihrer Tochter als »ihrer besten Freundin« spricht und sich genauso kleidet wie sie oder denselben Interessen nachgeht; oder sich der Vater in denselben Joggingklamotten mit seinem Sohn auf den Weg macht, um eine halbe Stunde später mit hängender Zunge hinter ihm herzulaufen. Daneben soll dieses Wort, gerade wenn die Kinder älter werden und die Schule verlassen haben, anzeigen, dass im Verhältnis zu ihnen jetzt eine neue Seite aufgeschlagen wird, was ja stimmt, für die das Wort »Freundschaft« aber der falsche Begriff ist. Denn Freundschaft geht von zwei gleichberechtigten Beziehungspartnern aus, die freiwillig zueinander gefunden haben und ihr Verhältnis auch immer wieder auflösen können, wenn es sich abgekühlt hat. Genau das aber funktioniert mit Eltern nicht! Zum einen hat man sie sich nicht ausgesucht, denn sie sind von Anfang an einfach da – ungefragt. Und auch wenn man den Kontakt zu ihnen abbricht, wird man sie nicht los. Man träumt von ihnen, macht ihnen weiterhin Vorwürfe, sieht sich als ihr Opfer, leidet unter dem Bruch, selbst wenn man dieses Leiden oft nicht zugeben will.

Eltern bleiben Eltern, und Kinder bleiben Kinder – dies gilt eben auch, wenn sich die Beziehung zwischen ihnen so harmonisch gestaltet wie heute und oft von gegenseitigem Respekt für einander gekennzeichnet ist. Mütter und Väter rufen ihrem 30-jährigen Sohn beim Verlassen des Hauses noch fast »automatisch« nach, er solle sich wärmer anziehen, um sich nicht zu erkälten. Und obwohl sie bereits auf einjähriger Auslandsreise gewesen sind und jetzt an einem weit entfernten Studienort wohnen, sehen Eltern nachts, wenn ihre Kinder in den Semesterferien bei ihnen zu Hause aufkreuzen, noch auf die Uhr und machen sich um drei Uhr morgens Sorgen, wo sie denn bleiben. Und die Kinder? Sie mögen sich von den Eltern nicht nur räumlich entfernt, sondern auch innerlich ein Stück weit abgegrenzt haben. Und machen sich trotzdem Gedanken darüber, wie ihre Eltern reagieren, wenn sie einmal Mist gebaut haben, wenn sie das Studium oder ihre Ausbildung abbrechen, weil sie sich anders entschieden haben, den Führerschein verloren haben, usw. Umgekehrt bereitet es ihnen immer noch Freude, ihren Eltern mitzuteilen, wenn sie bei etwas Erfolg hatten, ganz so, als würden sie wieder einmal eine Eins mit nach Hause bringen. Das alles gehört zu dieser Beziehung, in die wir alle, ob wir wollen oder nicht, unser Leben lang so fest und unwiderruflich verwurzelt sind wie in keine andere. Und genau das unterscheidet sie von den Freundschaften, die wir in unserem Leben mit jemandem eingehen, so tief sie auch sein mögen.

Tritt zurück und bleibe verbunden!

Auch wenn die Beziehung zwischen Kindern und Eltern ein Leben lang andauert, verändert sich die Rolle der Eltern noch einmal grundlegend, wenn sich ihre Kinder nach dem Schulabschluss endgültig selbstständig machen. Die ursprüngliche Aufgabe der Eltern, ihre Kinder von der frühen Kindheit bis zum Ende der Pubertät zu erziehen, hat ausgedient. Nicht nur, dass die Kinder jetzt formell volljährig sind und nach Gesetzeslage tun und lassen können, was sie wollen; auch der Erziehungsmechanismus, ihnen im schlimmsten Fall bei Androhung von Strafen etwas vorzuschreiben, greift nun nicht mehr. Kam »das Kind« früher ein paar Male hintereinander nachts später als zum verabredeten Zeitpunkt nach Hause, war eben für die nächsten zwei Wochen Schluss mit der Party unter Freunden. Und wenn der Sohn oder die Tochter meinte, der Schule einen Laufpass geben zu können, wurden vielleicht die härtesten Sanktionen aufgefahren, die zur Verfügung standen. Aber jetzt, wenn die Kinder das Haus verlassen und ihr Leben selbst in die Hand nehmen? Da hilft im äußersten Fall nur noch, den Geldhahn zuzudrehen – nicht besonders einfallsreich und wahrscheinlich auch nicht besonders lange durchzuhalten.

Zu Beginn ihrer neuen Lebensphase sind sich die jungen Leute noch unsicher, was genau auf sie zukommt. Das bedeutet, dass nicht nur die Eltern ihr Verhältnis gegenüber ihren Kindern neu bestimmen, sondern auch ihre »Kinder« sich erst einmal an die neue Unabhängigkeit von ihren Eltern gewöhnen müssen. Das betrifft, wenn sie aus dem Haus gegangen sind, zum einen alltägliche Routinen, die sie bisher, meistens mit erstaunlich gutem Gewissen, ihren Eltern überließen. Manche von ihnen melden sich jetzt täglich aus der Ferne, wenn es um irgendeine Lappalie wie ein Waschprogramm geht, andere seltener, und andere gar nicht. Bedeutender aber ist, dass die jungen Leute jetzt auch fernab alltäglicher Routinen mit ihrem »Alleinsein« fertig werden müssen. Nicht nur, dass ihnen die Leitplanken von Schule und Elternhaus abhandengekommen sind, ständig müssen sie jetzt Entscheidungen treffen, die ihnen keiner mehr wie früher abnimmt, und sei es auch durch Druck oder Androhung von Sanktionen. Und auch mit dieser Situation gehen sie ganz unterschiedlich um. Einige kehren in kurzen Zeitabständen immer wieder mal zurück, brauchen noch einmal »Elternluft« zum Atmen, um nach und nach besser auf eigenen Füßen stehen zu können. Andere wiederum benötigen erst einmal Abstand und verschwinden vorübergehend mehr oder weniger ganz von der Bildfläche. Und auch der Kontakt per Mail, Whatsapp, SMS, Facebook, Skype oder – eher selten geworden – Anruf, gestaltet sich von Kind zu Kind, übrigens auch unter Geschwistern, ganz unterschiedlich. Die einen pflegen ihn regelmäßig, andere verzichten ganz darauf. *Jedes Kind wählt seine eigene Strategie, um sich abzunabeln.*

Gefragt ist jetzt vor allem die *Zurückhaltung* der Eltern, um den Kindern genügend Raum zur Verfügung zu stellen, sich selbstständig zu entwickeln, wozu auch gehört, zu lernen, die eine oder andere Krise allein zu überstehen. Dabei sollten sich die Eltern an einer bewährten Regel orientieren, die besonders jetzt, wo die Kinder erwachsen werden, gilt: Abwarten, bis das Kind *von sich aus* mit seinen Fragen, Wünschen, ja, auch seinen Problemen, auf sie zukommt. Natürlich verlangt es Stärke und Geduld, dabei zuzusehen, dass aus der eigenen Perspektive das eine oder andere gerade schiefläuft. Aber die jungen Leute müssen jetzt ohne elterlichen Beistand mit ihrem Leben zurechtkommen und sind ab 18 Jahren beileibe keine Kinder mehr, die ständig auf ihre Eltern angewiesen sind – auch wenn manche Eltern immer noch davon ausgehen und es sich manche sogar wünschen. Und sie werden sich, wenn sie Hilfe benötigen, schon von selbst melden. Sogar, was Beziehungsprobleme betrifft, wenn sie (und die beste Freundin oder der beste Freund) einmal wirklich nicht weiterwissen. Aber ansonsten müssen Eltern – außer es geht um etwas, das unmittelbar die Gesundheit und das Leben ihres Kindes gefährden könnte – lernen, dass sie mit ihren eigenen Vorstellungen vom Leben, die sie so gerne auf ihre Kinder übertragen würden, nun nicht mehr in der ersten Reihe sitzen.

Vielen Eltern und gerade denen, die bislang ein sehr enges Verhältnis zu ihren Kindern hatten, fällt dies, besonders zu Anfang, sehr schwer. Wenn ihnen dann noch ein Satz herausrutscht wie »Dieser junge Mann passt doch gar nicht zu dir« oder »Du solltest dich etwas mehr deinem Studium widmen und nicht so sehr dem Nachtleben« gerät das Verhältnis zu ihrem Kind häufig in eine Krise. Denn solche Bemerkungen werden bei jungen Menschen, die dabei sind, erwachsen zu werden, zunächst einmal als tiefe Kränkung empfunden, da sie offen an ihrer Fähigkeit zweifeln, allein und selbstständig die richtigen Entscheidungen treffen zu können. Andererseits sind ihnen ihre Eltern aber auch keinesfalls egal, und ihr Urteil bedeutet ihnen nach wie vor sehr viel – also geraten sie in eine Zwickmühle, aus der sie nur schwer wieder herausfinden. Wenn man als Eltern also das Gefühl hat, sich in das Privatleben der eigenen Kinder einmischen zu müssen, sollte dies immer in Form von Ich-Botschaften geschehen und die *eigenen Ängste*, die meistens Anlass zu solchen Interventionen sind, sollten dabei offen zugegeben und angesprochen werden. Meistens lässt sich die Situation auf diese Weise schnell entdramatisieren, denn nicht selten projizieren Eltern eigene Ängste in die Entscheidungen und Handlungsweisen ihrer Kinder, die bei näherem Hinsehen und vor allem *aus deren*

Perspektive gar nicht die Bedeutung haben, die Eltern ihnen von außen beimessen.

Hinzu kommt, dass die Kinder gerade in dieser Lebensphase, in der sie sich endgültig von ihren Eltern abnabeln, das Gefühl brauchen, dass man ihnen *vertraut*. Ja, dass sie auch Fehler machen dürfen und dafür nicht mehr wie kleine Kinder »bestraft« werden. Dass sie sich einmal irren dürfen. Zu akzeptieren, dass sie – manchmal nur für kurze Zeit, manchmal auch für länger – zu ganz anderen Einstellungen finden als die Eltern selbst. Noch einmal, weil es so wichtig ist: Die Zauberformel in diesem Lebensabschnitt lautet, die Kinder *von sich aus* auf einen zukommen lassen und ihnen dabei zu vertrauen. Oder anders formuliert: *Tritt zurück und bleibe verbunden.*[4] Und dies auch, wenn sie eine Zeitlang schweigen, um zu lernen, sich selbst zurechtzufinden. Solches Schweigen tut weh, aber wenn das Verhältnis vorher gestimmt hat, finden sie ihre Sprache mit Sicherheit zurück.

Diese Art von zurückhaltender Elternliebe und Distanz zu wahren fällt einem im Übrigen einfacher, wenn die Kinder ausgezogen sind und sich an einem anderen Ort aufhalten, und zwar deswegen, weil man jetzt nicht mehr alles mitbekommt, was sie »treiben« und man sich somit auch weniger Sorgen um sie macht. Bleiben sie vorerst noch zu Hause, fällt den Eltern die Wahrung von Distanz zu dem, was sie so tun und lassen, bedingt durch ihre ständige Anwesenheit einfach schwerer, sodass vieles dafür spricht, dass es sowohl den jungen Leuten wie auch ihren Eltern guttut, bald nach Ende der Schulzeit, wenn es die Umstände erlauben, an unterschiedlichen Orten zu leben.

Ob nun die Kinder noch eine Weile zu Hause bleiben oder gleich ausziehen, aus ihren Eltern werden von jetzt an *Lebensbegleiter*, die gleichsam »hinter der Bühne«, in der Kulisse weiterhin eine gewichtige und manchmal von ihnen selbst unterschätzte Rolle spielen. Denn niemand kennt ihre Kinder so gut wie sie. Sie sind kluge Beobachter, und wenn man sie darum bittet, treten sie manchmal kurz noch einmal hervor und stehen ihren Kindern zur Seite.

Milena, meine 21-jährige Interviewpartnerin, bringt es treffend auf den Punkt: »Man lässt sich nichts mehr sagen, aber bittet sie um Rat. Früher, als man jünger war, bekam man Rat – auch ohne dass man danach gefragt hätte.« Kinder brauchen also auch weiterhin das »geöffnete Fenster« – mit anderen Worten: das Gefühl, immer willkommen zu sein und auch, ihren eigenen Weg gehen zu dürfen.

Eltern als Vorbilder und Mentoren

Dem Komiker Karl Valentin wird der berühmte Satz zugeschrieben, dass wir unsere Kinder gar nicht zu erziehen bräuchten, denn sie würden uns ja sowieso alles nachmachen. Ein Satz, der falsch und richtig zugleich ist. Er ist falsch, denn wäre er wahr, würde es in der Abfolge der Generationen nur Stillstand und keine Fortentwicklung geben. Ohne die rebellierenden Jugendlichen und jungen Erwachsenen zu allen Zeiten hätten sich Gesellschaften nicht verändert und weiterentwickelt. Kinder, Jugendliche oder junge Erwachsene, die nur wiederholen, was ihre Eltern ihnen vorgelebt haben, würden damit auf der Stelle treten. Insofern kann gar nicht oft genug betont werden, dass das Ziel von Erziehung nicht sein kann, dass die Kinder uns bedingungslos nachahmen, sondern selbstständig werden und dabei an sich und daran glauben, sowohl etwas für sich wie auch für andere verändern zu können. Das ist die eine Seite der Medaille. Die andere aber ist, dass Eltern sehr wohl als Vorbilder fungieren. Gerade weil sie über lange Zeit die uneingeschränkte Liebe und den Respekt ihrer Kinder genießen, gelten sie ihnen dadurch als wertvolle Informationsquelle. Und sie bleiben es, ob sie wollen oder nicht, das ganze Leben lang, selbst wenn Jugendliche dies in der Pubertät und beim Erwachsenwerden, um sich selbst zu finden, energisch abstreiten. »Vorbild« ist auch hier nicht wortwörtlich gemeint. Kinder kopieren ihre Eltern nicht einfach und schon gar nicht jedes Verhalten. Es ist eher wie ein schleichender, fast neutral anmutender und unmerklicher Vorgang. Der US-amerikanische Psychologe William Damon fasst ihn so zusammen: »Alles, was wir unseren Kindern sagen und alles, was wir vor ihnen tun, zählt.«[5] Ein Kind, das beispielsweise mit sehr pessimistischen Eltern aufwächst und tagtäglich zu hören bekommt, wie schrecklich das Leben ist, wird selten voller Optimismus und Vertrauen in seine Lebensphase des Erwachsenwerdens eintreten. Umgekehrt wird ein Kind, dessen Eltern – oder zumindest eine oder einer von beiden – voller Lebensfreude und Erfindergeist sind, seine berufliche Zukunft anders sehen als ein Kind, dessen Eltern die Meinung vertreten, das beste am Job sei nur das Geld, das am Ende des Monats auf dem Konto landet. Eng mit dieser Vorbildfunktion ist also besonders die Verinnerlichung einer *Grundstimmung* verknüpft, die zu Hause herrscht, und es sind weniger die einzelnen Vorkommnisse, ob gelegentliche Konflikte oder spontane Auseinandersetzungen, die sich als »Grundton« auf die Grundeinstellung des Kindes dem Leben gegenüber auswirken.

Ähnlich, wie Erwachsene sich – oft ungern – eingestehen, ihren Eltern äußerlich immer ähnlicher zu werden, gilt dies auch für die Übernahme ihrer Einstellungen. Oft unbemerkt sickern sie in unsere Persönlichkeit ein, um dann irgendwann – selbst wenn man eine Zeit lang das genaue Gegenteil von dem, was sie vorgaben, lebte – wieder zum Vorschein zu kommen.

In diesem Sinn behalten Eltern auch als Wegbegleiter ihrer Kinder ihre Rolle als Vorbilder bei. Die Mutter, die nach ihrer Elternzeit noch einmal eine ganz neue Aufgabe in ihrem Beruf entdeckt, erfüllt ihre 25-jährige Tochter mit demselben Stolz wie der Vater, der seinen bisherigen Beruf aufgibt, da er ihn hauptsächlich um des Geldverdienens ausgeübt hat und sich jetzt einen Lebenstraum erfüllt und etwas ganz anderes macht. Eltern, die den Auszug ihrer Kinder als eine neue Phase in ihrem Leben begreifen und sich aktiv und mit Freude ihrem »neuen« Leben zuwenden, unterstützen damit auch den Mut und das Engagement ihrer Kinder, es ihnen in ihrer Ausbildung oder ihrem Studium gleichzutun. Eltern dagegen, die sich jetzt »gehen lassen«, weil sie ja keine Lebensaufgabe mehr haben, die versuchen, ihre Kinder ständig aus der Ferne zu kontrollieren oder ihren Kindern Vorwürfe machen, zu wenig an sie zu denken, wenn die jetzt ihr eigenes Leben in Angriff nehmen und als Kind nicht mehr zur Verfügung stehen, riskieren den offenen Bruch.

Natürlich gibt es keine »perfekten Vorbilder«. Natürlich können manche Eltern ihre Vorbildfunktion aus Gründen, die sie nicht selbst zu verantworten haben, nicht so gut ausfüllen wie andere: vielleicht, weil sie selbst psychisch zu große Probleme haben, vielleicht, weil sie von ihren eigenen Eltern nicht dazu in die Lage versetzt wurden. Solche Eltern, die ihre Kinder kein Deut weniger lieben als andere, sind gut beraten, für ihre Kinder möglichst früh Mentoren zu finden – in der Verwandtschaft oder im Freundeskreis –, die eine solche Vorbildfunktion dafür übernehmen können, sich im Leben später einmal gut zurechtzufinden. In der Phase des Erwachsenwerdens nicht nur Wegbegleiter zu sein, sondern weiter ein gutes Vorbild für die Kinder zu bleiben, auch wenn sie gar nicht mehr ständig anwesend sind, ist das Beste, was Eltern für ihre Kinder tun können.

»Ich bleibe«: Der Nesthocker

Es ist das gute Recht von Autoren, Publizisten und Journalisten, ihre Meldungen, Berichte und Kommentare zuzuspitzen, damit sie auch genügend Gehör finden. Zu berichten, dass es unseren Kindern, ob Jugendliche oder Heranwachsende, alles in allem – und alle Statistiken sprechen dafür! – prima gelungen ist, ein anständiges Leben zu führen und ihre Aufgaben mehr oder weniger gut zu erledigen – wie öde und langweilig! Da müssen schon Tyrannen her, ein Heer von Kiffern, die Generation »Faulpelz« oder eben auch das große Lamento über den Nesthocker. Und wie herrlich lassen sich letztere beschreiben und lächerlich machen. Der Opa, der in seinem Kinderzimmer, das er nie verlassen hat, noch seinem Enkel einen Turm baut. Aber gilt dies für alle, für eine ganze Generation? Natürlich nicht.

Als die Nachkriegsgeneration der 1950er und 1960er Jahre ihre Schulzeit beendet hatte, hieß es für die meisten, die es sich erlauben konnten: Nichts wie weg! Raus aus den engen und spießigen Elternhäusern, raus aus den Verbotszonen und endlich mitten hinein ins Leben! Die Kluft zwischen den Generationen schien, nach allem, was in Deutschland geschehen und in das die Mehrzahl der Eltern in irgendeiner Form verwickelt war, vielfach unüberwindlich. Dazu kam ein in den meisten Fällen unversöhnlicher Gegensatz, was die Vorstellungen von Politik und einem »richtigen« Leben betraf, und ein harmonisches Zusammenleben innerhalb der Familie erschwerte oder unmöglich machte. Und so folgten nach dem Auszug oft mehrere Jahre Funkstille bis auf den damals noch üblichen obligatorischen Anruf der Eltern am Wochenende. Diejenigen, die sich von zu Hause in die Selbstständigkeit aufgemacht hatten, wollten jetzt wirklich keinen Rat mehr von ihren Eltern, in denen die meisten von ihnen alles andere als Vorbilder für ihr eigenes Leben sahen. Aber auch umgekehrt hatten viele Eltern ihre Kinder, ganz sicherlich nicht im Herzen, aber doch hinsichtlich der Rolle, die sie als Eltern noch in deren Leben spielen würden, mehr oder weniger abgeschrieben. Zwischen den Generationen herrschten damals Schweigen und Sprachlosigkeit, und viele fanden, wenn überhaupt, erst Jahrzehnte später wieder zueinander.

Heute, nachdem noch nicht einmal 50 Jahre vergangen sind, ist alles anders geworden. Selten war das Verhältnis zwischen Eltern und Kindern so entspannt. Doch obwohl dieser durchaus historisch zu nennende Wandel positiv zu bewerten ist, bringt er auch neue Probleme mit sich. Wurde es der Nachkriegsgeneration bis hin zu den Babyboomern der 60er Jahre noch relativ einfach gemacht, sich von den eigenen Eltern abzugrenzen, ist das Verhältnis zwischen Eltern und ihren fast erwachsenen Kindern heutzutage viel enger als damals, weswegen der Abschied voneinander auch schwerer fällt. Und zwar auf beiden Seiten. So vermissen heute nicht nur die Kinder die Nähe ihrer Eltern, wenn sie von zu Hause ausziehen, sondern auch umgekehrt, sehnen sich viele Eltern nach den täglichen Routinen, die sie gemeinsam miteinander verbanden. Und dies auch deswegen, weil Kinder, in welchem Alter sie auch sind, *immer* Leben ins Haus bringen. Sie sind geradezu Symbole der Fortbewegung, nicht umsonst sind die Kleinen immer am Rennen. Kinder haben ja, wenn sie älter werden, die ganze Welt vor sich liegen und wollen auch in ihrer Entwicklung immer weiter, immer weiter nach vorne. Und davon bekommt ihre Umgebung einiges mit, von dieser Zuversicht, diesem Lebensoptimismus, trotz aller Konflikte und Krisen. Und selbst diese tragen, weil sie sich meistens lösen, zu der Aufbruchsstimmung bei, die Kinder und Jugendliche verbreiten und häufig auf ihre Umgebung übertragen. Ziehen die Kinder dann aus, zieht diese hoffnungsvolle Stimmung mit aus, und Eltern sehen sich stärker mit sich selbst konfrontiert als vorher. Jetzt kommt es darauf an, was auch *sie* aus ihrem Leben machen. Insofern sind es nicht immer nur die jungen Leute, die das Nest nicht verlassen möchten, sondern vielen Eltern kommt die Entscheidung ihrer Kinder, noch zu bleiben, durchaus entgegen – zumindest für eine gewisse Weile. Womit wir also bei den sogenannten *Nesthockern* sind.

Was ihr Verbleiben im Elternhaus betrifft, kursieren in Artikeln und Aufsätzen über sie unterschiedliche Zahlen. Fest aber steht, dass nur wenige junge Menschen den elterlichen Haushalt schon mit 18 Jahren verlassen. Vor 50 Jahren war das fast noch normal. Laut Angaben des statistischen Bundesamtes lebten 2011 noch 94 Prozent der 18-Jährigen als ledige Kinder bei ihren Eltern, wobei dieser Anteil mit zunehmendem Alter schnell sinkt. So wohnten mit 20 Jahren noch 75 Prozent, mit 25 Jahren 29 Prozent und mit 30 Jahren dann nur noch 10 Prozent zu Hause bei den Eltern.[6] Hurrelmann und Albrecht wiederum zitieren Erhebungen, nach denen von den 22- bis 25-Jährigen etwa 40 Prozent zu Hause leben, darunter deutlich mehr junge Männer als Frauen.[7]

Wie auch immer die Zahlen aussehen, man sollte sie differenziert betrachten und vorsichtig interpretieren. Sie stützen sich oft auf das Melderegister und besagen nicht unbedingt, dass die Kinder auch wirklich noch bei ihren Eltern wohnen und nicht nur ihren ersten Wohnsitz dort beibehalten haben. Auch machen sie keinen Unterschied zwischen Stadt und Land, arm und reich, d. h. sozialer Schichtzugehörigkeit, und berücksichtigen auch nicht, ob sich die jungen Leute zwischendurch immer wieder einmal von zu Hause weg hin zu einem Praktikumsplatz oder Volontariat begeben, oder ob die Gründe für das Verweilen im Elternhaus aus einer unsicheren Berufssituation oder Arbeitslosigkeit resultieren. Weiterhin sorgt für diese Zahlen auch der Umstand, dass trotz G7 immer mehr junge Leute ihren Schulabschluss später machen: In Bayern zum Beispiel endet die Berufsschulpflicht erst mit 25 Jahren! Immer mehr junge Leute fangen ihr Studium erst später an, weil sie vorher noch ein Jahr im Ausland als »kreative Pause« eingelegt haben und anschließend zunächst wieder zurück ins Elternhaus kommen. Zu einem festen Beruf und zu finanzieller Unabhängigkeit kommt es später: im Gegensatz zu vorherigen Generationen nicht mehr mit Anfang zwanzig, sondern mit dreißig Jahren.

Aus allem zu schließen, dass es sich immer mehr junge Menschen im »Hotel Mama« bequem machen würden, wäre also voreilig. Denn die Ursachen, die fernab vom Klischee des »Nesthockers« dafür sprechen, noch eine Weile zu Hause zu bleiben oder dorthin noch einmal phasenweise zurückzukehren, sind, wie wir sehen, vielfältig und lassen sich nicht einfach nur darauf zurückführen, dass die jungen Leute von heute bequem geworden sind. Und es kommen auch noch andere Gründe dazu, etwa die hohen Mieten in den Universitätsstädten – immerhin gibt knapp die Hälfte der jungen Leute selbst an, deswegen noch länger zu Hause zu wohnen. Und es spielt auch eine Rolle, dass Eltern, obwohl die äußeren Umstände dafür erwiesenermaßen keinen Anlass bieten, heutzutage mehr Angst als früher haben, ihren Kindern könnte »draußen« etwas zustoßen. Auch deswegen zögern manche Kinder, das Haus früh zu verlassen. Hatte die Kinderschar der Nachkriegsgeborenen neben der Schule quasi unbeaufsichtigten »Freilauf« und nutzte diese Zeit zum Spielen und Toben fernab von den Eltern, die sie erst abends wieder mit lauter Stimme einsammelten, begleiten viele Eltern ihre Kinder heutzutage noch bis zur dritten oder vierten Klasse in die Schule, fahren sie zu ihren Sportvereinen oder Musikstunden und wollen aus

Angst, dass ihnen etwas zustoßen könnte, immer wissen, wo sie sich gerade aufhalten – Handy und Smartphones machen es schließlich möglich. Das führt bei einigen Jugendlichen dazu, dass sie sich schwerer damit tun, das notwendige Selbstvertrauen zu entwickeln, auch allein gut zurechtzukommen.

Hinzu kommt die noch unabgeschlossene Suche der jungen Leute nach einer erwachsenen Identität. Weil tatsächlich alles komplizierter ist als zu einer Zeit, in der die Rollen noch klar verteilt waren und der Lebenslauf vorherbestimmt, sind viele junge Leute heute von ihrer psychischen Entwicklung oft noch nicht so weit, sich direkt nach »Schulschluss« selbstständig und allein auf sich gestellt ins Leben aufzumachen. Häufig brauchen sie noch ein bisschen Nestwärme, bis sie diesen Schritt wagen, um ihn dann auch erfolgreich zu bewältigen. Zugute kommt ihnen dabei, dass einige der Bewährungsproben und Unsicherheiten, die das Leben draußen für sie bereithält, zu Hause wegfallen. Das betrifft nicht nur das Finanzielle oder den in diesem Zusammenhang immer wieder erwähnten gut gefüllten Kühlschrank und die täglich bereitgelegte frische Wäsche, also die vielbeschworene »Bequemlichkeit« der jungen Leute von heute. Dieser Service wird gerne entgegengenommen, doch handelt es sich dabei eher um einen »Mitnahmeeffekt«, vor allem dann, wenn die Eltern das Spiel bereitwillig mitmachen! Vielmehr bleibt das schützende Netz sozialer Beziehungen vor allem zu den Eltern und bekannten Freunden intakt – im Gegensatz dazu, wenn man sich in eine andere Stadt begibt und sich neue Freunde sucht, sich also »neu vernetzen« muss. Auch bleiben bestimmte häusliche Rituale bestehen, die Sicherheit vermitteln, und im Falle von Rückschlägen und Krisen kann darüber hinaus das Gespräch mit den Eltern gesucht werden, das im Gegensatz zu früheren Generationen auf Augenhöhe geführt werden kann! Mit anderen Worten erwartet die jungen Leute heutzutage, wo sich die Generationen in so vielen ihrer Auffassungen angenähert haben, zu Hause eine Sicherheit und damit verbundene Lebensqualität, die angesichts einer sich stets ändernden und unsicher gewordenen Umwelt durchaus zählt. Das Elternhaus bietet einen geschützten Raum, sich ernsthafte Gedanken über seine eigene Zukunft zu machen.

Schließlich darf nicht vergessen werden, dass auch die gestiegenen Scheidungsraten damit zu tun haben können, dass manche Kinder nach Ende ihrer Schulzeit noch zunächst zu Hause wohnen bleiben. Kinder von alleinerziehenden Eltern suchen mit der Erfahrung, auf einen geliebten Elternteil verzichtet zu haben, zu Hause häufig noch immer – und oft vergeblich – nach einem Mehr an affektiver Zuwendung, um die schmerzliche Erfahrung der Trennung ihrer Eltern kompensieren und überwinden zu können. Und manchmal fühlen sie sich für den zurückgelassenen Elternteil, der jetzt allein lebt und sich über ihre Gesellschaft freut, mitverantwortlich. Und die gerade bei diesen Kindern häufig zu beobachtende Bindungsangst könnte dazu führen, den Abschied von den Eltern möglichst lange herauszuschieben, zum Beispiel, um der selbstständigen Suche nach einem Partner aus dem Weg zu gehen.[8]

Zusammenfassend ist es also falsch und den Jugendlichen gegenüber auch ausgesprochen ungerecht, sie für ihre Entscheidung, nach dem Schulabschluss noch eine Weile bei den Eltern zu bleiben, zu verurteilen und alles auf ihre »Bequemlichkeit« zurückzuführen.

Zu einem wirklich ernsten Problem wird das sogenannte Nesthocken jedoch dann, wenn es dem jungen Menschen ausschließlich dazu dient, den Schutzraum seiner Kindheit zeitlich immer mehr auszudehnen und ein Erwachsenwerden regelrecht zu *verhindern*. Nicht nur, dass dies den eigenen Entwicklungsprozess blockiert, sondern die verlängerte Abhängigkeit von den Eltern dient dann auch dazu, für sich und andere solange wie möglich keinerlei Verantwortung zu übernehmen. Dann sind die Eltern tatsächlich gut beraten, ihr Kind zum Absprung zu ermutigen und diesen nicht aus falsch verstandener Fürsorge zu verhindern. Spätestens Mitte zwanzig sollte sich ein gesundes und lebenstüchtiges Kind allein auf den Weg machen dürfen, die Welt für sich, und nur für sich, zu entdecken. Denn ein allzu langer Aufenthalt in heimatlichen Gefilden bringt immer auch die Gefahr mit sich, weiterhin in den alten Beziehungsmustern zu den Eltern, wie sie sie im täglichen Umgang tagaus, tagein reproduzieren, zu leben. Dabei handelt es sich manchmal um Beziehungsmuster, die unausgesprochene Konflikte in sich bergen und in Folge auf beiden Seiten viel Streit und Unruhe mit sich bringen können, aus denen heraus sich aus dem verlängerten Aufenthalt statt eines guten Miteinanders eine regelrechte Horrorstory entwickelt. Der wirklich entscheidende Unterschied liegt also darin, ob der verlängerte Aufenthalt zu Hause dazu dient, die eigene Zukunft und Selbstständigkeit zu planen und entsprechende Schritte auch wirklich anzugehen, oder dazu führt, sich aus Angst vor dem, was auf einen zukommt, immer mehr von der Außenwelt abzukapseln.

Im Gegensatz zu den Nestflüchtern unter den Säugetieren, die sich kurz nach ihrer Geburt auf die eigenen Beine stellen, beginnen wir Menschen alle als Nesthocker, was viele Vorteile mit sich bringt. Wir haben genügend Zeit, uns zu entwickeln und zu lernen, was wir für die von uns geschaffene Kultur und die Aufgaben, die wir darin zu bewältigen haben, alles brauchen. Die meisten unserer Kinder erleben eine lange Periode, in der sie sich geborgen und geschützt genug fühlen, um langsam selbstständig zu werden. Aber irgendwann ist es für alle Zeit, genau diesen Schritt zu tun und das warme Nest des Elternhauses zu verlassen. Spätestens Mitte zwanzig ist ein guter Zeitpunkt, sich allein auf den Weg zu machen.

»Bin schon wieder da«: Bumerangkinder

Ebenfalls als Lachnummer taugen die sogenannten »Bumerangkinder« – kaum haben sie das Haus verlassen, segeln sie auch schon in hohem Bogen wieder zurück! Das Bild ist aber falsch, denn bei denjenigen, die sich nach kurzem oder längerem Aufenthalt »draußen« aus reiner Bequemlichkeit wieder zurück ins Nest flüchten, handelt es sich um eine zahlenmäßig zu vernachlässigende Minderheit. Wenn Kinder nach längerer Zeit der Abwesenheit von Zuhause wieder zurückkommen, hat dies meistens ernstere Gründe. Oft geht der Rückkehr ein Scheitern voraus – der Abbruch einer Ausbildung oder eines Studiums oder auch das Ende einer Liebesbeziehung, auf der eine ganze Zukunftsperspektive beruhte. Und ebenso der Umstand, seine Arbeit – heute oft nur mit Zeitverträgen geregelt – verloren zu haben oder erst gar keine Arbeit zu finden, kann dazu führen, die bereits neu hinzugewonnene Freiheit und Selbstständigkeit wieder aufgeben zu müssen. Junge Erwachsene nutzen dann die Rückkehr nach Hause als Zwischenstation. Sie finden in ihren Eltern manchmal geeignete Gesprächspartner, um sich neu zu orientieren. Insofern ist nicht die »Rückkehr auf Zeit« das eigentliche Problem, sondern das, was die jungen Leute daraus machen. Ob man einen Plan für sich entwickelt, wie es weitergehen soll oder ob man, was alles andere als die eigene Selbstständigkeit fördert, sich wieder zurück in den Status eines Kindes begibt, das von seinen Eltern versorgt wird. Hier kommt Eltern die Aufgabe zu, ihr Kind zu ermutigen, weiterhin auf eigenen Beinen zu stehen, sein Selbstwertgefühl zu stärken und ihm das Gefühl zu vermitteln, dass es schaffen wird, was es sich vornimmt.

Kritik an der »Unfähigkeit« des Kindes, seinen Weg zu finden, Bemerkungen dahingehend, dass doch von Beginn an klar war, dass *diese* Ausbildung oder *dieses* Studium, *diese* Partnerin oder *dieser* Partner zu nichts führen würde und dem Kind am liebsten vorschreiben zu wollen, was das Beste für es ist, sind gerade jetzt völlig fehl am Platz. Denn häufig ist die Rückkehr nach Hause – außer sie erfolgt aus ganz unspektakulären Gründen, etwa eines Auslandsaufenthaltes, um eine Zeit lang Miete zu sparen usw. – von Versagensängsten, Scham und Enttäuschung begleitet. Ihnen entgegenzuarbeiten ist jetzt vordringlichste Aufgabe: Verständnis zu zeigen, aber auch nach einer gewissen Schonfrist von der Tochter oder dem Sohn zu fordern, unabhängig von der Dauer seines »Heimaturlaubes« für sich und seine Zukunft *konkrete Pläne* zu entwickeln – und zwar nicht nur im Kopf und in der Fantasie, sondern ganz praktisch. Es gilt in jedem Fall zu verhindern, dass die alten Gewohnheiten vor dem Auszug wieder übernommen werden, nämlich sich bedienen zu lassen, bis nachmittags im Bett zu bleiben und dann die Nacht zum Tag zu machen. Moralische Vorhaltungen helfen kaum weiter, sondern nur beharrliche Überzeugungsarbeit, vielleicht unter Hinzuziehung von Freunden und Bekannten, mit denen das Kind »gut kann«. Denn das passive Verweilen zu Hause führt über längere Zeit zu nichts anderem als zu einem Teufelskreis aus Scham, versagt zu haben und der Angst, es im Leben zu nichts mehr zu bringen. Eine scheinbar ausweglose Situation und innerliche Leere versuchen manche, mithilfe von Drogen erträglicher zu machen.

Die Kontrolleure:
Von Helikoptern und Drohnen

»Helikoptereltern« sind ein Reizthema mit Hochkonjunktur. Wir haben an vielen Stellen dieses Buches darauf hingewiesen, wie bedeutend ein von Geburt an feinfühliger und liebevoller Umgang für die Zukunft unserer Kinder ist. Und auch, dass die allermeisten Eltern diese Aufgabe, die mehr ist als nur ein Job, hervorragend erledigen. Dass Eltern sich heute im Gegensatz zu früher mehr um ihre Kinder kümmern, an ihrem Leben Anteil nehmen, ist eine große Errungenschaft und hat nichts damit zu tun, unsere Kinder zu sehr zu verwöhnen, wie manche, für die es in der Kindererziehung wieder ein bisschen härter zugehen sollte, beargwöhnen. Eine autoritäre Erziehung, die immer auch mit einem gehörigen Maß an Gefühlskälte einhergeht, führt später einmal zu willensschwachen, von anderen Autoritäten abhängigen Erwachsenen, im schlimmsten Falle zu öffentlich inszenierter Gefühllosigkeit gegenüber anderen, besonders den Schwachen in dieser Gesellschaft. Sie fördert nicht die Kreativität, sondern das Nachahmen, nicht die Freude und die Lust am Leben, sondern eher den Neid auf die, die mit ihrem Leben »besser« zurechtkommen. Manches in der Debatte um die »Helikoptereltern« geht da durcheinander.

Aber es gibt sie, Eltern, die ihre Kinder, statt ihre Selbstständigkeit zu fördern, ständig versuchen zu kontrollieren und gleichsam Tag und Nacht wie Drohnen über ihren Köpfen schweben. Es gab sie natürlich schon immer, die überbesorgten Eltern. Aber heute steht ihnen eine ganze Armada technisch-digitaler Instrumente zur Verfügung, um die Kontrolle bzw. »Observation« zu perfektionieren und auszuweiten.

Dies alles hat nicht mehr damit zu tun, sich um seine Kinder berechtigte Sorgen zu machen. Hier geht es ausschließlich um *Kontrolle*, und die Kinder spüren es. Oft verfügen sie als Jugendliche über entsprechende Mittel, sich dieser Kontrolle zu entziehen – wenn der Akku des Handys einmal wieder leer ist oder das Smartphone »aus Versehen« ausgeschaltet war. Dann geraten solche Eltern, die ihre Kinder, zumeist aus eigenen Ängsten heraus, immer im Auge behalten wollen, geradezu in Panik, und die Kontrollschraube wird noch einmal angezogen.

Eine andere Spielart dieser Helikoptereltern treffen wir auf den Korridoren von Schulen und Universitäten bzw. gleich im Büro eines Anwalts. Unter dem Vorwand, nur das Beste für ihre Kinder zu wollen, kreuzen sie immer dann auf, wenn es um die Optimierung ihrer *Leistungen* geht und weniger um ihr Wohlbefinden – ob an der Schule oder später an der Universität. Oft arbeiten sie dabei mit allen Mitteln, die ihnen gerade zur Verfügung stehen, mit ihrer eigenen Herkunft, mit einem bedeutenden Beruf, mit Einschüchterung, Klagen und Beschwerden. Und geht es nach den Berichten Betroffener, Lehrerinnen und Lehrer, Schuldirektoren und Professoren, nimmt ihre Zahl zu. Frühförderung von Geburt an und um jeden Preis, eine Haltung, dass nur die Leistung zähle und eine gute Portion Sozialdarwinismus zeichnen diese Art von Helikoptereltern aus. Hier geht es nicht mehr darum, die Kinder vor irgendetwas zu beschützen, sondern ihnen, koste es was es wolle, den Weg für eine erfolgreiche Zukunft, wie sie *die Eltern* für ihre Kinder definieren, frei zu machen. Zu Hause lassen dieselben Eltern, die sich draußen scheinbar »schützend« vor ihre Kinder stellen und doch nur deren spätere Karriere und ihre eigene Genugtuung darüber im Auge haben, ihre Kinder häufig in einer Art Laissez-faire-Haltung mit allem anderen in Ruhe, wenn sie nur ihre Leistung bringen oder hetzen sie von einer Nachhilfestunde in die nächste – kein geeignetes Mittel der Wahl, dass sie später einmal, zufrieden und im Vertrauen auf ihre eigene Leistungsfähigkeit, durchs Leben gehen. Manche dieser Eltern mögen ihren Kindern auf diese Weise äußeren Erfolg sichern, den diese später dann oft selbst in eine zynische Lebenseinstellung »übersetzen« – schließlich wissen sie, dass sie ihren »Erfolg« weniger der eigenen Leistung verdanken, sondern mehr dem Durchsetzungsvermögen ihrer Eltern. Entsprechend fremdbestimmt fühlen sie sich als Erwachsene, im Grunde ihres Herzens leer und hilflos, unzufrieden mit dem eigenen Leben in ihrem Drang, immer weiter kommen und immer »mehr« bringen zu müssen, ständig begleitet vom Neid auf die, die es offensichtlich noch ein bisschen weitergebracht haben als sie selbst.

Der Einfluss der Eltern zeigt sich nicht an der Oberfläche, sondern in der Tiefe

In unserem Alltagshandeln zählt häufig das schnelle Resultat, und so haben wir uns angewöhnt, viele unserer Handlungen daran zu messen, was sie kurzfristig bewirken. Bleibt die unmittelbare Wirkung aus, zweifeln wir schnell an der Richtigkeit unseres Tuns und wechseln hektisch zur nächsten Aktion. Erziehung aber, die immer nur das schnelle Resultat im Auge hat, funktioniert schon bei kleinen Kindern schlecht. Sie durchschauen unsere Absicht und werden bockig. Erziehung braucht einen langen Atem, und ihre positiven Ergebnisse zeigen sich oft erst viele Jahre später, wenn wir als Eltern stolz auf unsere Kinder als junge Erwachsene blicken. Plötzlich wird uns dann bewusst, wie gut sie mit sich, den ihnen anvertrauten Menschen, ihren Freunden und den eigenen Kindern umgehen – und dann erkennen wir uns mit berechtigtem Stolz in ihnen wieder. Dann sprechen wir gerne davon, dass die Saat der Erziehung unserer Kinder gut aufgegangen ist. Und auch, wenn das Bild etwas schief ist – Kinder sind schließlich keine Pflanzen –, steckt ein Kern Wahrheit darin, dass sich der Erfolg unserer Erziehungsbemühungen nicht von Anfang an zeigt, sondern auf einem längeren Prozess beruht, der Zeit braucht, bevor man seine Ergebnisse sieht.

Und genau dasselbe gilt auch, wenn wir unsere Kinder beim Erwachsenwerden vertrauensvoll weiter in ihrem Leben begleiten. Auch hier zählt nicht der sofort messbare Erfolg. Auch was diese Lebensphase betrifft, wirken unsere Gespräche mit ihnen vielfach im Geheimen, und ihre Spuren werden erst Jahre später sichtbar. Häufig ist man sich der eigenen Vorbildfunktion selbst gar nicht bewusst, und doch beobachten die Kinder, ob sie nun 20, 25 oder 30 Jahre alt sind, aus der Ferne immer noch genau, wie wir uns als ihre Eltern verhalten. Meistens äußern sie sich nicht direkt dazu, was wir machen, aber sie registrieren genau wie früher, was unsere Vorlieben sind, wofür wir uns engagieren, ob wir ihr Leben mit Stolz und Freude betrachten oder argwöhnisch und enttäuscht.

Es ist ihnen sehr wichtig, ob ihnen ihre Eltern, jetzt, wo sie ihr Zuhause verlassen haben, weiterhin Vertrauen schenken, indem sie ihnen Raum lassen für sich selbst und ihre eigene Art zu leben. Dass sie da sind, wenn sie sie brauchen und sich ihnen nicht aufdrängen.

Dann schreiben sie eine Mail, eine SMS oder WhatsApp, und wir tun gut daran, sie und ihre Probleme ernst zu nehmen und nicht zu bagatellisieren, sie nicht zu belehren oder einen dieser Sätze zu sagen, die jeden aufrichtigen Dialog im Ansatz zunichtemachen: »Ich habe es ja kommen sehen!«

Wenn unsere Kinder sich von uns auch als Erwachsene weiterhin so angenommen fühlen wie in ihrer Kindheit und wissen, dass das Fenster für sie immer noch geöffnet ist, finden sie genügend Halt, um mit den Unwägbarkeiten des Lebens ohne Angst und selbstbewusst umzugehen. Dann leben wir ein Stück weiter in ihnen, ohne dass sie das Gefühl haben, von uns erdrückt zu werden. Weil wir eben nicht immer nur auf das schnelle Resultat unserer Bemühungen aus waren, sondern weil wir wussten, dass unsere Liebe und unsere Zuneigung, ohne sie dabei zu bedrängen, eines Tages in ihnen und ihren Kindern weiterleben würde und sich damit der Kreis der Generationen aufs Neue schließt.

Epilog

Wenn Sie dieses Buch gelesen haben, wird es Ihnen an manchen Stellen wie eine Zeitreise durch Ihre eigene Kindheit und Jugend vorgekommen sein. Und Sie werden an manchen Stellen an die Zeit gedacht haben, als Sie selbst erwachsen wurden. Nicht nur, weil wir alle diese Zeit so intensiv erlebt haben, mit dem Neuen und Ungewohnten, das sie uns brachte, sondern auch, weil sie immer noch in uns weiterlebt und viel mit dem zu tun hat, wie wir aus ihr hervorgegangen sind. Damals trafen wir Entscheidungen, die unser Leben später maßgeblich beeinflussten, übernahmen zum ersten Mal Verantwortung für uns selbst. Wir wurden unabhängiger und selbstständiger. Und manches von dem, was wir in dieser Lebensphase mit ihrem Auf und Ab von Gefühlen empfunden haben, geben wir mit unserer Einstellung und unserer Haltung zum Erwachsenwerden an unsere eigenen Kinder weiter.

Haben wir das Gefühl, dass uns selbst das Erwachsenwerden ganz gut gelungen ist, werden wir es auch zum Maßstab dafür nehmen, wie wir unsere Kinder begleiten, wenn sie nach ihrem Schulabschluss selbst in diese Lebensphase kommen. Spüren wir hingegen, es nicht so gut hinbekommen zu haben, ergibt sich jetzt die Chance, den Kindern nicht die eigenen Ängste und Unsicherheiten weiterzugeben, sondern sie aus unseren Erfahrungen lernen zu lassen und sich mit ihnen zu freuen, wenn sie ihr Erwachsenwerden besser meistern, als wir es damals konnten. Und so gut wie die meisten Kinder und ihre Eltern heute miteinander auskommen, stehen die Chancen nicht schlecht dafür.

Wenn man Kinder hat, die gerade dabei sind, erwachsen zu werden, lohnt es sich also immer wieder, an die Zeit zu denken, in der man es selbst wurde. Sich an die eigenen Stärken und Schwächen zu erinnern, mit denen man das Leben zum ersten Mal in seine eigene Hand nahm. An das, was man damals für sich und mit anderen zusammen unternahm und wie es den weiteren Lebensweg beeinflusst hat. Und auch daran, wie die eigenen Eltern einen begleitet haben (oder manchmal auch nicht). Vielleicht hat dieses Buch etwas dazu beigetragen, das, was damals in unserer Kindheit und Jugend mit uns selbst geschah, mit neuem Wissen zu vertiefen. Vielleicht kann es dadurch Anstoß und Impuls werden, die eigenen Kinder auf ihrer Entdeckungsreise ins Land der Erwachsenen gut zu begleiten. Dabei sollte unser Hauptinteresse jedoch nicht mehr uns selbst gelten, sondern unseren Kindern. Denn schließlich sind sie es, die ihre Entwicklungsaufgaben, die in dieser Lebensphase noch vor ihnen liegen, gut für sich lösen müssen.

Dass es darüber bislang so wenig oder fast nichts zu lesen gab, hat wohl auch damit zu tun, dass viele Erwachsene und »Kinderexperten« für diesen Lebensabschnitt, wenn die Kinder älter werden, nur wenig Verständnis aufbringen. Zum einen, dass beispielsweise nur das zählen würde, was sich in unserer frühesten und frühen Kindheit zwischen uns und unseren Eltern abgespielt hat. Zum anderen aber auch, weil sich viele Erwachsene an diese Zeit in ihrem Leben ab und zu zwar noch gerne erinnern, aber mehr an das, was ihnen daran gefiel und weniger an die Härten und Konflikte, die dieser Lebensabschnitt eben auch mit sich gebracht hat – damals wie heute. Es ist ja nicht ungewöhnlich, gerade *diese Zeit* im Nachhinein zu glorifizieren und sich nur noch an die guten Seiten erinnern zu wollen und das, was an Unbearbeitetem und Unfertigem aus ihr in unser Erwachsenenleben hineinragt, vergessen oder verdrängen zu wollen.

Ein Buch über das Erwachsenwerden unserer Kinder kann den Zustand der Welt, in der wir uns befinden, nicht ignorieren, und auch nicht, wie wir, die Erwachsenen, sie ihnen hinterlassen. Nicht, dass es allein in unserer Macht stehen würde, sie unseren Kindern so weiterzugeben, wie wir es uns wünschen. Aber wir können uns in dem Rahmen, den uns der Mikrokosmos der Familie zur Verfügung stellt, dafür einsetzen, dass unsere Kinder ausreichend ausgerüstet sind, in ihr gut zu bestehen und die Aufgaben mutig in Angriff zu nehmen, die sich ihnen stellen. Dass sie offen für das Neue bleiben, dabei selbstbewusst, empathisch und bereit, Verantwortung für sich und andere zu übernehmen. Einige Qualitäten, die ihnen dabei zu Hilfe kommen können, habe ich in diesem Buch zusammengetragen.

Als Eltern aber können wir stolz sein, wenn unsere Kinder uns auf die Frage, woher sie kommen, antworten: »Da, wo ich herkomme, war es gut.« Und auf die Frage, wer sie sind, uns sagen: »Der, der ich immer sein wollte.« Und auf die Frage nach dem Wohin: »Dorthin, wo sich das Leben für mich und meine eigenen Kinder mit einem guten Sinn erfüllt.« Dann ist Erwachsenwerden gelungen.

Literatur

Andresen, Sabine/Brumlik, Micha/Koch, Claus, (Hrsg.): Das ElternBuch. Wie unsere Kinder geborgen aufwachsen und stark werden. 0-18 Jahre. Weinheim und Basel: Beltz Verlag 2010

Antonovsky, Aaron: Salutogenese. Zur Entmystifizierung der Gesundheit. Tübingen: dgvt-Verlag 1997

Arnett, Jeffrey Jensen: Emerging Adulthood. A Theory of Development From the Late Tens Through the Twenties. American Psychologist, May 2000

Arnett, Jeffrey Jensen: Emerging Adulthood. The Winding Road from the Last Teens Through The Twenties. New York: Oxford University Press, 2015

Arnett, Jeffrey Jensen/Fishel, Elizabeth: When Will My Grown-Up Kid Grow Up? Loving and Understanding Your Emerging Adult. New York: Workman 2013

Barber, Benjamin: Consumed. Wie der Markt Kinder verführt, Erwachsene infantilisiert und die Bürger verschlingt. Aus dem Englischen von Friedrich Griese. München: C.H. Beck 2008

Barrie, James M.: Peter Pan. Übersetzt von Adelheid Dormagen. Frankfurt am Main: Insel Verlag 2009

Barrie, James M.: Kleiner Weißer Vogel. Abenteuer im Kensington Park. Übersetzt von Michael Klein. Merzig: Gollenstein Verlag 2010

Bowlby, John: Attachment and Loss, Bd. 1. London: Hogarth Press and Institute of Psycho-Analysis 1969

Bruer, John T.: Der Mythos der ersten drei Jahre. Warum wir lebenslang lernen. Übersetzt von Andreas Nohl. Weinheim und Basel: Beltz Verlag 2000

Bueb, Bernhard: Lob der Disziplin. Eine Streitschrift. Berlin: Ullstein 2006

Damon, William: The Path to Purpose. How Young People Find Their Calling in Life. New York: Free Press 2008

Dawirs, Ralph/Moll, Gunther: Endlich in der Pubertät! Vom Sinn der wilden Jahre. Weinheim und Basel: Beltz Verlag 2008

Dechmann, Birgit/Ryffel, Christiane: Vom Ende zum Anfang der Liebe. Wie Paare zusammenbleiben. Weinheim und Basel: Beltz 2015

Dolto, Françoise: Alles ist Sprache. Kindern mit Worten helfen. Übersetzt von Sylvia Koch. Weinheim und Basel: Quadriga Verlag 1989

Erikson, Erik: Kindheit und Gesellschaft. Stuttgart: Klett Verlag 1968

Frankl, Viktor: Der Mensch auf der Suche nach Sinn. Freiburg: Herder Verlag 1976

Giger-Bütler, Josef: »Sie haben es doch gut gemeint«. Depression und Familie. Weinheim und Basel: Beltz Verlag 2003

Grossmann, Klaus E./Grossmann, K. (Hrsg.): Bindung und menschliche Entwicklung. John Bowlby, Mary Ainsworth und die Grundlagen der Bindungstheorie. Stuttgart: Klett-Cotta 2003

Hall, Stanley: Adolescence: Its psychology and its relation to physiology, anthropology, sociology, crime, religion, and education. Englewood Cliffs, NJ: Prentice Hall 1904

Harrison, Robert Pogue: Ewige Jugend. Eine Kulturgeschichte des Alterns. Übersetzt von Horst Brühmann. München: Carl Hanser Verlag 2015

Hillenkamp, Sven: Das Ende der Liebe. Gefühle im Zeitalter unendlicher Freiheit. München: Deutscher Taschenbuch Verlag 2014

Homer: Odyssee. Übersetzt von Roland Hampe. Stuttgart: Reclam Verlag 1979

Hüther, Gerald/Weser, Ingeborg: Das Geheimnis der ersten neun Monate. Reise ins Leben. Weinheim und Basel: Beltz Verlag 2015

Hurrelmann, Klaus/Albrecht, Erik: Die heimlichen Revolutionäre. Wie die Generation Y unsere Welt verändert. Weinheim und Basel: Beltz Verlag 2014

IG Metall (Hrsg.): IG Metall Studie Junge Generation 2012: Persönliche Lage und Zukunftserwartungen der jungen Generation. TNS Infratest Politikforschung im Auftrag der IG Metall.

Illies, Florian: Generation Golf. Eine Inspektion. Frankfurt: S. Fischer 2001

Illouz, Eva: Warum Liebe weh tut. Eine soziologische Erklärung. Übersetzt von Michael Adrian. Berlin: Suhrkamp Verlag 2013

Jamison, Leslie: Die Empathie-Tests. Über Einfühlung und das Leiden anderer. Übersetzt von Kirsten Riesselmann. München: Hanser Berlin im Carl Hanser Verlag. München 2015

Juul, Jesper/Jensen, Helle: Vom Gehorsam zur Verantwortung. Für eine neue Erziehungskultur. Übersetzt von Dagmar Mißfeldt. Weinheim und Basel: Beltz Verlag 2012

Kahl, Reinhard: Wie Schulen klingen. In: Silke Schmidt (Hrsg.) Musikunterricht im 21. Jahrhundert, Augsburg: Wissner Verlag 2015, S. 24

Keniston, Kenneth: Youth and Dissent: A Rise in a New Opposition, 1972

Koch, Claus: Erziehung im Nationalsozialismus. 1968 und der erneute Ruf nach Disziplin und Unterordnung. In: Brumlik, Micha (Hrsg.): Vom Missbrauch der Disziplin. Antworten der Wissenschaft auf Bernhard Bueb. Weinheim und Basel: Beltz Verlag 2007

Koch, Claus: Kinder aus dem Niemandsland – Jugendgewalt und Empathieverlust. In: Brumlik, Micha (Hrsg.): Ab nach Sibirien? Wie gefährlich ist unsere Jugend? Weinheim und Basel: Beltz Verlag 2008

Koch, Claus: Nach Schulabschluss und Ausbildung: Die schwierigen Jahre der Adoleszenz. In: Andresen, Sabine/Brumlik, Micha/Koch, Claus: Das ElternBuch. Wie unsere Kinder geborgen aufwachsen und stark werden. Weinheim und Basel: Beltz Verlag 2010

Koch, Claus/Strecker, Christoph: Kindern bei Trennung und Scheidung helfen. Psychologischer und juristischer Rat für Eltern. Weinheim und Basel: Beltz Verlag 2014

Koch, Claus: Bindung und Anderssein. Aspekte der Vulnerabilität im frühen Kindesalter. In: Andresen, Sabine/Koch, Claus/König, Julia (Hrsg.) Vulnerable Kinder. Interdisziplinäre Annäherungen. Wiesbaden: Springer VS 2015

Kohn, Alfie: Der Mythos des verwöhnten Kindes. Erziehungslügen unter die Lupe genommen. Mit einem Vorwort von Claus Koch. Übersetzt von Andreas Nohl. Weinheim und Basel: Beltz Verlag 2015

Larson, R. W: (1990): The solitary side of life. An examination of the time people spend alone from childhood to old age. Development Review, 10, 1990

Levinson, D.J.: The seasons of a man's life. New York: Ballantine 1978

Milzner, Georg: Digitale Hysterie. Warum Computer unsere Kinder weder dumm noch krank machen. Weinheim und Basel: Beltz Verlag 2016

Nast, Michael: Generation Beziehungsunfähig. Hamburg: Edel Verlag 2016

Neiman, Susan: Warum erwachsen werden? Eine philosophische Ermutigung. Übersetzt von Michael Bischoff. München: Hanser Berlin im Carl Hanser Verlag 2015

Raffauf, Elisabeth: Pubertät heute. Ohne Stress durch die wilden Jahre. Weinheim und Basel: Beltz Verlag 2011

Renz-Polster, Herbert: Wie Kinder heute wachsen. Natur als Entwicklungsraum. Ein neuer Blick auf das kindliche Lernen, Fühlen und Denken. Weinheim und Basel: Beltz Verlag 2013

Renz-Polster, Herbert: Die Kindheit ist unantastbar. Warum Eltern ihr Recht auf Erziehung zurückfordern müssen. Weinheim und Basel: Beltz Verlag 2014

Rosa, Hartmut: Beschleunigung. Die Verdrängung der Zeitstrukturen in der Moderne. Frankfurt am Main: Suhrkamp Verlag 2005

Saint-Exupéry, Antoine de: Der Kleine Prinz. Übersetzt von Grete und Josef Leitgeb. Düsseldorf: Karl Rauch Verlag 1996

Schibbye, Anne-Lise Løvlie: Relationer. Kopenhagen Akademisk Forlag 2005

Schulte-Markwort, Michael: Burnout-Kids. Wie das Prinzip Leistung unsere Kinder überfordert. München: Droemer Knaur 2015

Shell Deutschland (Hrsg.): 15. Shell Jugendstudie. Frankfurt am Main: S. Fischer Verlag 2010

Steinberg, Laurence: Age of Opportunity. Lessons from the New Science of Adolescence. Boston, New York: Houghton Mifflin Harcourt 2014

Streeck-Fischer, Annette: Trauma und Entwicklung. Adoleszenz – frühe Traumatisierungen und ihre Folgen. Stuttgart: Schattauer Verlag 2014

Tartt, Donna: Die geheime Geschichte, München: Goldmann 1993

Winterhoff, Michael: Warum unsere Kinder Tyrannen werden. Oder: Die Abschaffung der Kindheit. Gütersloh: Gütersloher Verlagshaus 2008

Anmerkungen

Vorwort von Prof. Dr. Klaus Hurrelmann
1   Hurrelmann/Albrecht 2014

Einleitung
1   Barrie 2009, S. 13
2   ebd., S. 11

1. Erwachsenwerden – die härtesten Jahre des Lebens
1   Hier ist besonders auf die Arbeiten von Klaus Hurrelmann hin-
     zuweisen, wie die umfangreichen Shell-Jugendstudien der letzten
     Jahrzehnte, die jüngste IG-Metall Jugendstudie oder das von ihm
     gemeinsam mit Erik Albrecht 2015 erschienene Buch über die Ge-
     neration Y »Die heimlichen Revolutionäre«.
2   Ludwig, Lisa: »Dinge, für die man Mitte 20 beim Sex und in der
     Liebe einfach zu alt ist« in: Vice, 15.8.2015. http://www.vice.com/
     de/read/dinge-fr-die-man-mitte-20-in-beziehungssachen-zu-alt-
     ist-746; Abruf Dezember 2015
3   Hall 1904
4   Erikson 1968
5   Keniston 1971
6   http://emergingadulthood.umwblogs.org/youth/kenneth-kenis-
     ton/; Abruf November 2015
7   Levinson 1978
8   Arnett 2015; Damon 2008; Steinberg 2014
9   Claus Koch, Die Odysseus-Jahre. Frankfurter Rundschau Nr. 50,
     2010
10   Arnett 2000; 2015
11   Arnett 2000, S. 469
12   Arnett 2013, S. 12
13   Larson 1990
14   Hillenkamp 2014, S. 180
15   Neiman 2014, S. 27
16   Sibylle Berg: Älterwerden. Willkommen im Club der Zyniker. Spiegel
     online, 27.2.2016
17   Arnold 2015, S. 266

2. Liebe und Arbeit – auf der Suche nach dem Sinn des Lebens
1   Hillenkamp, 2014, S. 67
2   ebd. S. 209
3   ebd. S. 85
4   Nast 2016

5   Dechmann/Ryffel 2015

6   Familienreport 2014. Bundesministerium für Familie, Senioren, Frauen und Jugend vom 28.10.2015

7   Hurrelmann/Albrecht 2014, S. 86

8   ebd. S. 105

9   ebd. S. 91

10   Was aus der Liebe wird. In: DIE ZEIT, Nr. 12, 10. 3. 2016, S. 30

11   Hurrelmann/Albrecht 2014, S. 28

12   Kolja Rudzio: »Es ist Liebe«. DIE ZEIT, Nr. 10, 25.2.2016

13   Anne Otto: Eine runde Sache. Spiegel online, 7.3.2016

3. Wir haben einen Plan für euch!

1   Sibylle Berg. Generation Tablet. Spiegel Online, 28.2.2015

2   http://www.adz-netzwerk.de/Anna-Rosina.php; Abruf Februar 2016

3   ebd.

4   Renz-Polster 2014, S. 32

5   ebd. S. 9

6   Renz-Polster/Hüther 2013, S. 98f.

7   Süddeutsche Zeitung Nr. 23, Januar 2016

8   Spiegel online, 27.1.2016

9   Spiegel online, 14.7.2015

10   Schulte-Markwort 2015

11   Reinhard Kahl: Treibhäuser der Zukunft. DVD 2004

12   http://www.adz-netzwerk.de/Anna-Rosina.php; Abruf Februar 2016

13   Spiegel online, 25.1.2015

14   ebd.

15   Reinhard Kahl 2015, S. 24

16   http://www.nachdenkseiten.de/?p=30286; Abruf 7.3.2016

17   https://www.tk.de/tk/broschueren-und-mehr/studien-und-auswertungen/gesundheitsreport-2015/718618; Abruf November 2015

18   ebd., und: http://www.aerzteblatt.de/nachrichten/46453/Psychische-Erkrankungen-bei-Studierenden-stark-angestiegen; Abruf November 2015

19   https://www.academics.de/wissenschaft/besorgniserregend_-_zur_psychischen_stabilitaet_der_heutigen_studierendengeneration_38743.html; Abruf November 2015

20   Deutsches Ärzteblatt: Erwachsenwerden ist schwer, 21.6.2013

21   http://www.bento.de/gefuehle/wovor-wir-uns-fuerchten-versagen-im-job-krankheit-und-clowns-118602/#refsponi; Abruf Dezember 2015

22   http://anti-uni.com/eines-tages-baby-werden-wir-alt-sein/; Abruf Februar 2016

4. Kind bleiben?

1   Tartt 1993, S. 112

2   http://www.buzzhearts.com/de/blog-galerie/manner-werden-erst-im-alter-von-54-erwachsen/; Abruf Dezember 2015

3   ebd.
4   http://www.jolie.de/sex/wann-sind-maenner-erwachsen; Abruf De-
      zember 2015
5   Hurrelmann/Albrecht 2013, S. 202
6   http://www.tagesspiegel.de/weltspiegel/gesundheit/kidult-erwach-
      sene-werden-kinder-beim-weltweiten-konsum/172748.html; Abruf
      November 2015
7   Barber 2008
8   https://www.safaribooksonline.com/library/view/how-cool-
      brands/9780749468040/Table_of_contents.xhtml; Abruf Januar 2016
9   http://www.frankfuredi.com/site/article/103/; Abruf Januar 2016
10   ebd.
11   https://www.beaglestreet.com/blog/four-reasons-why-growing-up-
      is-hard-to-do/; Abruf Februar 2016
12   http://www.frankfuredi.com/site/article/103/; Abruf Januar 2016
13   Winterhoff 2008; Bueb 2006
14   Eine Meta-Studie von Claus Barkmann und Michael Schulte-Mark-
      wort aus dem Jahr 2010 ergab, dass etwa 80 Prozent der Kinder als
      völlig unproblematisch gelten, und nur knapp 10 % der Kinder und Ju-
      gendlichen behandlungswürdige Auffälligkeiten zeigten. http://www.
      spiegel.de/gesundheit/diagnose/tyrannenkinder-therapeutin-warnt-
      vor-lebensunfaehiger-generation-a-1086091.html . Abruf April 2016
15   Kohn 2015
16   Von Nesthockern keine Spur. SZ Magazin, 22. 8. 2013
17   Kohn 2014, S. 21ff.
18   Süddeutsche Zeitung, 20. 11. 2015, S. 13
19   Ich verdanke den Hinweis auf dieses Lied meinem Sohn Leon, 17 Jah-
      re alt.

5. Das geöffnete Fenster: Die Geschichte von Peter Pan, der nicht erwachsen werden wollte

1   Barrie 2009
2   http://www.faz.net/aktuell/feuilleton/buecher/100-jahre-peter-
      pan-dieses-schreckliche-meisterwerk-1192233.html; Abruf Februar
      2016
3   http://www.faz.net/aktuell/feuilleton/buecher/100-jahre-peter-
      pan-dieses-schreckliche-meisterwerk-1192233.html; Abruf Februar
      2016
4   Barrie 2010
5   ebd., S. 190
6   ebd., S. 107
7   Barrie 2009, S. 182/183
8   ebd., S. 35
9   ebd., S. 40
10   ebd., S. 48
11   ebd., S. 54

12	ebd., S. 19
13	ebd., S.55
14	ebd., S. 61
15	ebd., S. 19
16	ebd., S. 120
17	ebd., S. 43
18	ebd., S. 33
19	ebd., S. 22, 25
20	ebd., S. 17
21	ebd., S. 138
22	ebd., S. 67
23	ebd., S. 23
24	ebd., S. 42
25	ebd., S. 45
26	ebd., S. 154
27	ebd., S. 155
28	ebd., S. 185
29	ebd., S. 137
30	Barrie 2010, S. 126
31	ebd., S. 130
32	ebd., S. 38
33	ebd., S. 39
34	ebd., S. 116
35	ebd., S. 142
36	ebd., S. 19
37	ebd., S. 11, 12
38	ebd., S. 16
39	ebd., S. 34, 35
40	ebd., S. 137
41	ebd., S. 74
42	ebd., S. 82
43	ebd., S. 78
44	ebd., S. 142
45	ebd., S. 45
46	ebd., S. 48
47	ebd., S. 82
48	ebd., S. 90
49	ebd., S. 92
50	ebd., S. 109
51	ebd., S. 110
52	ebd., S. 170
53	ebd., S. 97
54	ebd., S. 98
55	ebd., S. 135
56	ebd., S. 137
57	ebd., S. 193

58   ebd., S. 194
59   ebd., S. 195
60   ebd., S. 197
61   ebd., S. 120, 121
62   ebd., S. 203
63   ebd., S. 205
64   ebd., S. 132
65   ebd., S. 206, 207

6. Der Stoff, aus dem die Kinder sind

1   Grossmann, K./Grossmann, K. E., 2003, S. 17
2   John Bowlby 1969, Attachment and Loss, 1
3   Zur Umschreibung der verschiedenen Bindungsmuster, ihren Be-
        stimmungsfaktoren und Auswirkungen greifen wir insbesondere zu-
        rück auf die Ausführungen von Mary Ainsworth und Barbara Wittig:
        »Bindungs- und Explorationsverhalten einjähriger Kinder in einer
        Fremden Situation«, in: Klaus Grossmann und Karin Grossmann:
        Bindung und menschliche Entwicklung. S. 112 ff. und John Bowlby:
        Ethologisches Licht auf psychoanalytische Probleme, ebd. S. 63 ff.
4   Zu diesem Thema siehe auch: Karin Grossmann/Klaus E. Gross-
        mann: Bindungen – das Gefüge psychischer Sicherheit. Klett-Cotta,
        Stuttgart 2008, S. 114 ff.
5   ebd., S. 119
6   Diesen Begriff verdanke ich dem Psychotherapeuten Udo Baer.
7   http://www.sein.de/news/2010/05/haben-babys-von-geburt-an-
        ein-gefuehl-fuer-moral/; Abruf Januar 2016
8   ebd.
9   Saint-Exupéry 1996
10   ebd.,1996, S. 7
11   Harrison 2015, S. 58
12   Zuletzt 2015 als Zeichentrickfilm unter der Regie von Mark Osborne
13   Saint-Exupéry 1996, S. 18
14   ebd., S. 21
15   ebd., S. 43, 50
16   ebd., S. 54
17   ebd., S. 50
18   ebd., S. 58
19   ebd., S. 68
20   ebd., S. 67
21   ebd.
22   ebd., S. 72
23   ebd., S. 67
24   ebd., S. 71
25   ebd., S. 73
26   ebd., S. 82